商业计划书案例

从创新创业大赛到创业实战

邓立治 邓张升 唐雨歆 编著

Business Plan Cases

**From Innovation and Entrepreneurship Competition
to Entrepreneurship Combat**

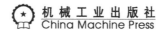

机械工业出版社
China Machine Press

图书在版编目（CIP）数据

商业计划书案例：从创新创业大赛到创业实战 / 邓立治等编著 . -- 北京：机械工业出版社，2021.11（2023.10 重印）

（华章精品教材）

ISBN 978-7-111-69399-4

I. ①商… II. ①邓… III. ①商业计划 – 文书 – 案例 – 高等学校 – 教材 IV. ① F712.1

中国版本图书馆 CIP 数据核字（2021）第 209862 号

本书具有三大特色：①它提供了一份制造业、一份服务业和两份公益创业案例，基本能够满足大部分创业者和参加创新创业大赛大学生的需求。②它提供的案例都经过实战和竞赛考验，都来自真实创业企业，并且都获得过"互联网＋"和"挑战杯"创新创业大赛的全国金银奖。③它提供了案例的创业背景、创业故事、创业者反思和创业导师点评，有助于学习者理解商业计划书的核心内容，还能为初创企业者进行真实创业指明方向。

本书可以作为普通高等学校创新创业教育课程案例教学参考书，也非常适合参加中国国际"互联网＋"大学生创新创业大赛和"挑战杯"中国大学生创业计划竞赛的大学生学习与参考。同时，本书还可以为创业者和对创新创业感兴趣的企业管理人员提供鲜活的案例阅读材料。

出版发行：机械工业出版社（北京市西城区百万庄大街 22 号　邮政编码：100037）

责任编辑：吴亚军　　　　　　　　　　　　　　责任校对：马荣敏

印　　刷：北京建宏印刷有限公司　　　　　　　版　　次：2023 年 10 月第 1 版第 6 次印刷

开　　本：185mm×260mm　1/16　　　　　　　印　　张：13.25

书　　号：ISBN 978-7-111-69399-4　　　　　　定　　价：59.00 元

客服电话：（010）88361066　68326294

前　言

"邓老师，您能给我们一份商业计划书案例学习一下吗？"作为一名教授和研发"商业计划书制作与演示设计"课程且指导创新创业大赛项目近十六年的教师，我经常面对这样的问题。但是，这时的我也非常清楚，仅给一份普通的商业计划书案例是远远满足不了这些创业者和参加创新创业大赛大学生的真实需求的。首先，不同行业和类别的商业计划书在内容表达上各有差异，容易给错案例。比如制造业和服务业商业计划书的侧重点就不一样，公益项目商业计划书也有别于前两类。其次，最好给学习者提供一些真实创业且获得过创新创业大赛国家级奖励的高水平商业计划书，这些项目和商业计划书经受过竞赛和市场的考验，否则容易误人子弟。最后，对学习者来说，仅仅得到一份商业计划书案例还是远远不够的，最好有人能给学习者讲授一下创业团队背后的故事和创业历程，这样不但能更好地帮助学习者理解商业计划书的核心内容，还能为初创企业者进行真实创业指明方向。

近十六年来，北京科技大学"商业计划书制作与演示设计"课程团队，先后指导过 200 多个大学生创业项目参与中国国际"互联网+"大学生创新创业大赛、"挑战杯"中国大学生创业计划竞赛和 iCAN 国际创新创业大赛，获得全国金奖在内的国家级奖项 18 个、省部级以上奖项 82 个，参与孵化 21 个大学生创业项目。为了满足创业者和参加创新创业大赛大学生对商业计划书案例的真实需求，两年前，我们就开始构思和设计这本商业计划书案例集。虽然挑选的案例都是近五年来我们曾经指导和孵化过的创业项目，但是，撰写团队还是花费了上千小时去准备素材、访谈团队和撰写书稿。每个创业团队都给我们讲述了大量的背景故事和创业情结，令我们难以取舍，我们时常思考：这个故事对初创企业者有指导意义吗？这个情结可以帮助学习者理解商业计划书的核心内容吗？

本书精选的四个真实创业案例（力求能较好地体现党的二十大报告提出的"讲好中国故事"）分别是空气乐队项目、星空酒店项目、孟子居项目和禾欣公益项目，它们分别来自制造业、服务业和公益类的创业项目。

1. 空气乐队项目

作为全国首创体感智能音乐硬件公司，北京戴乐科技有限公司主要从事智能体感音乐和新型电声乐器领域，通过打造一系列科技与体感、音乐、娱乐相结合的特色产品，让用户快速上手，随时随地玩音乐。该项目获得 2017 年第三届中国"互联网+"大学生创新创业大赛全国总决赛银奖、2018 年 iCAN 国际创新创业大赛国际总决赛一等奖、2018 年第十一届"挑战杯"中国大学生创业计划竞赛全国总决赛金奖。

2. 星空酒店项目

星空酒店项目首创性地把天文科普、旅游和酒店服务结合起来，创立了星空酒店，让人们在享受舒适环境和优质服务的同时，有机会看到美丽的星空，并唤醒人们对星空资源的关注和对环境的保护。该项目获得 2016 年第二届中国"互联网+"大学生创新创业大赛全国总决赛银奖。

3. 孟子居项目

孟子居项目在全国高校中较早地探索出了可持续的农产品电商扶贫运营模式，在经济和知识双方面帮扶贫困地区农户。该项目获得 2020 年第六届中国国际"互联网+"大学生创新创业大赛"青年红色筑梦之旅"赛道全国总决赛银奖。

4. 禾欣公益项目

禾欣公益项目通过开展禾欣青少年公益服务活动，建立了高校、社区与家庭三方联动的服务机制，选拔培养青年大学生开展"禾欣夏令营"公益活动，为城市双职工家庭解决了假期子女陪伴与教育问题。该项目获得 2018 年"创青春"全国大学生创业大赛公益创业赛全国总决赛银奖。

以上这些真实创业案例都经历了从无到有、"从 0 到 1"的全过程，部分公司已经获得了多轮融资，营业额达到了千万元级别。通过对这些创业案例和商业计划书的细致阅读和学习研讨，创业者特别是大学生创业者可以感受到创业过程的酸甜苦辣，了解创业的本质、创业者的初心和坚守、创业各个阶段会遇到的问题和解决方案，最终达到不断塑造商业计划思维和培养创新创业能力的目标。我们希望本书所呈现的内容可以帮助初创企业者熬过创业最艰难的前几年，帮助参加创新创业大赛的大学生制作一份优质的商业计划书。

本书可以作为"商业计划书制作与演示设计"北京高校优质本科课程指定教材《商业计划书：原理、演示与案例》（第2版，机械工业出版社，2018）的配套教学参考书。

本书适合作为普通高等学校创新创业课程的案例教学资料，也可以为参加中国国际"互联网+"大学生创新创业大赛、"挑战杯"中国大学生创业计划竞赛以及iCAN国际创新创业大赛的大学生提供案例参考。此外，本书对广大企业管理人员和初创企业者提升对创业和商业计划书的认知与制作水平也有重要的参考学习价值。

本书的出版得到许多同行的关心和支持。已经连续成功举办了九届的"全国创新创业教育研讨会"是创新创业教育者的精神家园和共享平台。在这里，南开大学张玉利教授、清华大学雷家骕教授、上海财经大学刘志阳教授、中央财经大学林嵩教授、浙江大学郑刚教授和杨俊教授、东北大学贾建锋教授、上海大学于晓宇教授、北京林业大学李华晶教授、湖南大学汪忠教授、内蒙古大学秦志宏教授、中国石油大学邓秀焕教授、武汉科技大学贺尊教授、扬州大学张亚维教授等人都多次给予我们鼓励和殷殷期许，感谢他们的关心和支持，我们一直在努力前行。

本书在编写过程中得到了北京科技大学教务处、督导组、经济管理学院和创新创业中心的鼎力支持。本书已列入北京科技大学校级教材建设规划，在编写和正式出版中获得北京科技大学教材建设经费资助，还得到了第二批新工科研究与实践项目（新工科背景下自动化专业创意—创新—创业能力培养方案构建与实施，E-ZDH20201602）、北京科技大学创新创业教育特色项目、"课程思政特色示范课程"建设项目、青年教学骨干人才培养计划项目和本科生创新创业项目的支持。本书是集体智慧的结晶，尹兆华、王丽红、李晓静、马建峰、邓张升、栗时锋、王靖、杨国庆、汪伟玲、牛亚锋、唐雨歆、黄文贤、房崇佳等老师和学生参与了部分内容的撰写和研讨。此外，机械工业出版社对本书的编辑出版给予了大力支持，在此表示由衷的感谢！

最后，感谢家人一直以来的默默关心和支持，你们的快乐健康是我前进的动力。

邓立治

作者简介

 **邓立治** 北京科技大学经济管理学院副教授、硕士生导师，管理学博士。美国得克萨斯大学阿灵顿分校访问学者，教育部首批万名优秀创新创业导师，曾任多届"互联网+"和"挑战杯"创新创业大赛评委。研究方向为创业管理与创业教育、商业计划书制作与演示设计，主持和参与国家社会科学基金、北京市社会科学基金等10余项科研与教学项目，发表论文50余篇。在国内较早开发了"商业计划书制作与演示设计"课程体系，受邀为100多所高校举办"商业计划书制作与演示设计"课程培训和竞赛讲座，培养创业教师1 000多名。先后指导180多个大学生创业项目参与中国国际"互联网+"大学生创新创业大赛、"挑战杯"中国大学生创业计划竞赛和iCAN国际创新创业大赛，获得包括全国金奖在内的国家级奖项16次，省部级以上奖项83次，参与孵化13个创业项目。曾获"全国高等学校创新创业工作先进个人""北京市高等教育教学成果奖一等奖""北京高校优秀专业课主讲教师""北京高校优质本科课程""北京高校优质本科教材""黑龙江省科学技术奖二等奖"等。

 **邓张升** 北京科技大学创新创业中心讲师。研究方向为创业管理与创业教育、商业计划书制作与演示设计、产业经济学。指导多届学生参与中国国际"互联网+"大学生创新创业大赛、"挑战杯"中国大学生创业计划竞赛和iCAN国际创新创业大赛，累计获得国家级一等奖3项、二等奖3项、三等奖4项，省部级奖项10余项。运营贝壳创空间，孵化项目10余项。参与录制慕课，如"商业计划书模块化制作与演示设计"等。发表论文10篇，以第一作者身份撰写论文获评中国高校创新创业教育联盟2019年年会论文三等奖，2017年度教育部中国大学生在线"专栏人气作者"。2021年10月以来，在深圳科创学院大学联盟中心挂职，探索"新工科"科创教育。

 **唐雨歆** 北京科技大学经济管理学院管理科学与工程系学生，曾参与多个创业项目，获得过北京市优秀创业团队，中国国际"互联网+"大学生创新创业大赛二等奖和三等奖。

目录

前言
作者简介

创业项目四

禾欣公益　从小爱到大爱　/ 155

创业项目一

空气乐队

从校园创意进化成为国内智能体感音乐的引领者

创始人 牛亚锋

牛亚锋，男，1992年生，北京科技大学自动化专业2016级硕士，北京戴乐科技有限公司联合创始人兼CEO、AeroBand空气乐队项目联合创始人。牛亚锋开发的AeroBand空气乐队项目成为2017年度北京科技大学"贝壳种子计划"首批入驻项目。2018年被评为"感动北科"新闻人物。先后得到北京卫视、创业邦、36氪等多家媒体报道，被推荐为"第十三届中国大学生年度人物候选人"。2020年，牛亚锋和空气鼓槌产品受到中央电视台《新闻联播》"我的愿望"节目采访和报道。

空气乐队的蝶变

作为全国首创体感智能音乐硬件公司，戴乐科技有限公司主要从事智能体感音乐和新型电声乐器领域，旨在用高科技打造出让用户快速上手、随时随地玩音乐的炫酷体感音乐产品，让那些渴望玩音乐却因乐器壁垒望而却步的人能够参与到音乐中来。用户可以通过蓝牙和手机 App 连接，亲手操控音乐，感受边弹边唱的快感。

项目组已推出四代产品，分别是第一代产品体感音乐手套、第二代产品体感音乐手环、第三代产品 AeroBand 空气拨片、第四代产品空气鼓槌。

AeroBand 空气拨片是一款可以简单上手的音乐类硬件产品，利用重力加速度计和陀螺仪传感器对手势进行采集，通过蓝牙传输到手机端从而发出乐器的声音。即使学习者没有音乐基础，或是热爱音乐却没时间和精力感受乐器的魅力，只需要一个空气拨片产品和一部安装了 App 的手机，不用真实乐器，就可以通过 AeroBand 空气拨片轻松体验到木吉他、电吉他、架子鼓的效果。拨片用于采集手势动作，App 用于切换和弦，用户通过简单的学习就可以演奏出动听的旋律。用户只需要手持拨片，通过蓝牙与手机 App 相连后，就可以挑选乐器（包括吉他、贝斯、架子鼓），然后在乐库中选择歌曲进行弹唱，还可以邀请好友，选择不同乐器，组建线上乐队。

拨片演奏模式有两种：新手模式和高手模式。新手模式针对毫无音乐基础的用户，他们只需要根据箭头和主旋律的引导，右手控制好节奏，就能快速上手弹奏上百首曲目。当用户能顺利弹唱好一首歌时，便可以解锁高手模式。这个时候需要左手配合切换和弦，右手控制节奏，用户可以通过编辑音乐，感受吉他创作的一些高级技巧，如技巧音编辑、升降调编辑、和弦编辑等。空气拨片产品能满足从零基础到高级用户的绝大部分需求，既可以零基础开始学习，也可以通过 App 寻找灵感谱曲。

项目组从 2014 年 8 月研发第一款产品开始，已经获得多项科技创业竞赛国家级奖励，成功申报发明专利 4 项、实用新型专利 4 项、PCT 专利 1 项。AeroBand 空气乐队项目于 2017 年获得种子轮投资，AeroBand 空气拨片产品于 2018 年 4 月开售，销售 4 000 套，实现 60 万元销售额，2018 年 8 月获得天使轮投资。2019 年上市的空气鼓槌产品在海内外众筹中获得更大的成功，与《这！就是街舞》节目合作的街舞版鼓槌也于 2020 年 8 月在国内上市。

人人都能玩音乐

AeroBand 空气乐队项目的愿景是"人人都能玩音乐"。空气乐队项目产品最初定位是新奇酷炫的新品，主要突出市场上没有同类产品的新颖性。最早定位的客户群体是非专业的音乐爱好者，他们面对的难题是很难上手去弹奏乐器，而空气乐队项目产品的初衷就是让非专业的音乐爱好者能快速上手去玩不同的音乐。

目前来看，空气乐队项目产品的消费者主要有两部分：一部分消费者是非专业爱好者，他们不会弹奏乐器，但是他们愿意通过空气拨片和开发的游戏去体验乐器；另一部分消费者是专业的会弹奏乐器的音乐人，对他们来说，空气乐队项目产品具有便携性，相比市面上其他产品，具有更高的仿真性，能满足他们随时随地玩音乐的需求。此外，还有一部分消费者是儿童音乐启蒙群体，也是下一步即将开发的群体。儿童的音乐启蒙市场广阔，但因为乐器价格高，上手难度大，对场地、噪声的要求高（如架子鼓），进行实体乐器产品演奏存在一定的困难，而空气拨片、空气鼓槌产品具有价格低、占地小、易上手等特点，可以在学习初期起到很好的音乐启蒙效果。

空气乐队团队在创新创业大赛上取得的荣誉

空气乐队项目组自成立以来不断钻研惯性导航技术，并将该技术与音乐相结合，已经开发了 AeroBand 空气拨片、空气鼓槌等系列产品，先后参加多项科技创业竞赛，并获得多项国家级奖励，相关事迹也被中央电视台、北京卫视、创业邦、36 氪等媒体报道。创业团队历年来所获荣誉如下所示：

2014 年"大河智信杯"全国 iCAN 物联网创新创业大赛华中赛区选拔赛一等奖。

2014 年第八届中国大学生 iCAN 物联网创新创业大赛全国总决赛二等奖。

2015 年"挑战杯"河南省大学生课外学术科技作品竞赛二等奖。

2015 年"云台山杯"中国河南 – 美国区域高校大学生创新创业大赛特等奖。

2015 年河南省大学生创业引导扶持项目。

2017 年入选北京科技大学首批"贝壳种子计划"，获北京市优秀大学生创业项目评选一等奖。

2017 年入选北京科技大学经济管理学院创业实践营，获得 2 万元创业资金扶持。

2017 年第十八届北京科技大学"摇篮杯"大学生创新创业竞赛金奖。

2017 年获得"直通硅谷"创业大赛 10 万元奖金。

AeroBand 空气乐队项目早期团队合影

2017 年群星 MARS 全国创业大赛六强。

2017 年第三届中国"互联网＋"大学生创新创业大赛全国总决赛银奖。

2018 年 iCAN 国际创新创业大赛国际总决赛一等奖。

2018 年第十一届"挑战杯"中国大学生创业计划竞赛全国总决赛金奖。

空气乐队的"创意—创新—创业"三步走

空气乐队发展的关键节点

AeroBand 空气乐队项目的发展历程从技术起步，早期为技术研发，经过多次迭代确定了"空气拨片"作为重点研发的样式，中期则是借助创新创业大赛机会，将样品打磨至可上市的产品，并不间断地探寻符合公司发展的商业模式。目前，项目进入了体感架子鼓等更多新产品的开发阶段，市场也从国内拓展到了美国、日本、英国、印度尼西亚等国际市场。

1. AeroBand 空气乐队创意产品迭代阶段

2014 年 8 月，第一版体感音乐手套奇迹发声。

2014 年 9 月，研发出第二版体感音乐手套，参加高校迎新晚会。

2014 年 10 月，体感音乐手套获得 iCAN 中国大学生物联网创新创业大赛全国赛二等奖。

2015 年 3 月，研发出第三版体感音乐手套，参加西安竞赛路演。

2015 年 4 月，研发出全新第二代产品——体感音乐手环。

2015 年 6 月，亚杰汇路演，获得 55 万元种子轮融资。

2015 年 7 月，勇夺"云台山杯"中国河南 – 美国区域高校大学生创新创业大赛特等奖，获得 15 万元奖金。

2015 年 8 月，获得河南省大学生创业引导扶持资金 20 万元，入驻中关村创业大厦，迎接新的起点。

2015 年 9 ～ 12 月，核心成员退出，团队经历短暂的震荡。体感音乐手环第一次实现产品化。

2015 年 11 月，获得"挑战杯"大学生课外学术科技作品竞赛全国赛二等奖。

2. AeroBand 空气拨片项目成立公司

2016 年 1 月，注册成立北京戴乐科技有限公司。

2016 年 4 月，获得 2 项实用新型专利、1 项发明专利授权。

2016 年 8 ～ 12 月，打磨新产品 AeroBand 空气拨片。

2016 年 12 月～2017 年 2 月，进行多轮用户测试，探索市场。

2017 年 3 月，入选北京科技大学首批"贝壳种子计划"，获得学校创业基金支持。入选北京科技大学经管创业实践营，获得创业资金支持。

2017 年 3 月，获得种子轮投资。

2017 年 7 月，获得北京市优秀大学生创业项目评选一等奖。

2017 年 8 月，获得北京市科学技术委员会 20 万元创业扶持资金。

2017 年 9 月，获得第三届中国"互联网＋"大学生创新创业大赛全国总决赛银奖。

2017 年 9 月，获得"直通硅谷"创业大赛 10 万元奖金，赴美国硅谷路演。

2017 年 11 月，受邀录制北京卫视《创意中国》节目，周鸿祎先生亲自试玩空气拨片，获得群星 MARS 全国创业大赛六强。

2018 年 4 月，在京东众筹达成交易 13 万元。

2018 年 6 月，获得 iCAN 国际创新创业大赛国际总决赛一等奖。

2018 年 8 月，获得 200 万元天使轮融资。

3. AeroBand 新一代产品打入国际市场

2019 年，公司成立南京办事处、深圳办事处，打磨新产品——空气鼓槌。

2019 年 7 月，空气拨片 2.0 版本上线。

2019 年 8 月，AeroBand 产品新成员 PocketDrum 空气鼓槌登陆美国 Indiegogo 众筹平台，募集了近 50 万美元。

2020 年 1 月，中央电视台《新闻联播》报道 AeroBand 创始人牛亚锋。

2020 年 3 月，日本产品众筹平台 Makuake 募集额突破 1 000 万日元。

2020 年 7 月，中国台湾 flyingV 平台产品众筹达 600 万台币。

2020 年 12 月，进入东南亚市场。

创意来源于浓厚的兴趣

"兴趣是第一位的，浓厚的兴趣是坚持的基础。"牛亚锋对自己走上创业道路总结道。他认为创业最初源于对电子产品研发的浓厚兴趣。

高中时代的牛亚锋就对电子设备非常感兴趣，会把家里的电器设备拆掉重装。在大学期间，牛亚锋坚定了编程和技术研发方向，大一进入学校实验室电技开发部，学习单片机开发、语言和编程方法。他一直跟着老师在实验室做技术研究，参与过雾霾监测项目、机器人打太极等项目研发，同时赴北京、长沙、哈尔滨等地参加过多项科技竞赛。两年多的技术学习和多次比赛经历为牛亚锋走上创业之路埋下了火种。

大学里每两三个宿舍就会有一把吉他，音乐是大学生喜欢的一种娱乐方式。牛亚锋也曾跟随室友玩起了吉他，但是很快就感觉到挺难上手的，不仅自己遇到这样的问题，很多人都有这样的痛点。很多人在刚买回来乐器时都会欣喜若狂，努力练习，但是几周过后，由于种种原因，大部分人会放弃学习，而一把崭新的吉他也会被遗落在寝室的某个角落。牛亚锋和几个室友在沉迷于吉他弹唱的初期，苦练了两周指法，却长进不大，更别提弹唱了。频频看到这种现象后，牛亚锋的好奇心被激发起来，他打算一探究竟。在经过一段时间的调研后，他发现主要有三方面原因：首先，一把能正常练手的品牌吉他价格为 800～1 000 元，而大多数学生由于经济原因只能买 200～300 元的吉他，这种吉他和弦难按，增加了学习吉他的难度。其次，大多数人买了吉他之后，如果仅靠自己摸索，一周之后也弹不出好听的声音，便会失去新鲜感，因此需要报吉他学习班，进而增加了大量的开销。最后，报了吉他班学习了一段时间后，虽然可以上手，但是大多数人只会弹老师教的几首歌，因为想要弹好新歌曲就必须记住所有的和弦、节奏和歌词，还需要长期练习和坚持。以上这些原因都阻碍了非专业音乐爱好者对乐器的尝试。

通过以上分析，牛亚锋很快就意识到学习一个乐器面临着巨大障碍，但是大学生们为什么还要学吉他呢？在经过一轮调查后他发现，其实，大多数人想学吉他主要是被吉他弹唱者所感染，并且想通过自己的学习，去体验弹唱的快感。基于以上调查结论，牛亚锋与其大学同学产生了一个想法：为什么不直接发明一款"智能"吉他，让大多数人上手即玩，不需要经过长期训练就能轻易弹唱一首歌曲？有了创意和想法，几位大学同学一拍即合组建了青橙团队。他们最早开发的一款产品并不是"智能"弹唱吉他，而是一款非常简陋的体感音乐手套。团队在实验室调了一个多月的音，不断改进采集手势的动作，在学校迎新晚会上第一次展示了样品，大获成功。

第一代体感音乐手套的研发和展示

之后，他们开发手机 App 连接体感识别设备，实现了"智能"弹唱吉他。在开发出"智能"弹唱吉他后，团队将同样的技术运用到贝斯、架子鼓等多种"智能"乐器的开发中。由此可见，最初 AeroBand 空气乐队项目的灵感来源于非专业音乐爱好者对音乐的热情。

2014 年 8 月，青橙团队参加"智信杯"全国 iCAN 物联网创新创业大赛华中二赛区选拔赛，体感音乐手套的精彩展示轰动赛场，最终斩获一等奖。之后团队进一步改进和优化了手套，并于 10 月进军 iCAN 物联网创新创业大赛无锡全国总决赛。遗憾的是，由于讲解队员缺乏路演经验，项目展示效果不太理想，最后仅获国家二等奖。队员们很不服气，主动去找评委请求再次进行演示。体感音乐手套的第二次动感激情展示获得了几位专家评委的一致肯定，并表示很看好这个项目的商业前景，其中一位评委后来还成为"空气拨片"项目的指导老师。

人生便是这样奇妙的旅程，在每个阶段都能遇到启明星是最幸运的事。牛亚锋说："我们是幸运的，在成长的过程中有许多导师指引、鼓励我们，所以我们才能一步一步走得那么稳。"

要让竞赛作品转变成为一个用户认可、适应市场的合格的产品，是一个很艰难的跨越过程。"在这一过程中，我也走过很多弯路，就好像第一代体感音乐手套是一个不适宜投放到市场的产品一样。"牛亚锋总结道。

手的大小、天气温度过高等都会对体感音乐手套产生影响，因而，难以形成一个让大众都能普遍接受的标准化产品。恰逢当时手环开始兴起，小米手环销售火爆，青橙团队便萌生了将音乐因素融入手环中的想法，于是，研发了第二代体感音乐手环。

第二代体感音乐手环

对于是否要创业，团队中多数队员还很迷茫。当时，处于考研与就业的大三抉择期，团队成员人心不稳，对项目的投入热情开始松散。在这种情况下，牛亚锋表现出了一个团队带头人的果决。他说："有些事情是需要一些特殊的推动力才能向前进，在发展的关键阶段，需要某种带激励性的'节点'，才能走下去。"时值"云台山杯"中国河南－美国区域高校大学生创新创业大赛举办在即，青橙团队召开会议，牛亚锋提议"大家撸起袖子再干一把，把这次中美创业大赛作为节点，成，则继续创业；不成，大家该干嘛干嘛"。提议获得了大家的认同，于是在赛前的半个月里，他们每天都备赛到晚上 11 点。团队共同致力于把样品（Demo）快速地做出来，让不同的用户、专家、人群来评测，以臻完美。

2015 年 7 月，团队凭借"体感音乐手环"参加"云台山杯"中国河南－美国区域高校大学生创新创业大赛，勇夺特等奖，并获得 15 万元最高奖金，团队成员大受鼓舞。8月，团队获河南省最高大学生创业引导扶持资金20万元，并入驻北京中关村创业大厦免费办公，开辟创业"根据地"，一切似乎都在美好的道路上发展。

在获得种子轮融资后，青橙团队又花费了大概一年时间将产品打磨得更精致，这也是将比赛作品变成产品的过程。2015年年底，经过近4个月的设计和开模，体感音乐手环第一次实现产品化。在第二代产品手环面市后，团队发现具有音乐特色的手环在市场上并不占有优势。手环的差异化程度太小，很难让消费者一眼识别这是一个普通手环还是一个音乐类产品。此外，因为附加了很多其他功能，产品成本相对较高，比如当时热卖的小米手环市价69元，而团队所开发的音乐手环成本竟逼近200元。显然，这不是一个适合市场化的产品。在定价和定位的双重考虑下，团队放弃了体感音乐手环产品。"做了一年多的产品，既损兵折将，又要放弃产品，这个过程是很痛心的。"牛亚锋说道。

在积累了不少经验之后，团队决定对现有的产品做减法，去掉与音乐不相关的功能，仅仅保留了吉他拨片这个音乐元素，主打音乐需要的功能，明确产品的定位。这个决定让团队明确了未来创业的发展方向。

拥有产品样机，开启正式创业

第三代产品AeroBand空气拨片在研发了七八个月后，终于做出了实物。但此时又出现了新的问题——改良后成本提高。生产这种产品对设备和环境要求极高，只能在无尘的环境中进行。由于喷漆环境要求高，产品数量少，工厂报价高，喷漆过程一度陷入僵局。机缘巧合之下，团队找到了一家做汽车美容的厂家，为产品做最后的喷漆工作。"创业就是创造性地去解决很多无解的问题。"牛亚锋笑着说道。就这样，他们拿着历经波折的样机去市场融资，找投资人路演。

2016年1月，北京戴乐科技有限公司正式成立，创业团队开始正规作战。在经过3版体感音乐手套、8版体感音乐手环的迭代后，以蓝牙连接手机App、小巧精致的"AeroBand空气拨片"样机出世。经过一轮轮的打磨、一批批的用户测试，目前的"AeroBand空气拨片"成品更加炫酷、美观、时尚。

第三代AeroBand空气拨片成品

在细节体验上，空气乐队创业团队精细雕琢、精益求精，真实模拟吉他的弹法开发了扫弦、分解和弦、自定义和弦、鼓机等功能，希望能为用户带来优质的体验。另外，他们还开发了一键和弦切换、一键升降调、编辑和弦等功能，使吉他的玩法多样化。在乐曲库方面，他们不断更新，提供了丰富的线上曲库供玩家下载弹唱。

空气乐队创业团队以"小步快跑"为作战方略，在进一步优化服务和产品体验的同时，逐步尝试探索市场，寻找符合项目发展的商业模式。团队组建了自己的"空气乐队"，在北京各大高校的音乐节、校园歌手大赛和大型社团活动上展演，进行产品推广和营销的前期试水。团队还将通过联络极客公园、IT耳朵、极果网等智能硬件媒体进行线上推广，准备上线众筹。

正当公司有条不紊地快速发展时，团队成员面临本科毕业找工作的问题，牛亚锋顺利保送研究生到了北京科技大学，但是团队其他成员即将各奔东西。眼看着产品越来越成熟，但是大家认为还是没有看到足够能存活的希望，团队面临巨大危机。

2017年3月，来到北京科技大学后，牛亚锋在"从0到1"创新创业辅导员工作室的重点指导下，重新组建了一支综合素质强大的创业团队，参与到学校社团招新"百团大战"中。项目产品第一次在北京科技大学全校舞台展示，立即吸引来数百人的围观和欢呼。同年3月，项目入选北京科技大学创新创业中心支持大学生创业加速的"贝壳种子计划"，又入选北京科技大学经管创业实践营，均获得最高额度的资金支持。在创新创业中心匹配行业专家、资金等多方面的支持下，空气乐队项目脚踏实地稳步推进产品升级上线。

由于参加创新创业大赛有助于完善创业项目和增加曝光度，从2017年开始，在创新创业导师邓立治、邓张升指导下，空气乐队项目参加了多个创新创业大赛进行交流。2017年9月，空气乐队项目参与第三届中国"互联网＋"大学生创新创业大赛全国总决赛，获得全国银奖；参与2017年"直通硅谷"创业大赛，从2 000个团队中脱颖而出，进入12强，到美国硅谷参加路演和交流学习；在群星MARS创业大赛中，进入全国六强；2018年6月，参加iCAN国际创新创业大赛，获得国际总决赛一等奖；2018年11月，参加第十一届"挑战杯"中国大学生创业计划竞赛全国总决赛，获得全国金奖。

创业项目参与中国"互联网＋"大学生创新创业大赛获得全国银奖

迭代和开发新产品，加速发展

牛亚锋在系统研究了众筹后认为："作为科技类的新品，众筹是一种首选的发售方式。在以前，众筹其实是一款产品在概念阶段会选择的研发方式。众筹方式是从海外传过来的，因为外国人可能有这种情怀，在产品的概念阶段，没有资金来源，也不确定是否满足用户的需求，那么他可能会发布一个这样的想法、概念或是一个原型机，然后看看有没有人群去支持这个产品，如果有人支持就会筹钱去进行研发生产，最终再卖给这些用户。但是，现在国内这些众筹事实上变成了预售模式，也就是产品都已经研发好了，放在网上去预售，然后再拿这个预售款去进行生产。"他对于科技类新品的众筹也有了自己独到的认知：第一，不用先生产出来产品，有了订单再生产，生产完成之后直接发货，大幅减少创业公司的资金压力。第二，与其说这样的预售是一种产品验证，不如说它是迭代产品的过程，有的众筹持续六个月，中间可以根据用户需求随时去调整产品设计和方向。

2018 年 4 月，"空气拨片"产品正式上线京东众筹，成功募集预售款 13 万元，超额完成目标。在众筹的用户测试阶段，团队发现了现有产品的不足之处：当用户满足产品使用好奇心之后，就再也不会拿出来玩了。为此，团队研发了空气拨片 2.0 版本，通过加入游戏闯关的娱乐元素，不断提升用户体验效果，以期留住用户。

2019 年，创业团队在前期研发"空气拨片"产品的经验基础上，提出了空气鼓槌的构想，正式命名为"体感架子鼓"。拨片相对真实的乐器来说，操作简单，也更接近体感音乐的体验，而鼓槌更加专业化，有震动的反馈、检测，能够为用户提供更专业化的体验，可以通过专业用户去带动非专业用户做得更好。之后，经过四代产品的打磨和迭代，PocketDrum 空气鼓槌就这样在不断创新研发的背景下诞生了。它是一款通过蓝牙与手机、平板电脑、电视、车载系统等智能系统连接的音乐类智能架子鼓，不论用户有什么样的音乐基础，都可以通过使用它体验玩架子鼓的魅力。

光剑款、街舞款 PocketDrum 空气鼓槌

创业团队在市场研究和多方专家的建议下，继续选择众筹模式发售最新款"PocketDrum 空气鼓槌"产品，但是在此番众筹过程中，选择了先在境外上线再到境

内上市的新举措。2019 年 8 月,创业团队在美国 Indiegogo 平台发起众筹项目,一个半月募集了近 50 万美元,是境内众筹的 30 倍左右;2020 年 3 月,在日本成功突破1 000 万日元。在短短的一个多月里,AeroBand 众筹项目共收到超过 13 家日本主流媒体的报道。此后,AeroBand 空气乐队项目产品将陆续在亚马逊等不同渠道上线,以此来扩展亚洲市场。

空气乐队创业中的机遇和挑战应对

硬件研发陷入沼泽,多渠道化解资金不足

智能硬件研发和生产是非常"烧钱"的,需要持续不断地投入资金。"一次智能手环的开模费至少要 10 万元,保守估计,成功完成一款产品需要开模 10 次以上。"牛亚锋坦诚地说道。2015 年 9 月,由于投资尚未全部到位,硬件开发步入沼泽,类似的问题不止一次发生过。当空气拨片产品研发出来,团队又遇到另一个问题:从2015 年拿到第一笔种子轮资金之后,在两年内早已所剩无几,根本没有钱去上线产品。创业初期,团队主要是通过不断参加各类创新创业大赛获得大量奖金。国家非常鼓励举办这类创新创业大赛,为了吸引团队报名,基本都设置奖金,从 10 万元、20万元到 50 万元不等。比如 2015 年团队参加的"云台山杯"中国河南 – 美国区域高校大学生创新创业大赛,团队获得了唯一的特等奖,奖金高达 15 万元。之后,团队从北京市科学技术委员会也获取了 20 万元的创业引导资金。2018 年,团队得到了数百万元的天使投资,才解决了团队一段时间的资金短缺问题。

资金的不足和不连续对任何创业公司来说都是致命的,但牛亚锋善于从多个角度来化解这个难题。资金不完全使用在产品研发上,还要覆盖其他费用,牛亚锋就一边开源——找校内外资金支持,一边节流——采取其他资源来替代。

"我们的产品是一个展示度非常高的产品,很容易在 5 分钟内迅速打动多数评委,所以当产品没有研发经费时,我们就赶紧带上产品去参加比赛,在获取奖金后继续进行研发。2016 ~ 2017 年,团队差不多连续参加了 5 个创新创业大赛。"牛亚锋说道。到 2017 年年底时,团队再也找不到其他资金了,幸运的是先后认识了经济管理学院的邓立治和邓张升两位老师。在他们的引荐下,团队入选了北京科技大学经管创业实践营和北京科技大学首批"贝壳种子计划",所获资金又让团队维持了一段时间。但是,空气拨片的研发打到最后基本上是弹尽粮绝,最后连孵化器一个月的 600 元房租也付不起,那该怎么办呢?在导师的帮助下,牛亚锋最后找到了位于学校内某栋大楼地下室的一个小仓库,几个小伙伴就连夜搬到这个仓库里,差不多每天早上进去,干到晚上出来。因为那里是地下两层的防空洞,基本上早上进去就像进到黑夜一样,再出来时已经又是黑夜,这样持续工作了差不多两个月,团队终于发布了第一款量产新

产品——空气拨片。

"2018年在京东众筹上线了空气拨片这款新产品，在一个月左右的时间里，筹集到了13万元，这次众筹算是第一次真正意义上让产品在全国用户面前亮相。从大学里的一个创意想法，到最后变成一个上市产品，2015～2018年，我们到处筹集资金，用了4年时间把这款产品上线。"牛亚锋感慨道。

团队核心成员离开，长短线结合快速组队

临近大学四年级，团队成员也走到了岔路口，每个人都面临自己的毕业去向问题。其他的团队核心成员，都开始考研复习，尤其是智能硬件负责人的离队，更是直接导致项目搁置下来。

更为困难的是在2017年，有个联合创始人给牛亚锋打电话说他想离开这个项目，并劝牛亚锋也放弃，他觉得这个项目没什么太大希望了。那天晚上，牛亚锋彻夜无眠。等到快天亮的时候，他最终下定决心继续坚持下去。他领悟到"因为相信，所以看见"，作为一个创业者一定要对自己有信心，也要作为榜样给团队带来信心。焦虑的同时，牛亚锋不得不用尽各种方法重新寻找硬件制作人。

在空气拨片最早期的研发团队中，牛亚锋承担软件开发部分。另外3个小伙伴分别承担电路设计、焊接、算法和音乐。现在其他人要走了，而牛亚锋自己是做软件的，解决不了硬件问题。牛亚锋思来想去如何去解决电路板方面的问题，修手机的师傅会不会比较了解这方面知识？于是他兴冲冲地跑到学校超市二楼找到修手机的师傅。据说他是华强北回来的，打算去请教一下。"师傅您看我这个小项目，调试了很久，电路板一直有问题，您能不能帮我看一下？"这位师傅起初说问题很简单，但来回几次都没有解决。最后师傅承认："这个东西还是有一些难度的，我给你一个地址，到深圳华强北找我的师傅解决一下。"于是牛亚锋去了深圳，他没有找到师傅，但通过网上发帖，他找到了一个"大神"，"我们差不多用了三四个月都没有解决的问题，他只花了两周时间就把板子画好了，然后又花了一周时间制成了样机，最后交给深圳一个专门做这种电路板的公司才最终把这个问题给解决了"。2015年年底，经过近4个月的设计、开模，体感音乐手环才第一次实现产品化。"无论做什么事情，遇到什么困难，只要有恒心，用心做，终会柳暗花明，同时也要善于用专业的人做专业的事。"牛亚锋欣慰地说。

很多大学生创业团队在发展过程中都会遇到团队成员半途离开的情况，这其实非常正常。学生时期学业是大部分人的主业，创业投入的精力不够，创业成效也不明显，大家的心也就很快被看起来更稳妥的保研、就业或是考研出国所吸引。不少学生创始人容易受到人员离去的打击，开始怀疑自己和动摇信心。牛亚锋对这个问题有着自己的见解："每个人都有自己的目标和选择，有的人考虑长远目标，有的人考虑当下利益。一个创业团队必然有走有来，有的人注定只能陪你走一段路，拿到了他想要

的，就该走了。有的人可以和你一直走下去，当然前者多，后者少。我们都希望一群兄弟一直干下去，但是事实上，创业团队经常处于缺人的状态，因此长、短线的人都需要考虑，只要他能马上给我们解决问题。"

科技类产品迭代快，以小步快跑保持领先

科技类产品迭代速度快，如何做出一款既标准化又符合用户需求的产品，这始终是悬在创业团队头顶的问题。

对于科技类新产品，"小步快跑"战略非常重要。"需要创业团队快速地出样品，把样品抛到用户手中，然后经过用户快速地反馈获得新认知，再去进行下一轮打磨。这也是精益创业理论告诉我们的。"牛亚锋说道。

因为科技类的新产品很难直接把握用户的需求点与关心点，所以比较好的办法就是追求速度，用一个最小可测的产品去快速获取用户反馈，再不断打磨与迭代新一代产品。还有就是让专业的人去做专业的事，一个产品拆解开需要做很多工作，要让擅长的人去做擅长的事。比如，空气拨片的研发涉及软件和硬件两部分，如果想要快速迭代产品，就要快速地找到产品研发的核心点是在软件上还是硬件上，哪些点是可以拆分开的，哪些点是不可拆分的。如果不是核心部分，可以外包或交给第三方解决，这样才能加速产品迭代的推进。此外，产品核心部分一定要保证其能不断地创造客户新价值，在速度上达到很难被追赶和抄袭的程度。

产品研发从单品上看，怎样才能快速地获取用户认知是最重要的。开发系列产品或从产品开发战略上看，要考虑到竞争、市场布局等方面的策略，需要系统思考和分阶段规划。

| 创业者牛亚锋的
反思与经验分享 |

牛亚锋是一名理工男，也是一名思考者。在与他沟通交流的过程中，你既能感受到他对产品研发的执着追求，又能感受到他在商业方面的探索精神和理性思考。他在创业过程中的每一个决策和事后总结都值得初创企业者去学习与借鉴。AeroBand 空气乐队项目的发展历程可以说是智能硬件企业"从 0 到 1"的典范。牛亚锋对于创业有着非常多的认知，以下内容就是他分享给初创企业者的一些思考。

功不唐捐，玉汝于成

"创业需要持续修炼内力，世间没有一本万利的事情，也没有永恒不变的利益。所有的结果都需要经过不断的努力来积累，所有的成功都需要经受住多次的捶打才能促成。在创业路上，修炼的不仅仅是一条事业之路，更是成就一个人走向强大的心路。"从整个创

业过程来看，我有几点思考想跟初创企业者一起交流。

首先是关于信念的问题，可以用"现实扭曲力场"来表述。很多创业项目，并不是对现有产品的二次创新就能实现的，而是一个全新的领域和全新的产品。所谓全新的领域，就是需要我们去创造一款产品，然后告诉用户，这是未来你们需要的产品，就像乔布斯在最初创造 iPhone 一样，他让用户知道，这是你们需要的产品。乔布斯自带的"现实扭曲力场"，就是在创造产品过程中，他要告诉自己，这款产品在未来一定有巨大的价值，这样他才能将这种信念传递给团队，并通过团队传递到这款产品本身，然后再通过这款产品传递给消费者。用我们伟大领袖毛主席的话来讲，就是"星星之火，可以燎原"。我们要相信，我们心中的这样一个星星之火，在未来一定能形成一个燎原之势，即"因为相信，所以看见"。

在创业过程中，有很多项目其实在最初并不被看好。比如腾讯，本来要以 50 万元的价格卖出去，却因没人买才不得不接着干。所以，我觉得初创企业者心中需要有一个这样的信念，"星星之火，可以燎原"，要相信这件事终究有一天能做起来。

光有信念也不行，有信念但没有一个创业的哲学或方法，很可能就变成空谈。如果天天喊着这样的信念，说要有信心，要做好，要将它传递给很多人，但是做出来的产品不符合市场需求，也是没有意义的。出现这个问题的原因往往是创业者的项目与产品没有与市场相结合，没有发现商业规律。所以我总结的经验是"道法自然，格物致知"。这个"道"就是方法、规律，也就是说看这件事情本来的面貌。任何事情的存在和发展都有一定规律，我们看到了这件事情本来的面貌，掌握它的规律，按照它的规律去走，然后才能做成功。比如说做产品，你首先要考虑产品的品质、价值、品牌和营销等一系列问题，这里面每一件事都有它的规律，都需要花费大量的时间去研究它。想要创建一个经得起市场考验的项目，就要从不同角度去发现市场的商业规律。遵从规律才能少走弯路，才能高效规划自己的时间，才能衔接自己和团队的利益。这是"道法自然"在市场中的解释。

创业一定要突出自己的特色。市场有它自己的规则。有一个理念叫作"有路不走"，尤其是对创业而言，初创企业的项目一般都具有一些颠覆性的特质，原有的方法和经验很少能给我们提供借鉴。如果我们只是想单纯重复前人走过的路，与他们相比，我们的经验不够成熟，人力、物力、财力也不可与其比拟，自然就失去竞争力。创业者需要结合自身项目的特色和考虑整个市场的趋势，找到自己的路，以"四两拨千斤"的方式去推进项目。所谓"忍常人所不忍，能常人所不能"，创业者需要结合团队的自身优势，找准核心，尤其是市场所稀缺的东西，以此作为支点撬动市场。大方向可能很多人都明白，但要真正落地还是需要长期的摸索，当我们的主观意志与所在行业的规则完全契合时，才是整个项目真正能撬动的时候。这时，需要有一个信念支撑我们坚持下去，那就是相信"星星之火，可以燎原"。

最后有一句话想送给正在创业路上的创业者们：创业之路是一条修心之路，历经沧桑，出走半生，抵达的是光明的内心。创业者要去开阔你的眼界，提升你的格局。有无数的事，它们逼着你去打开自己的心胸，去修炼你的内心。到最后，达到一个看淡一切的境界，你看到很多事情，会想："哦，原来它就是这样。"

创业导师
点评与总结

空气乐队项目的创业历程具有很强的代表性，对智能硬件产品的研发者来说具有重要的参考价值。从创意产生到产品雏形，再一次次迭代和颠覆，历经四年，创业团队经历了各种酸甜苦辣，才把一个科技发明作品呈现在用户面前，但很快，二代产品就走向了境外。成功的产品迭代，背后是思想的成功迭代。

思想的迭代从何产生

一是对人性的考量。不少创业者，尤其是理工科出身的创业者，往往有种"技术是一切"的思维定式，甚至把这种定式变成了优越感。牛亚锋没有这种思维定式，他思考人性对于产品、对于音乐的需求，推理出"智能体感音乐市场"存在的价值和意义。他思考人性对于创业的坚守与放弃，善于运用长短线相结合的方式，为团队补充各类人才。技术为了谁？产品为了谁？市场为了谁？归根到底都是人性的满足，这些思考将给"科技至上"的创业者提出警醒。

二是对世间的洞察。创业者是创新者，牛亚锋能从传统里活学活用那些经典规律，如"道法自然，格物致知""星星之火，可以燎原"等。他相信人的主观能动性、"现实扭曲力场"，同时他也遵循世间运作的规律，因为他深知这样的规律是客观存在的，并且不以某个人的意志所改变。遵循规律还是意志？这是很多创业者冥思苦想、苦苦挣扎的难题。在这个问题上，他早已有了自己的权衡艺术。人，始终大不过天。人要实现自己的想法，就必须充分认识和利用好客观规律。以销售推广为例，一般企业推广新产品都是由近及远，看似成本较低的一种推广方式，如果没有实际效果，那是否就意味着产品不行？牛亚锋洞察出自己的答案——不同市场接受度不同。于是，他决定"曲线救国"，先把新产品在境外市场上线。著名的大疆无人机在创业初期采取的是海外优先的策略。他善于认知和利用这些规律，事实证明，境外市场的反响非常不错。以独立精神来思考，保持对"自然"的敬畏之心，保持对格物的热忱，让他一次次越过创业圈的泡沫、浮躁，树立了理性的认知。

三是对内心的倾听。牛亚锋一边在实践中摸爬滚打，一边修炼自己的内心。修炼内心，得听得见自己的内心，承认自己的一些想法和现实世界的不一样，努力去弥补中间的差距，同时也让自己更真切地去认可这个世界的规则，从内心接受不一样的世界。旁人不断离去，牛亚锋辗转反侧的那些不眠之夜，正是他倾听内心的一个过程。只有经历过磨砺，才知道自己能坚持什么，该坚持什么。最后的结果是，别人的认知仅仅是别人的想法，自己的认可才值得去坚持。创业者达到了这样的信念，将会拥有巨大的能量和坚定的信心。

每次和牛亚锋聊天，都能明显感觉到他的思想又升华了，境界又提高了，不变的依然是非常接地气的风格和独立看待问题的视角。

——邓张升

北京科技大学创新创业中心教师

☞ **获奖案例**

空气乐队项目商业计划书

本商业计划书案例为空气乐队项目获得 2017 年第三届中国"互联网＋"大学生创新创业大赛全国总决赛银奖、2018 年 iCAN 国际创新创业大赛国际总决赛一等奖、2018 年第十一届"挑战杯"中国大学生创业计划竞赛全国总决赛金奖作品（部分内容酌情修改）。

案例目录

案例正文

前言

AeroBand 空气乐队是一套仿真乐器类智能硬件，现阶段包含空气拨片、智能鼓槌两款产品，是国内移动音乐和智能硬件领域的首款产品。该项目于 2016 年启动并正式立项，在中美创新创业大赛中荣获特等奖和 15 万元奖金，并在 2017 年获得种子轮投资，以及 20 万元大学生创业引导资金。

AeroBand 空气乐队专注研发年轻人的仿真乐器产品，产品由 App 和智能硬件组成。产品具有一项国家发明专利、两项实用新型专利、产品原理是利用重力加速度计和陀螺仪传感器对手势进行采集，通过蓝牙传输到手机端从而发出吉他、贝斯和架子鼓的声音。用户可以快速上手，在没有实体乐器的情况下就能演奏吉他、贝斯、架子鼓等乐器，随时随地玩音乐。

目前空气拨片产品已上线，2018 年 4 月 25 日开放京东众筹，完成 122%，并开放了购买渠道；智能鼓槌产品研发已经完成，预计在2018年下半年进行上市销售。产品主要应用于组建空气乐队、趣味Party、办公休闲、家庭娱乐及启蒙教育等场景。此外，公司还与小米生态链、唱吧、硬蛋科技达成了战略合作，并进一步应用于迷你KTV的场景。公司产品的市场容量保守估计为188亿元，还具有很大的发展空间。

1　摘要

1.1　产品简介

AeroBand空气乐队是AeroBand团队研发的一套仿真乐器类智能硬件，现阶段已经开发了空气拨片、智能鼓槌两款产品，团队致力于开发专注年轻人的仿真乐器产品，产品由App和智能硬件组成。

两款产品均为可以简单上手的音乐类硬件，利用重力加速度计和陀螺仪传感器对手势进行采集，通过蓝牙传输到手机端从而模拟乐器的声音。即使你没有音乐基础，或是热爱音乐但没有时间和精力感受乐器的魅力，仍可通过AeroBand空气乐队智能硬件轻松体验到吉他、贝斯、架子鼓等的效果，通过简单的学习就可以演奏出富有节奏感的曲子。用户只需要手持智能硬件，通过蓝牙与手机App相连后，就可以在乐库中选择歌曲进行演奏。通过硬件和游戏提示来演奏，富有节奏感和乐趣。此外，还可以邀请好友同时使用两款智能硬件，选择不同乐器，组建线上乐队进行演奏。

AeroBand空气乐队产品能让用户快速上手，进行炫酷演奏。一方面，用户只需要根据App上的提示进行操作，就可以演奏一首完整的曲目；另一方面，由于没有实物乐器的限制，空气拨片、智能鼓槌的演奏形式会给用户带来很强的新奇感和炫酷感。此外，硬件以及App设计都带有满满的科技感。

目前，公司所有产品的硬件、软件都是自主开发设计，产品的量产服务外包给深圳合作厂商，公司已经拥有成熟的供应链，包括产品材料采购、加工、生产、包装等。空气乐队产品能够满足从零基础用户到高级用户的所有用户需求，既可以零基础学习，也可以通过App寻找灵感谱曲。综合来看，空气乐队产品市场空间广阔，竞争压力小，具有良好的竞争优势和广阔的市场前景。

1.2　专利简介

空气乐队系列产品共有三个技术专利，包括一项国家发明专利、两项实用新型专利。附录中有具体内容和专利证书图片。

1.3　市场分析

根据年龄、收入状况、生活方式、娱乐需求等多方因素，空气乐队产品市场定位于"泛音乐"娱乐市场，解决新潮的年轻人不会乐器，但渴望快速上手、展现自我、炫酷玩音乐的需求。初期的目标市场是年轻人，细分为在校大学生、青少年、26岁以下的已工作人群，主要通过在校大学生群体打入市场。

国家统计局数据显示，截至2017年5月，全国高等学校共计2 914所，2016年全国在校大学生人数为2 695.8万人，每年以70万～80万人的规模匀速增长。

《2016 中国校园市场发展报告》中指出，2016 年中国大学生消费市场总规模达到 6 850 亿元，其中 17% 用于购买数码产品。庞大的基数，稳定的增长与更新，奠定了年轻人智能穿戴市场坚实的客户基础。

公司将市场定位于移动音乐市场。近年来，随着移动互联网的高速发展，音乐行业产生了新的业务模式与运营机制。2017 年中国移动音乐市场规模将高达 115.6 亿元，移动音乐用户也超过 5 亿，以 QQ 音乐、网易云音乐为代表的音乐播放器平台，以唱吧、全民 K 歌为代表的移动 K 歌平台，以及以腾讯视频 LIVE MUSIC、映客直播、唱吧直播间为代表的演艺直播平台迅速成长起来。但是，它们主要集中在听歌、唱歌、直播等领域，随着人们音乐需求的不断提升，越来越多的人想摆脱简单的听歌、唱歌、看直播等被动感受音乐的过程，更渴望主动参与到音乐中来，感受亲手操控音乐、亲身弹唱音乐带来的快感。因此，智能、简单地玩音乐将是未来的发展趋势和变现方式。一些音乐平台，如唱吧，也在慢慢向玩音乐的市场方向进军。智能体感音乐领域目前尚处于一片蓝海，有着巨大的市场等待我们开发。

从近年来相继流行的音乐短视频 App 看出，亲身感受音乐、操纵音乐、创造音乐，用音乐展现自我将是一个更大的发展趋势。但是，普通大众很难轻易地接触到不同的乐器，玩音乐变成了大多数人埋藏在心底的渴望。我们的初衷就是用科技探索音乐的新玩法，打造让大众能快速上手，快速、便携地感受不同乐器的新产品，从而满足他们对不同乐器的好奇，激发他们对音乐的兴趣，拉近他们与音乐的距离，最终让大众参与到音乐中来，用音乐丰富人们的精神世界。

空气乐队产品的主要目标用户是爱好音乐，但不会乐器的新潮年轻人。他们不拘泥于传统，向往更自由和更个性化的表现形式。我们的产品恰恰解决了他们不会乐器，又想以最低成本掌握乐器的需求，两只小巧的智能鼓槌，就可以在短时间内让他们迅速掌握架子鼓的演奏方法，从而创造属于他们自己的音乐，并且可以尽情地享受音乐的魅力。

空气拨片、智能鼓槌是团队已经开发的两款产品，除此之外，在横向上我们会不断向体感音乐的周边发展，如体感音乐手环、舞动音乐、跑步音乐助手等。在纵向上我们会从非专业领域向周边辐射，向仿真乐器的偏专业领域进军，将产品音效和技能进一步专业化，打造一种新兴的体感类电声乐器。此外，下一步公司还将会向音乐启蒙、音乐教育等领域市场深入，进一步扩大市场容量。

1.4 营销推广

在前期推广中，我们一方面与当前流行软件合作，借助商家合作平台销售产品。比如充分利用抖音、美拍、唱吧、快手等平台上的网红流量和微商资源，关注度高的极客公园、硬蛋科技等新媒体资源，让空气拨片和智能鼓槌走进公众视野。另一方面，在京东、淘宝等大型电商平台上进行产品众筹。此外，公司也与小米生态链、唱吧、QQ 音乐、友唱等达成了战略合作，未来我们将进一步朝着迷你 KTV 的方向发展。

1.5　盈利模式

前期主要靠销售硬件盈利,同时在App上也会提供需要付费或积分充值来解锁的新歌与新技能。发展中期会增加线上社区的打赏抽成,导流到电商。后期当用户社群积累到一定程度,会专注于社区打造、线上社交的运作和获利。

1.6　资金需求

天使轮融资200万元,出让10%股份。融资用途主要包括基础投入20万元、公司运营60万元、营销推广80万元、后续研发30万元、其他10万元。

1.7　团队介绍

创业团队核心成员8人,学科涵盖算法、硬件、市场、后端、Unity开发、UI、外观设计等。

(1)某某,自动化学院控制科学与工程研二学生,项目创始人之一,负责团队嵌入式软件开发工作及管理。

(2)某某,经管学院大三学生,擅长网站前/后端、管理信息系统、Node.js、java程序开发,有着丰富的实际项目经验,负责网站及接口开发。

(3)某某,经管学院大三学生,熟悉市场知识,负责团队市场开发。

(4)某某,化学与生物工程学院大三学生,具有丰富的游戏开发经验,负责Unity开发。

(5)某某,机械工程学院视觉传达大四学生,负责UI设计。

(6)某某,经管学院大四学生,拥有丰富的管理经验,擅长财务报表与编制。

(7)某某,机械工程学院视觉传达专业大四学生,负责团队宣传推广材料的制作。

(8)某某,机械工程学院工业设计专业大四学生,负责团队产品的外观造型设计。

创业团队成员学科优势互补,各有所长,涵盖产品研发到市场营销各环节,经过几年打磨,已经成长为一个学科交叉、优势互补、跨专业和多元化的成熟创业团队。

2　项目背景

随着需求结构的不断升级,娱乐文化在精神需求中所占的比重越来越大。音乐作为娱乐文化的重要元素,不断地深入我们的生活,影响着我们的每一天。随着移动互联网的普及,移动互联网音乐蜂拥而至,让我们在听、唱、看方面有了丰富的选择。然而,音乐的魅力并不止于此,亲身感受音乐、操纵音乐、创造音乐、用音乐展现自我将是一个更大的发展趋势。然而普通大众又很难轻易地接触到不同的乐器,玩音乐变成了大多数人埋藏在心底的渴望。空气乐队项目的初衷就是用科技探索音乐的新玩法,打造让普通大众能够快速上手、感受音乐魅力的新产品,从而满足他们对不同乐器的好奇,激发他们对音乐的兴趣,拉近他们与音乐的距离,让普通大众能参与到音乐中来,用音乐丰富人们的精神世界。

随着智能手机的普及和大学生消费水平的不断提高,加之大学生对未来收入的良好预期和前卫冲动的消费观,使得大学生成为空气乐队产品极具潜力的目标市场。当代大学生追求时尚潮流，兴趣广泛，但是却没有足够多的时间来学习音乐。而空气乐队产品能够很好地契合他们的需求，用户不需要花费大量的时间来系统和专业地学习吉他和架子鼓，便可以快速上手，享受音乐带来的快感和恣意。

为了满足大多数人上手即玩、不需要长期学习就能演奏一首歌曲的需求，项目团队开发出了空气乐队系列产品（空气拨片、智能鼓槌）。空气乐队作为一种新型的表演形式在国外备受欢迎，它是指在没有真实乐器的情况下，表演者跟随背景音乐的节奏，模仿演奏的神态和动作进行歌唱和表演，场面非常炫酷。此外，新兴的电声智能乐器作为一种新的乐器类型，在国内外迅速发展起来，我们的产品将逐渐成为选手的乐器选择。

3 产品与服务

3.1 产品介绍

3.1.1 AeroBand 空气拨片

AeroBand 空气拨片是一款仿真乐器的智能硬件产品，用户只需要手持拨片，通过蓝牙与手机 App 相连，就可以弹奏吉他、贝斯等乐器，还可以在线上与朋友组建乐队。拨片硬件用于采集用户的手势动作，App 软件可以用于切换乐器种类、切换和弦等。硬件和软件的结合，能够达到演奏各种乐器的效果。

空气拨片渲染图

App 主界面和蓝牙连接界面

本产品的核心技术是六轴惯导手势识别算法，在保证识别精度的前提下，把产品功耗降低到了 uA 级别，可以实现超长续航。此外，针对高级用户，App 还能自动识谱、编谱。目前产品已经申请了三项国家技术专利。

3.1.2　AeroBand 智能鼓槌

AeroBand 智能鼓槌是一款仿真乐器的智能硬件产品，用户只需要手持鼓槌，通过蓝牙与手机 App 相连，根据 App 上不同提示打击不同的节奏，就可以完成一首曲子。鼓槌作为硬件用于采集手势动作，App 软件可以用于切换和弦与音色，硬件和软件的结合能够达到演奏乐器的效果。

智能鼓槌游戏界面

3.1.3　硬件

空气拨片、智能鼓槌核心技术分别是六轴与九轴惯导手势识别算法，在保证识别精度的前提下把功耗降低到了 uA 级别，实现了超长待时，充一次电能正常使用 20 天。

单片机选用 NRF**** 来充当鼓槌实体的控制处理中心，主要考虑到其较小的体积、较强的计算处理能力和蓝牙数据传输功能。

陀螺仪模块选用 MPU****，这是一款具有三轴陀螺仪、三轴加速度、三轴磁力计的九轴惯性动作捕捉单元，在其自带的 MotionDriver 运动处理引擎的基础上进行软件开发，利用其官方为该传感器量身打造的算法，提高了数据融合的精度，通过 IIC 协议获取到多种运动数据，单片机再对数据进行综合处理，最后将处理结果通过蓝牙协议发送到手机 App 端，从而实现空气拨片和智能鼓槌的功能。

3.1.4　软件

软件实现包括需求分析、软件框图、界面、调试。软件需求包括基本需求，主要有三点：一是调用手机蓝牙与硬件端的蓝牙模块进行通信；二是对于陀螺仪所捕捉到的动作信息进行处理，快速调用相应的音频，实现打鼓声效；三是用户友好的界面编写与社区化。

3.2　奖励机制

为了激发用户的使用兴趣，以实现长期学习和使用的目标。团队结合区块链技术，创新性引入了奖励机制，并设立"AeroBand Coin"（奖励积分）。

3.2.1　获得奖励

用户可通过四种途径获得奖励积分。

1. 练习

通过对练习时长以及达成分数按照一定比例计算，给予积分奖励，同时用户分享练习成果后也可获得相应积分。

2. 创作音乐

当用户使用公司产品进行原创音乐制作时，用户可获得相应作品的版权并得到相应的积分。

3. 线上乐队

用户可以选择公司的不同产品在线上组成乐队进行 PK，PK 后双方会获得相应的积分。

4. 分享

用户可将平台内的弹唱分享至其他平台，按比例对作品相应播放量、点赞量给予积分。

3.2.2 奖励变现

用户获得积分后，可以在社群内和社群外进行使用。

1. 社群内

用户可以用积分冲抵现金，购买空气乐队系列产品。也可以用积分对其他用户的作品进行打赏。同时，积分也可以用来解锁与购买新歌曲和"新技能"。

2. 社群外

社群外，团队将与音乐类商家合作，通过将积分变现购买专辑、音乐节及演唱会门票等，也可以在 KTV 等娱乐场所消费时折抵现金。

3.3 创新点

（1）技术创新。通过自主设计的动作来捕捉单元软硬件平台、获取 Motion-Driver 运动处理引擎的运动信息和建立单节点模型，实现了降低产品成本、便捷使用、移植性强、姿态捕捉精度高等目标，形成了 AeroBand 空气乐队系列产品独有的竞争优势。

（2）酷炫高科技。将体感音乐与吉他、贝斯、架子鼓相结合制作的空气拨片和智能鼓槌产品，在与自主开发的 App 结合后，能在没有乐器实体的情况下模拟乐器的声音，进行空气演奏，科技感十足。

（3）时尚潮流。通过高度还原吉他、贝斯、架子鼓等的演奏方式，让用户用较低的成本获得较高的体验，满足其对潮流时尚的追求。

（4）便于携带。相对于庞大沉重的实物乐器，空气乐队系列产品只需要常见的电子设备以及小巧的智能硬件，方便携带，可以装在包里随带随玩。

3.4 AeroBand App

AeroBand App 软件功能分为吉他弹唱功能、自由演奏功能、乐队功能、社区功能。

3.4.1 吉他弹唱功能

吉他弹唱功能是空气拨片的对应功能，包含小白模式和自由弹唱模式。小白模式针对零基础用户，可以帮助用户快速上手，根据 App 的提示，可以完成曲子的弹唱。

自由弹唱模式适用于吉他初学者，用户需要懂得基本扫弦、简单分解和弦等技巧与知识，可以自由进行弹唱。

AeroBand 空气拨片大大简化了传统吉他的操作。在吉他弹唱模式中，"一键和弦"按钮取代了复杂的按和弦操作，流动的"TXT 谱"取代了难懂的六线谱。这方便了用户在使用空气拨片时，需要左手不断变换手势才可以按出正确的和弦。这在很大程度上降低了吉他弹奏的难度，让弹唱与创作音乐变得更容易。

在细节体验上，产品真实模拟吉他的弹法，开发了扫弦、分解和弦、自定义和弦、鼓机等吉他拥有的功能，还包含了一键和弦切换、一键升降调、编辑和弦等功能，使吉他弹奏更加方便。团队会不断更新线上乐库，包括流行音乐、民谣、摇滚乐等不同风格的乐曲，提供丰富的线上曲库供玩家下载弹唱。

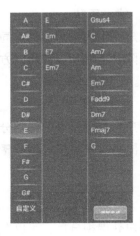

自由弹唱、曲库和编辑和弦界面

3.4.2 自由演奏功能

自由演奏是智能鼓槌的功能，适用于架子鼓初学者，用户只需要懂得基本节奏等知识与技巧，就可以自由发挥进行弹唱。

自由演奏模式

AeroBand 智能鼓槌大大简化了传统架子鼓的结构。在自由演奏模式中，用户只需通过控制鼓槌的摆动以及两个鼓槌的距离，就可以发出不同的声音。

在细节体验上，产品真实模拟架子鼓的弹法，并加入了节奏，用户可以根据提供的节奏进行鼓槌的演奏，使鼓槌弹奏更加方便。即将上线的线上乐库，包括流行音乐、民谣、摇滚乐等风格的乐曲，提供丰富的线上曲库供玩家下载演奏。

3.4.3 乐队功能

乐队功能包含电吉他、木吉他、贝斯、架子鼓。结合公司两款产品——空气拨片和智能鼓槌，通过 App 上乐器的基本技巧练习，就可以线上邀请朋友一起组建乐队，演奏一首完整的曲子，随时随地嗨翻全场。玩法是：由四个用户组成一个乐队，分别操控电吉他、木吉他、贝斯、架子鼓，再指定其中一人为主唱，就可以组建一个空气乐队进行歌曲弹唱。乐队功能让零基础的用户也能和朋友们搭配娱乐。通过集体演奏，在共同玩音乐过程中，体验团队配合的乐趣，一方面能加深朋友间的友谊，另一方面也能与朋友一起感受音乐的快乐和魅力。

3.4.4 社区功能

用户可以在社区上传视频，分享动态，分享空气拨片与智能鼓槌的"新玩法"，通过社区交流学习，帮助零基础音乐玩家更

快更好地掌握产品玩法。

用户可以用手机上传、观看和分享视频，为用户提供一个展示和交流的平台。这里可以学习别人的玩法，也可以线上交流，形成一个用户社群。

3.5 应用场景

产品主要应用于组建空气乐队、趣味Party、办公室及家庭娱乐四个场景。此外，我们还与唱吧、硬蛋科技达成了战略合作，并进一步应用于迷你 KTV 的场景。

1. 空气乐队

本产品的乐队功能可以让用户随时组成一个空气乐队，结合空气拨片和智能鼓槌，共同演奏曲目，一起感受音乐的魅力。

空气乐队演奏

2. 趣味 Party

本产品具有简便易携的特点，随时随地可以弹奏乐曲，与朋友一起享受休闲时光，一起举办音乐 Party，不失为娱乐放松方式的首选。

3. 家庭娱乐

通过小米盒子与家庭智能电视连接，和家人一起娱乐，增进家人感情。

4. 办公休闲

当一天的忙碌工作结束后，人们需要

放松与开始社交活动时，我们的空气乐队产品就是社交小助手，拉近人们之间的距离。

5. VR 娱乐

音乐智能硬件能进入虚拟现实，让你和朋友们组成乐队，看着手中的虚拟乐器和虚拟的队友形象，在万人瞩目的虚拟舞台上尽情表演，而那些虚拟的乐器也将清晰可见，这将会是一个十分奇妙的体验。

6. 启蒙教育

通过与儿童乐器商家合作，音乐智能

硬件将进入启蒙教育市场。儿童智能鼓槌和空气拨片便于携带。只要准备 App 和产品，就能模拟出真实乐器的音效。以玩游戏的模式进行演奏，培养儿童的乐感与节奏感。

3.6 产品特点

AeroBand 空气乐队系列产品具有轻便易携、快速上手、音色丰富、曲库庞大、适用人群广等特点。目前国内外线上音乐市场的产品主要集中在软件类的仿真乐器与音乐游戏（如节奏大师），虽然它们也能产生不同乐器的声音，但是把用户的双手与视野局限在了屏幕上，使表演效果大打折扣。而空气乐队产品则通过体感技术解放了用户的双手与眼睛，让他们像真正演奏乐器那样，自由激情地表演。

3.6.1 竞争优势

（1）技术。智能鼓槌运用九轴惯性导航技术和手势识别算法，空气拨片运用六轴惯性导航技术和手势识别算法，个性化记忆用户的动作，高精度采集用户手势，精准匹配每位用户。运用自动编谱识谱技术，即时匹配音乐曲目，直接搜索即可匹配所需乐源。

（2）专利。产品目前拥有一项发明专利和两项实用新型专利。

（3）市场。与小米生态链合作，搭建成本壁垒。与唱吧合作，抓准核心用户和潜在用户，搭建用户壁垒。与 QQ 音乐达成合作，扩大曲库曲源，构建音乐版权壁垒。

（4）渠道。通过线上线下渠道的结合，扩大品牌影响力，提高知名度。

（5）价格。初期由于产品的稀缺度和竞争优势，我们会以高价进入市场，进行初期销售。中期考虑会有竞争对手或其他仿制品的渗入，我们会进行适当降价继续保持所占市场份额。后期我们会再次打响价格战，巩固已有市场。

3.6.2 随身携带

用户不需要买昂贵的实物乐器，也不需要复杂的音响设备，只需要有 AeroBand 空气乐队产品，并装上手机 App 就可以进行吉他和架子鼓等乐器的演奏。产品方便携带，可以随时随地进行演奏。

3.6.3 快速上手

用户只需要懂得产品玩法就可以很好地使用。与真实乐器相比，空气乐队产品具有简便易学、容易上手、随心所欲等特点。更重要的是，用户还能分选不同乐器一起组建乐队，与朋友们共同演奏。

3.6.4 音色丰富

与线上乐器弹奏 App 相比，本产品将手机 App 与实物弹奏组合在一起，音源与真实乐器并无差异，使得用户的演奏体验大幅提升，可以尽情享受真实演奏带来的酣畅淋漓的快感。

3.6.5 曲库庞大

本产品继承了线上 App 拥有庞大音乐库的优点，App 乐曲库中不仅收录了流行歌曲，还有一些经典乐曲，用户可以在曲库里搜索到自己想弹唱或表演的歌曲。

4　行业与市场

4.1　政策环境

（1）我国自 2015 年 7 月开始实施《国务院关于积极推进"互联网＋"行动的指导意见》，其中重点提到了国家对互联网产业的重视及支持。

（2）2015 年国务院吹响智能制造号角，提出智能制造是中国制造的主攻方向，其中智能设备作为重点内容得到助力。

（3）工业和信息化部、国家发展和改革委员会联合制定的《智能硬件产业创新发展专项行动（2016—2018 年）》，助推智能硬件产业的发展。

4.2　市场环境

4.2.1　行业基本状况

公司的产品属于智能体感音乐设备。目前，智能体感音乐设备主要包括可穿戴的手环类设备和可手握的夹持类设备，本公司的体感音乐设备属于可手握类设备。手握类设备在体感音乐领域还是蓝海。

4.2.2　竞争对手分析

1．空气拨片

目前国内市场并没空气拨片的相似产品，本公司是国内首个研发空气拨片产品的团队。在国家政策的支持和推动下，加之产品本身的实用性和创新性，空气拨片在国内市场的发展空间巨大。据了解，目前只有国际市场上有类似产品的研发。

Air Jamz 的可穿戴设备类似于手环，主要集中在佩戴市场，使用方法为晃动右手产生音效，玩法单一，不能满足用户对音乐需求的多样性。Kurv Guitar 主要针对高端消费群体，定价高，且仅适用于较专业的音乐玩家，市场狭窄。空气拨片系列产品能满足从零基础到高级用户的所有用户需求，既可以从零基础开始学习，也可以通过 App 寻找灵感谱曲。综合来看，本公司产品市场空间广阔，竞争压力小，具有良好的竞争优势和广阔的市场前景（见图 1-1 和表 1-1）。

图 1-1　竞品分析

表 1-1　竞品对比

	适用人群范围广	产品玩法多样	成本低	售价低
AeroBand	√	√	√	√
Air Jamz	×	×	√	√
Kurv Guitar	×	√	×	×

2．智能鼓槌

功能相似的同类产品，国外产品有 Freedrum，国内产品有诺艾电子鼓（见表 1-2）。

表 1-2 竞品对比

产品	国外产品（Freedrum）	国内产品（诺艾电子鼓）	本产品
价格（元）	467	220～350	298
预期上市时间	已上市	已上市	2018 年 8 月
产品组成	鼓槌，App，模拟器	鼓盘，鼓槌	鼓槌
面向人群	成年人	全年龄段，主要是成年人	年轻人
产品优点	便携，由两个鼓槌及模拟器组成	加上脚部配置，更加体感及真实	只有两个鼓槌，价格较低，便携
产品缺点	无脚部配置	体积较大，需要平整的桌面放置，需要连接音箱，鼓盘易坏	无脚部配置

通过比较可知，国外产品 Freedrum 虽然也能实现两个鼓槌进行架子鼓打击，但其价格高，可用的曲子较少，没有用户黏性。而国内的诺艾电子鼓虽然有真实架子鼓体验，但是产品体积大，不宜携带。本产品智能鼓槌，与同类型可替代产品相比价格较低，与乐器架子鼓相比，音色接近，性能优越，性价比高，迎合市场需求，有较好的发展前景。

4.3 市场前景

4.3.1 智能硬件市场前景

近两年来，智能可穿戴设备的快速发展得益于多种因素的推动，包括技术、产业、用户需求等。从技术角度来看，多个穿戴技术逐渐成熟，元器件、操作系统、开发平台都得到较快发展。从市场角度来看，互联网巨头跨界进入可穿戴领域，并成为市场主要推动者，其中谷歌于 2012 年发布的 Google Glass 第一次掀起了可穿戴热潮。百度、苹果、360 等随后进入，举措频繁，小米手环的火爆加上 Apple Watch 的助推，可穿戴市场整体进入迅速扩张阶段。

随着全球可穿戴设备市场的逐渐兴起，中国可穿戴设备市场也将迎来高速增长，中国市场将逐渐成为全球可穿戴设备市场的核心。根据互联网数据中心（IDC）发布的数据，2016 年中国可穿戴设备市场出货量为 3 876 万台，同比增长 57.1%。2017 年第一季度，中国可穿戴设备市场出货量为 1 035 万台，同比增长 20.3%。⊖

未来随着主要智能可穿戴计算系统平台及大数据服务平台搭建完毕，下游设备厂商洗牌，基于健康大数据的服务类产品逐步成熟，产品差异化加大，可穿戴市场规模依然有望保持较高速度增长。2017 年中国可穿戴设备市场产值超过 260 亿元人民币，市场调研机构 IDC 预测，2022 年或将达到 607 亿元。

艾媒咨询（iiMedia Research）发布了《2014—2015 中国智能硬件市场研究报告》。报告数据显示，2014 年全球智能硬件装机量已经达到 60 亿台。

自 2013 年智能硬件元年开启，2014～2015 年智能硬件销量爆发式增长，数据显示，2015 年全球智能硬件零售量为 1.3 亿部，季度零售量呈稳步增长态势。全球智能硬件市场中占比最大的品类是智能穿戴，零售量占比高达 59%。《智能硬件产业创

⊖ 资料来源：https://www.qianzhan.com/analyst/detail/220/180207-08151fbe.html。

新发展专项行动（2016—2018 年）》指出，到 2018 年，中国智能硬件全球市场占有率超过 30%，产业规模超过 5 000 亿元，海外专利占比超过 10%，智能硬件市场将迎来大发展。

目前，国内智能硬件企业主要集中在深圳和北京。在政策支持以及市场需求不断增大的大环境下，我国智能硬件市场发展前景广阔。据预计，到 2020 年，我国消费类智能硬件产值可达万亿元水平。

4.3.2　动作捕捉前景

随着近两年智能可穿戴设备以及虚拟现实（VR）技术高速发展和商业化，人体动作捕捉技术作为其中重要一环，为虚拟现实技术的发展奠定基础。随着大量头戴手机盒子、一体式 / 外接式头戴显示器等沉浸式 VR 设备推向消费级市场，中国虚拟现实市场规模将持续扩大。随着虚拟现实设备生态圈的初步形成，依靠内容，服务盈利的模式逐步成熟。因此，人体动作捕捉技术也将高速发展，作为消费类电子的一环参与到市场的大爆发中。

4.3.3　移动音乐及电声乐器的市场前景

空气乐队系列产品整合了移动互联网音乐与新型电声乐器的优势，这两大新兴音乐领域都有非常广阔的市场前景。

1. 移动互联网音乐

在移动互联网音乐领域，网络文化需求、技术应用的发展推动了移动互联网音乐创新产业形态，新的移动互联网音乐管理政策推动行业良性发展。

在政治环境方面，从 2006 年起，国家相关部门相继出台了《文化部[⊖]关于网络音乐发展和管理的若干意见》《文化部关于加强和改进网络音乐内容审查工作的通知》《关于责令网络音乐服务商停止未经授权传播音乐作品的通知》《国家新闻出版广电总局关于大力推进我国音乐产业发展的若干意见》等文件，在移动互联网音乐领域营造了一个良好的市场环境，使业界进一步看好移动互联网音乐的市场前景。

在经济环境方面，我国宏观经济增长势头良好，随之而来的是网民娱乐消费需求的不断上升。再者，"互联网 +"上升为国家战略，互联网行业资本活跃，资本市场普遍看好以网络为基础的应用及业务，移动互联网音乐备受资本市场热捧，阿里巴巴、腾讯等互联网巨头纷纷入局拓展移动互联网音乐业务。另外，农村宽带基础设施等配套，也释放了大量的网络娱乐消费需求，而移动互联网音乐是其中重要组成部分。

在社会方面，随着我国社会结构的调整，基于网络的娱乐消费需求增加。我国网民渗透率高，但 PC 端音乐用户趋于饱和，相比之下移动互联网音乐用户正不断增长。因此移动互联网音乐将成为重要的娱乐应用之一。

在技术环境方面，移动互联网重构音乐生态，以音乐众筹，智能硬件为代表的创新业务形态初见雏形，4G 网络以及降费提速等措施加强了移动互联网音乐的传播效率，同时降低了用户获取高品质音乐服务的门槛。而随着智能手机的普及，音频传输技术走向成熟，4K 直播的出现也实现

⊖　2018 年，文化部与国家旅游局整合，组建文化和旅游部作为国务院的组成部门。不再保留文化部、国家旅游局。

了音乐的在线直播。

上述良好外部环境，促进了移动互联网音乐的流行和普及。据调查整理，2016年，我国网络音乐用户规模已经达到了5.03亿，手机网络音乐用户，即移动互联网音乐用户，规模达到4.68亿。

通过上述分析和数据不难看出，移动互联网音乐的市场前景非常广阔，而作为移动互联网音乐领域的"新贵"，空气乐队系列产品市场也是一片大好。

2. 新型电声乐器

杭州先略投资咨询团队发布的《2016—2021年电声乐器行业深度调查及发展前景研究报告》预测，国内华东、华中、华北是未来电声乐器的高速发展区，因此，团队拟优先发展的华北地区。华北地区借助京津冀一体化的助力，有着天然的发展优势。纵观整个电声乐器市场，2015年电声乐器产品的产量已经达到150万台，这个数字还一直处于上升的趋势中。而这仅是单一功能电声乐器的规模，借助音乐的良好大环境与消费者需求的刺激，电声乐器市场必将获得进一步的发展。

4.4 市场容量

公司产品主要应用于组建空气乐队、趣味 Party、办公休闲及家庭娱乐四个场景，以空气拨片和智能鼓槌为主打产品，以年轻人为主要目标市场。参考多个投资公司电声乐器行业发展前景研究报告，结合四大应用场景消费人数与购买概率，空气乐队系列产品的市场规模保守估计为188亿元。目前国内还没有同类产品，公司产品市场规模未来还将有更大的扩展空间。

4.5 市场需求

空气乐队系列产品的用户包括从零基础到高级技术的音乐群体，音乐盲和专业音乐人不是我们的目标客户。通过市场调研发现，零基础的玩家不懂乐理，没有专门的教学，并且培训费用昂贵；入门级的用户想要在短时间内取得较大的进步较为困难，而且容易丧失兴趣；中级用户的伴奏工具等设备不方便携带，练习成本较高，而且高级技能较为困难；高级用户存在作曲不便的问题（见图1-2）。为此，我们的产品包含了相应的解决方案（见图1-3）。

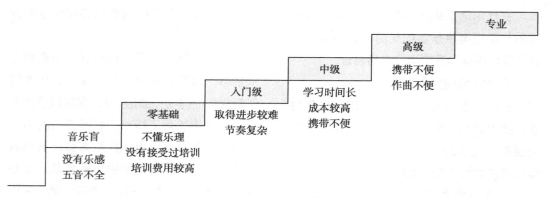

图 1-2 用户痛点分析

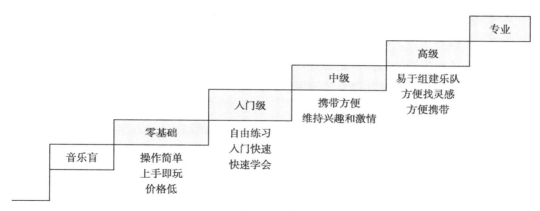

图 1-3　解决方案

音乐盲和专业音乐人不在我们考虑的用户范围内。针对零基础用户，我们的产品操作简单，易学易懂，游戏上手即玩，且价格较低，定位于中低端市场；对于入门级用户，自由练习模式可以增强其熟悉感，缩短入门时间，十分便利；对于中级用户，空气拨片、智能鼓槌产品携带方便，能够实现随时随地玩音乐，而且有利于维持兴趣和激情；对于高级用户，我们的产品方便携带，易于操作，可满足随时随地创作的需求。

4.6　影响目标消费群体的因素

1．公司品牌

戴乐科技有限公司于 2016 年 1 月正式注册，两年多来通过各大社交媒体推广，包括创业邦杂志、极客公园、72 变等知名媒体杂志，已经取得了不错的效果，并且在各大高校内部，积极与校内公众号及校内各项活动合作，在高校的普及效果十分显著。公司产品于 2018 年 4 月 25 日登陆京东众筹，已完成 122%。AeroBand 空气乐队已经成为移动音乐新型玩法的代名词。

公司官网界面

目前，品牌官网已经具有产品销售、品牌咨询速报、用户访问量分析展示、App 后台管理等功能，更多的新增功能正在开发当中。

2．销售环境

公司主要销售渠道为网上销售，网店环境符合音乐活泼靓丽的特点，让消费者进店不仅是浏览产品，更是获得良好的用户体验。

3．售后服务

售后服务是网店销售的关键环节，把产品交付到顾客手里并不是最终目的，顾客通过我们的产品而得到更好的音乐体验才是最终目标。通过建立完善的售后服务链，提供相应的技术指导，在卖出产品的同时卖出服务。

4．竞争程度

目前，国内市场没有空气拨片、智能鼓槌的相关产品，我们是国内首个研发该智能硬件的公司。在国家政策的支持和推动下，加之产品本身的实用性和创新性，空气拨片和智能鼓槌在国内市场的发展空间巨大。据调研，目前只有国际市场上有类似的产品研发，并且大都只适用于 iOS 系统，我们的产品同时开拓 iOS、安卓市场，服务国内庞大的用户群体。

5．市场战略

短期战略（第 1 年）：短期内先专注于提高音质、丰富乐器种类、改进游戏玩法来增强用户体验，达到用户零基础玩音乐和炫酷效果，让我们的产品能吸引更多追求个性的年轻人。迭代产品，优化界面，把界面往"炫"方向发展，做成最贴合年轻人玩音乐的产品。不断优化产品服务，提升用户音乐体验。

中期战略（2～3 年）：产品上，优化产品界面，把防蓝光、去疲劳等功能纳入优化，重视用户体验的安全性。逐渐拓宽产品市场，让广大消费者了解认识并且购买产品。同时我们还要不断完善互联网服务，通过 App 的不断完善，逐步加入会员社区等互联网增值服务，吸引并引导客户通过付费体验更高级的服务，实现智能硬件和互联网服务"双盈利"。

长期战略（4～6 年）：要对产品进行不断创新，加入打击钢琴等特殊音效，增加乐器的趣味性。结合物联网的理念，开发体感控制设备，对智能家具进行控制，让产品融入未来的智能家居生活中。最后，公司的产品不应当仅仅作为手机的附属品存在，而且让产品能作为一个独立的个体存在，能作为一种代表社会价值的符号存在。

5 营销计划

5.1 产品营销

公司初期主要销售空气乐队系列硬件产品，并通过这些产品获取利润。

（1）主要通过官网和公众号进行销售。

（2）考虑采取免费赠予部分产品的方式，目的是推广产品，使消费者更多地了解产品本身的特色及使用方法，利用产品本身的社交性进一步拓展市场。

（3）积极和渠道商进行线上平台合作，考虑以批发价批发给渠道商，但渠道商的出售价格不得低于官网售价。

5.2 推广方式

1．智能硬件媒体合作

在智能硬件媒体方面，公司主要和硬蛋科技、极客公园、创业邦、IT 耳朵等进行合作。智能鼓槌本身就是"黑科技"产品，而这些智能硬件媒体的受众恰恰是对

"黑科技"、新玩法极为感兴趣的人群。通过与这些硬件媒体合作,有助于产品的进一步宣传以及精准打入市场。

2. 京东众筹

众筹平台是近几年备受热捧的网络平台。公司会积极利用众筹渠道,进行产品的预定及预售,通过抓住核心顾客群来逐步打开产品的市场。空气拨片产品已于2018年4月25日登陆京东众筹,已完成122%,智能鼓槌产品预计在今年下半年进行京东众筹。硬蛋科技主要负责众筹之前的预热和众筹后渠道资源的对接。

3. 线上推广

一方面通过网红、微商、微博大V等代理销售产品;另一方面通过打造自己的空气乐队,在抖音、美拍、秒拍等大型社交平台定期上传表演视频,建立粉丝群并及时更新产品的玩法与技巧。

新媒体渠道主要包括《创业邦》杂志、极客公园、IT耳朵、72变、极果网等,上述都是在音乐领域知名度高、口碑好的平台。公司会积极联系以求通过这些平台把产品推向更广阔的市场。

自媒体的传播有其特定的传播范围和受众,如网红和微博大V。近年来,网红经济蓬勃发展,在音乐领域,通过抖音、快手和唱吧等平台成长起来的网红引起了人们的关注,他们代表了一部分人的兴趣与当下的潮流,是被众多粉丝争相模仿的对象。对此,我们的策略是利用这些平台培养自己的网红,以我们的特色乐器为核心,引发人们的好奇心,从而获得关注量,引领网络群体对空气乐队产品的关注,打开一个自媒体渠道。微博大V的受众数量则更加庞大,特别是在音乐领域,各个明星、草根唱将背后都有大量粉丝的支持。粉丝们通过微博关注着自己偶像的动态,并且在一定程度上向他们看齐。因此,公司需要用特色的产品获得微博大V的认同,促使他们通过微博向自己的粉丝群体推荐空气乐队系列产品,实现产品影响力的进一步提升。

微信正在越来越多地影响着人们的生活,比如微商,通过微商这一功能,很多人都在网上做起了买卖。作为创业公司,当然不会错过这种营销渠道。随着微信影响力的进一步扩大,在微商中营销公司产品必定会获得更广阔的市场。

4. 校园宣传

在校园销售方面,考虑到校园活动与各类比赛较多的特点,主要结合校园活动与相关比赛进行营销推广。公司将以北京科技大学为中心和试点,形成一套高效的校园营销体系,进而由点及面,逐步辐射到其他大学校园。以下是部分典型的高校推广方式。

第一,"百团大战"。"百团大战"是指各个学生组织和兴趣社团招新的盛会,每年3月初,各个社团会同时开展招新工作,招新现场,人流量在5 000人次左右。公司将会抓住这个机会,在现场摆设自己的摊位,通过小型演唱会,邀请同学现场体验等方式展示自己,提高自身的知名度,同时收集他们对产品的反馈意见,不断对产品技术和功能进行改进。

第二,校园十佳歌手比赛。校园十佳歌手比赛是学生年度的音乐盛会,每年吸引参赛选手和观众近万人。公司通过与知名校园歌唱者合作,为他们提供乐器支持,以歌者在舞台上使用空气拨片和智能鼓槌的轰动效果吸引现场观众的注意，达到推广的目标。

第三，社团联合。高校内有多个音乐类兴趣社团，如爱音乐社等。这一类的社团往往会在特定的节日举办面向全校学生的音乐活动，与这些兴趣社团联合，在活动中展示公司产品，并加入现场体验的环节，进一步提升学生对产品的真切感受，逐步打开学校市场。

第四，"摇篮杯"创业大赛和 iCAN 科技市集。"摇篮杯"创业大赛是学校一个知名度强、规格高的创业比赛，参加创业比赛的学生往往都有自己的想法，这些人也是我们的潜在用户，参加"摇篮杯"有助于这些潜在的客户进一步了解我们的产品。iCAN 科技市集也有同样的效果，通过在市集的展览，在创新创业领域打造自己的品牌价值，把影响力提升到全社会。

第五，校内大型广告位。校内大型的广告位面向全校学生，对于在学校范围内的推广，具有天然的优势。比如各个宿舍楼楼下的宣传栏、学校主干道两边的宣传栏、校园餐厅的大屏幕等，这些广告位不仅宣传效果好、受众面广，而且宣传成本较低，是难得的宣传推广渠道。

第六，其他线下宣传。其他线下宣传主要包括纸质传单、卡片、礼品等传统宣传手段。

5.3　渠道合作

境内主要与《创业邦》杂志、硬蛋科技、极客公园、IT 耳朵、智能界、72 变、极果网等新媒体渠道合作，并且与阿里优优、乐炮等合作方达成渠道合作；境外主要进行众筹、众测、硬件销售。

《创客中国》宣传海报

5.4　战略合作

本公司产品空气拨片已经分别与小米生态链、唱吧、QQ 音乐、友唱达成了战略合作，目前已经实现空气拨片与小米盒子的结合。新产品智能鼓槌将充分利用现有资源，未来将进一步朝着迷你 KTV、唱吧、QQ 音乐的方向拓展合作。

5.5　价格方案

初期由于产品对市场是完全新品，空气拨片和智能鼓槌会分别以 198 元和 298 元进入市场，进行初期销售；中期考虑会有竞争对手或其他仿制品的渗入，会进行适当降价，并继续保持所占市场份额；后期会再次打响价格战，巩固已有市场，并进一步开拓未知市场。

6 公司管理

6.1 股东

　　设立股份成熟机制，创始人的股份分4年成熟，在成熟前，所有股份由首席执行官（CEO）某某代持。种子轮投资人为恺富资本和Pre-angel。团队采取期权激励计划，设立10%的期权池，用以吸引高技术人才。

　　创始人某某自2012年9月至今，先后带领团队参加多项创新创业大赛，获得国家级科技竞赛奖励4项、省部级奖励5项，有丰富的项目经验。在中美创业大赛中获得特等奖和15万元奖金，参加多项路演并与投资人洽谈获得55万元种子轮投资和20万元大学生创业引导资金。其后，带领团队免费入驻中关村创业大厦金种子创业谷。创始人某某在团队内负责嵌入式软件开发工作以及团队的管理和对外交流。

6.2 组织结构

　　（1）公司组织架构如图1-4所示。

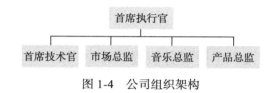

图1-4　公司组织架构

　　（2）管理层信息如表1-3所示。

表1-3　管理层信息

姓名	年龄	学历	岗位	职责	简介
某某	24岁	硕士	首席执行官	管理、嵌入式开发	北大光华MBA，擅长嵌入式软件开发
某某	24岁	本科	首席技术官	算法设计	擅长MATLAB、算法编程

　　（3）员工信息如表1-4所示。

表1-4　员工信息

姓名	年龄	学历	岗位
刘某某	21岁	本科	营销实习生
魏某某	23岁	本科	Unity开发工程师
方某某	20岁	本科	后端开发工程师
张某某	23岁	本科	财务实习生
陈某某	23岁	本科	嵌入式硬件程序设计员
邓某某	20岁	本科	设计实习生
贾某某	21岁	本科	设计实习生
康某某	23岁	本科	产品展示专员
吴某某	19岁	本科	文案专员

　　以上组织架构为直线式的组织形式，适用于团队创业初期，不仅能避免组织复杂导致效率低下，还能最大化地得到导师团队的资源支持，帮助产品与团队接触更多的资源。在未来的组织形式中，会有选择地增加常务副总、事业部副总等岗位，也会结合现状，增加大数据分析部门，专门分析市场变化、团队产品、用户体验与反馈等，辅助管理层进行决策。

6.3 部门职责

　　总经理负责团队的日常经营事务，对董事会负责，决定部门经理的人选，协调各部门之间关系。

　　市场营销经理负责团队市场的调查、市场分析，决定团队的营销战略和营销计划。把握市场动向，组织实施市场监控、市场评估等工作；团队发展成熟后在全国设立市场分析点，针对各地的市场进行调查分析。

　　财务经理负责团队资金的筹集、使用和分配，如财务计划和分析、投资决策、资本结构的确定，股利分配等，负责日常会计工作与税收管理，每个财政年度末向总经理汇报本年财务情况并规划下年财务工作。

技术研发经理负责产品的研究与开发，拓展产品线的广度和深度，还负责新技术的研发与促进，并负责部分产品售后技术支持。

7　财务计划

7.1　主要财务假设

（1）产品团队被有关部门认定为高新技术领域，所得税率为15%。

（2）根据本团队现实基础、能力、潜力和业务发展的各项计划以及投资项目可行性，经过分析研究采用正确计算方法，

本着求实、稳健的原则，并遵循我国现行法律、法规和制度，在主要方面与财政部颁布的企业会计制度和修订过的企业会计准则相一致。

（3）成本费用中的主营业务成本、营业费用均与销售收入密切相关，呈同向变化，我们假定其与销售收入成一定比例变化。

（4）主营业务税金及附加、财务费用和管理费用等与产品销售收入关系不大。

7.2　资金来源与用途

项目注册资本为100万元，天使轮估值2 000万元，计划融资额200万元。

7.3　团队三年资金主要使用计划

团队三年资金使用计划如表1-5所示。

表1-5　团队三年资金使用计划表　　　　　　　　（单位：万元）

项目	第1年	第2年	第3年	合计
工作室的注册租赁费	1.20	1.20	1.20	3.60
工位使用费	0.00	8.64	8.64	17.28
固定资产的购置	0.50	1.20	1.80	3.50
产品的加工制造费用	60.00	120.00	600.00	780.00
研发支出	38.00	38.40	48.00	124.40
团队的管理费用	0.80	19.20	24.80	44.80
市场相关销售费用	0.50	1.20	3.20	4.90
专利注册与保护费用	0.85	0.054	0.054	0.958
团队的财务费用	0	0	0	0
合计	101.85	189.894	687.694	979.438

产品的加工制造费用＝单位成本×产品产量。研发支出包括研发技术人员的工资和开模费用；市场相关销售费用包括产品推广和营销费用；团队的管理费用主要包括管理人员工资、津贴、差旅费等。

7.4　销售预测

根据市场调查、企业发展战略、营销进度和企业生产能力做出预测，如表1-6和表1-7所示。

表 1-6　空气拨片销售预测表

项目	第 1 年	第 2 年	第 3 年
销售量（万台）	2	4	20
售价（元）	198	168	128
销售额（万元）	396	672	2 560

表 1-7　智能鼓槌销售预测表

项目	第 1 年	第 2 年	第 3 年
销售量（万台）	2	4	20
售价（元）	298	268	228
销售额（万元）	596	1 072	4 560

7.5　成本估值

空气拨片和智能鼓槌产品生产成本核算表省略。

7.6　主要财务数据

（1）利润表数据如表 1-8 所示，重要财务指标与趋势数据如表 1-9 所示。

表 1-8　利润表数据　　　　　　　　　（单位：万元）

科目	第 1 年	第 2 年	第 3 年
主营业务收入	596	1 072	4 560.00
减：主营业务成本	60.02	120.04	600.22
税金及附加	2.98	5.36	22.80
主营业务利润	533	946.6	3 936.98
减：管理费用	0.80	19.20	24.80
销售费用	0.50	1.20	3.20
财务费用	0	0	0
营业外支出	0.99	0.15	0.35
利润总额	530.71	926.05	3 908.63
减：所得税	79.60	138.90	586.30
净利润	451.11	787.15	3 322.33

高新技术企业，所得税减按 15%，税金及附加按当年销售收入的 0.5% 计算。主要研发人员工资（三年分别按每月 5 000、8 000、10 000 元）计入无形资产；开模费用计入研发支出；销售费用估算三年分别 0.5、1.2、3.2 万元；营业外支出主要是专利费用，估算三年分别为 0.994（含第一次注册费）、0.154、0.354 万元。

表 1-9　重要财务指标与趋势数据

指标	第 1 年	第 2 年	第 3 年
销售毛利润	××	××	××
销售净利润	××	××	××

静态投资回收期 =1.2（年度），动态投资回收期 =1.7（年度）。

（2）资产负债表数据如表 1-10 所示。

表 1-10　资产负债表数据　　　　　　　　　（单位：万元）

资产	第 1 年	第 2 年	第 3 年	负债及权益	第 1 年	第 2 年	第 3 年
流动资产：				流动负债：			
货币资金	495	882.1	3 872.4	应付账款	0.19	1.28	1.33
应收账款	19.8	33.6	128	短期借款	0	0	0
减：坏账准备	3.96	6.72	25.6	长期借款	0	0	0
应收账款净额	15.84	26.88	102.4	负债合计	0.19	1.28	1.33
存货	3.77	5.65	18.75				
流动资产合计	514.61	914.63	3 993.55				

（续）

资产	第1年	第2年	第3年	负债及权益	第1年	第2年	第3年
固定资产：							
固定资产原价	3.7	8.4	17.3				
减：累计折旧	0.62	1.4	2.88	所有者权益：			
固定资产净值	3.08	7	14.42	实收资本	100	100	100
无形资产	30	30	30	盈余公积	39.95	64.85	241.94
减：累计摊销	6	12	18	未分配利润	226.36	367.46	1 371
无形资产净值	24	18	12	所有者权益合计	366.31	532.31	1 712.94
资产合计	541.69	939.63	4 019.97	负债及权益合计	366.5	533.59	1 714.27

（3）现金流量表如表1-11所示。

表1-11 现金流量表数据 （单位：万元）

项目	第1年	第2年	第3年
经营活动产生的现金流量			
销售商品、提供劳务收到的现金	596	1 072	4 560
现金流入小计	596	1 072	4 560
购买商品、接受劳务支付的现金	62	123.4	613.02
支付给职工的现金	36	57.6	72
支付所得税	79.6	138.9	586.3
支付其他经营类现金	10.58	20.12	46.48
现金流出小计	188.18	340.02	1 317.8
经营活动产生现金流净额	407.82	731.98	3 242.2
投资活动产生的现金流量			
构建固定资产支付现金	3.7	4.7	8.9
筹资活动产生的现金流量			
吸收权益性投资	65	500	2 000
借款收到现金	0.19	1.28	1.33
现金流入小计	65.19	501.28	2 001.33
偿还借款支付现金	0.19	1.28	1.33
分配股利支付现金	45.27	73.49	274.2
偿还利息支付现金	0.02	0.13	0.13
现金流出小计	45.48	74.9	275.66
筹资活动现金流量净额	19.71	426.38	1 725.67
现金及等价物净增加额	256.43	816.26	3 260.62

8 风险控制

8.1 政策风险

创业团队是在国家大力鼓励和支持"双创"的社会大背景下成立的，受到国家政策法规的影响较大，一旦过了支持的"蜜月期"，可能将面临融资困难、市场冷却的风险。

防范方案：时刻关注国家宏观政策调整，把握政策方向标，趁时机还在，赶快壮大团队，在风险到来时实现团队的改造和转型。

8.2 管理与决策风险

创业初期管理层市场经验不足，缺乏管理实践经验，在团队成立初期可以简单应对，但在公司快速成长时，组织与管理能力可能出现跟不上业务发展的需要。此外，团队生存和发展过程中，随时面临团队管理层的决策失误导致团队发展受阻的风险。

防范方案：建立健全人才引入机制、淘汰机制和激励机制。团队将会根据实际情况不断完善和制定新的规章制度，建立良好的约束机制。不断完善组织结构，引进职业经理人，管理人员要不断学习，完善自身决策和管理技能。

8.3 资金风险

伴随公司的快速发展壮大，对服务、产品体验和技术开发都提出了更高的要求，需要团队不断加大资金投入，特别是在创业初期，如果资金筹措不当，可能会出现资金链断裂等风险，影响公司的正常发展。

防范方案：首先，要合理安排资金，提高资金的周转率。其次，在必要时，可以提前准备向银行贷入部分资金和开始新的融资计划。最后，在时机成熟的时候，可以考虑通过上市（IPO）获取更多的资金。

8.4 市场风险

在空气乐队系列产品上线期间，存在巨大的市场风险。比如较难确定市场对新产品的接受能力，较难确定市场接受的时间等。由于新产品往往在初期较难被市场认同，可能出现产品销售缓慢等问题。

防范方案：建立一支专业的营销队伍，逐步完善线上线下的营销策略。此外，在创业初期，需要进行全面的市场调查，了解客户需求和市场容量。依据客户群偏好，增加产品功能，培养客户对本产品的依赖性。用优质的产品和服务来稳定市场份额与价格，减少市场波动。建立健全完善的信息反馈机制，实时跟踪市场定位。加大国内宣传力度，吸引有丰富经验的销售人员。

8.5 技术风险

用户对于新产品的接受能力和反应不确定，同类产品的模仿和用户对技术更新速度的要求对技术创新和技术保护提出了新的要求。

防范方案：了解市场需求，有针对性地开发新产品，不断迭代硬件和程序，构建技术壁垒，加快产品的更新换代速度；加强与同行业企业的优势互补和技术吸收；形成以智能鼓槌技术为主的同心多元化产品链，分散经营风险，加强市场渗透；大量研发和申请相关专利，建立技术"护城河"。

9 资本退出

本公司依据企业未来发展状况为风险投资提供了多种退出方式，包括公司上市、股权转让等。

1. 公司上市

可在公司创立的 5 ～ 6 年之后，相关财务指标达到上市要求后实施。

方案一，境外设立离岸控股团队境外直接上市。由于受到政策和监管环境的限制，大多数境外风险投资团队普遍推崇的退出方式是以离岸团队的方式在境外上市。

方案二，由于政策上的限制，采用以境内股份制团队发行 H 股的形式实现上市，从而大大降低审批过程中的潜在风险。

方案三，将被投资的企业培育到一定阶段后在国内 A 股上市。

方案四，境内团队 A 股借壳间接上市。与境外借壳上市相比，境内借壳上市的可操作性和可控制程度相对高一些。

2．股权转让

可在 3 年以后实施。由于受法律政策环境限制，风险投资团队通过股权转让的方式实现退出应该具有实际意义。股权转让可以通过投资机构自有渠道完成，如促成不同投资机构之间的股权转让，也可以借助专业机构如投资银行、证券团队的收购和兼并部门完成。

此外，如果上述两种首选退出方式难以达成，还可以选择管理层回购等方式退出。如果投资后遇到经营不善，管理团队发生重大变化，出现市场和环境重大不利影响等问题，也会选择清盘方式及时减小投资损失。

10　附录（具体内容略）

附录包括以下内容：

（1）团队所获荣誉和相关证书。

（2）专利证书。

（3）媒体宣传证明。

（4）推广活动照片和证明。

创业项目二

星空酒店

一个女孩的星空梦想

创始人汪伟玲

汪伟玲，女，1989 年生，北京科技大学经济管理学院管理科学与工程专业 2012 级硕士研究生，星空酒店创始人。曾担任学院研究生会副主席，获得三好学生、优秀学生干部、北京市优秀毕业生等荣誉称号，连续创立了梦想魔方绘本馆、"梦想家"星空主题酒店、赤峰享悦月子中心等多个公司。

2014 年，源于对天文观测的爱好和环境保护的理念，汪伟玲创业团队首创性地把天文科普、旅游和酒店服务结合起来，在内蒙古赤峰市热水镇创立了星空酒店，让人们在享受舒适环境和优质服务的同时，有机会看到美丽的星空，听到有关星空的故事，并且丰富酒店文化，唤醒人们对星空资源的关注和对环境的保护。

星空酒店的缘起

汪伟玲创建星空酒店源自对天文观测的爱好。喜欢天文观测的汪伟玲在本科就读期间就加入了内蒙古天文航天协会（IMASA），创办了内蒙古财经大学第一个天文组织——天文爱好者社团。每个学期，她都要和天文爱好者们进行草原天文观测。内蒙古的冬季寒风刺骨、滴水成冰，野外观测需要穿三四层羽绒服才能基本保暖，并且每半个小时左右就必须回帐篷或蒙古包取暖一次，但大家却乐此不疲，也就是在那个时候，她萌生了创建星空酒店的想法。

经过多年不间断地积累酒店建设与管理知识，组建设计团队和管理团队，进行选址与项目策划等相关努力后，2014年，汪伟玲在研究生即将毕业时创办了星空酒店。星空酒店是一家以体验经济为理念，以星空文化和趣味化天文科普为特色，结合其他文化进行主题房间设计和天文科普活动的主题酒店。目前该项目已经在赤峰市热水开发区正式运营。酒店房间设计主题新颖，不拘一格，拥有太空舱、普通间、标准间、主题间、豪华套间等多种房型，包含星空、太空舱、汽车与星空、海洋与星空等多种主题，并依托酒店组织草原星空观测等多种活动。酒店开业不久便受到了天文爱好者和游客的广泛关注和喜爱，多次接受《天文爱好者》等期刊采访和报道。此外，星空酒店与北京天文馆、史家胡同小学、上海天文台等多家单位合作，多次组织草原观测和夏令营活动。

集天文科普、旅游与酒店服务于一体的主题酒店

《天文爱好者》杂志的编辑在实地探访后，曾经这样评价星空酒店："这次旅行走访了星空酒店，感触很深，因为建设者是天文爱好者，所以酒店中的设施与设计都是符合天文爱好者的审美观。最主要的是，出了酒店就可以观察星空，这是最接地气的。如果说一个星空酒店开在大城市里，我认为可能是徒劳，因为真正的天文爱好者需要走出去，而且在走出去的同时也需要有家的温暖，这正是星空酒店建设的初衷。"

星空资源可以转化为旅游资源，为了让顾客既能有舒适便捷的居住，又能享受到观测星空的快乐，星空酒店的出现无疑填补了国内空白，为天文爱好者提供了一个绝佳的体验平台。创始人汪伟玲结合自己的经历与爱好，将星空酒店打造成为集天文科普、旅游与酒店服务于一体，并且能为每一位客户提供格调与品质并存的高质量主题酒店。此外，该酒店还创新性地为天文爱好者提供了天文系列特色服务。比如，酒店建设了天文望远镜之家，开展天文观测指导、天文科普知识讲座和天文摄影培训。建设球幕影厅作为酒店的天文科普基地，还能承揽星空婚礼和星空音乐会等活动。以上服务内容的增值，不断为每一位客户提供个性化体验，创造了商业与社会的双重价值。

星空酒店团队在创新创业大赛上取得的荣誉

在经历了第一次梦想魔方绘本馆成功创业后，2014 年汪伟玲又开始了第二次创业征程。经过细致完善的市场调查和研究策划，他们选择了星空酒店项目。在这一次创业过程中，汪伟玲团队系统缜密地调研了市场，并制作了商业计划书。她们带着项目参与了众多创新创业大赛和创业推广节目，获得了大量的创业前期指导与荣誉。

2014 年第八届"挑战杯"首都大学生创业计划竞赛银奖。

2014 年"中信银行杯"首届内蒙古青年创新创业大赛一等奖。

2014 年《天文爱好者》杂志报道了星空酒店项目。

2015 年"赤峰市元宝山农商行杯"第二届赤峰市青年创业大赛一等奖。

2015 年荣获北京科技大学 87 级校友基金"创新团队"称号。

2015 年首届《创业内蒙古》栏目一等奖，获得 5 家投融资机构 500 万元投资意向。

2016 年中国"互联网＋"大学生创新创业大赛（北京市）初创组一等奖。

2016 年第二届中国"互联网＋"大学生创新创业大赛总决赛全国银奖。

星空酒店项目参加中国"互联网＋"大学生创新创业大赛

星空酒店的"创意—创新—创业"三步走

星空酒店发展的关键节点

星空酒店项目从创意形成、过程准备到真实创业历经七年。在这七年中，创始人汪伟玲经历了创业的多个阶段，积累了丰富的创业经验。比如，加入天文组织培养爱好，不断积累各类天文和酒店管理知识，创办梦想魔方绘本馆，第一次创业实践，撰写商业计划书，参与各类创新创业大赛，参与星空酒店项目调研与创业实践，等等。星空酒店项目提供的是一个服务产品，它不像实体产品那样看得见、摸得着，但是，还要像实体产品那样能清晰阐述出产品竞争优势和客户价值，这就需要创业团队既要心存高远，又要脚踏实地。汪伟玲团队做到了这些，他们成功创办星空酒店的历程可以为服务类初创企业者提供借鉴和启示。

（1）2007～2008年，汪伟玲在大学期间加入了内蒙古自治区天文航天协会，并且创办了内蒙古财经大学天文爱好者社团——学校的第一个天文组织。多次秋冬季野外草原天文观测的切身体验，使她萌生了创建星空酒店的想法。

（2）2012年，在北京科技大学就读研究生一年级期间初次创业，在家乡赤峰市创办梦想魔方教育科技有限公司，该公司成为赤峰市第一家专业从事儿童亲子阅读的机构。

（3）2013年，成立北京科技大学暑期社会实践团，与17位老师和同学前往内蒙古赤峰市进行星空酒店市场调研，完成《星空酒店可行性分析报告》和《星空酒店商业计划书》。

（4）2014年，星空酒店在内蒙古赤峰市热水开发区正式开业。

（5）2014年，《天文爱好者》杂志用大篇幅报道了星空酒店的经营理念、酒店服务和科普方式，为星空酒店项目吸引了风险投资的关注。

（6）2014年，荣获第八届"挑战杯"首都大学生创业计划竞赛银奖。

（7）2015年，"赤峰市元宝山农商行杯"第二届赤峰市青年创业大赛一等奖；作为赤峰市优秀团队代表参加内蒙古电视台举办的《创业内蒙古》栏目，获得一等奖和500万元投资意向。

（8）2015年，荣获赤峰市青年创业大赛一等奖。

（9）2015年，荣获北京科技大学87级校友基金"创新团队"称号。

（10）2016年，荣获中国"互联网＋"大学生创新创业大赛（北京市）初创组一等奖和第二届中国"互联网＋"大学生创新创业大赛总决赛全国银奖。

（11）2018年，创办赤峰享悦月子中心。

知识积累促进爱好成为创意来源

星空酒店创始人汪伟玲喜欢读书、旅行，也是一个天文爱好者。在本科阶段就加入了内蒙古自治区天文爱好宇航协会，并且创办了高校天文社团。当时她就萌生了创建星空酒店的想法，但是，光有创意和想法是不够的，还要有创建主题酒店的知识和创业实践经验。在学校学习期间，汪伟玲不断学习天文科普知识和酒店建设与管理经验，并进行了第一次创业实践尝试，创办了梦想魔方教育科技有限公司，并且取得了成功，在较短时间内收回了全部成本。以上知识和实践经验的积累为星空酒店项目创立奠定了坚实的基础。

2013年，在不断准备与努力下，星空酒店项目在推进过程中抓住了一次契机：在北京科技大学和内蒙古天文组织的支持下，汪伟玲组建了北京科技大学暑期社会实践团，带领 17 位老师和同学前往内蒙古赤峰市进行前期项目调研。之后，团队花费8 个月时间研讨和撰写了《星空酒店可行性分析报告》《星空酒店商业计划书》，系统地阐述了包括产品与服务、竞争对手、市场营销、财务融资、选址分析等商业计划内容，并用科学方法论证了星空酒店项目的可行性和商业前景。

初创企业如何找准商机对创业者来说是一个艰巨的挑战。体验经济的到来对旅游业和酒店服务业产生了巨大的影响，而科普旅游在这个时代背景下得到了重视。科普旅游就是把科学普及嵌入到旅游当中，国外对科普旅游的投入相当大，其回报也非常惊人（众所周知的迪士尼、好莱坞等公司都涉及科普旅游行业）。天文旅游是科普旅游的一种重要活动形式，我国幅员辽阔，经纬跨度大，特别是在内蒙古草原，夜空晴朗少云，四方开阔，没有受到大气污染和光污染的侵蚀，是进行草原天文观测的绝佳地域。汪伟玲将天文科普、旅游和酒店文化融合起来，首先在国内提出星空酒店的概念，这让她在创业的道路上走稳了第一步。

设计新颖独特产品开始创业历程

历时 91 天的设计与改造后，2014 年 7 月，星空酒店在内蒙古赤峰市热水开发区正式开业。酒店投资上百万元，拥有温泉疗养项目，以及 30 多个不同主题设计的房间。房间设计新颖，不拘一格，包含太空舱、普通间、标准间、主题间、豪华套间等多种房型。星空酒店首创性地把天文科普和酒店文化结合起来，除了舒适的环境和优质的服务，还把星星带到酒店的每一个房间，唤醒人们对星空的关注与对环境的保护。

星空酒店部分主题房间

　　当时，虽然星空酒店处于运营初期，但是凭借美轮美奂的星空装饰、细致周到的人性化服务和趣味横生的天文科普活动，酒店得到了入住顾客的普遍认可与媒体的大幅报道。酒店开业不久就受到了天文爱好者和游客的关注和喜爱，接受了《天文爱好者》杂志多次采访，并且两次发表介绍星空酒店的报道文章。星空酒店还与北京天文馆、史家胡同小学等合作，多次组织草原观测和夏令营活动，受到一致好评。酒店运营业绩突出，在当地旅游行业和全国天文爱好者心中迅速树立起良好的品牌形象。

星空酒店项目多次被《天文爱好者》杂志采访和报道

　　星空酒店除了提供优质的酒店住宿服务外，还提供与天文科普相关的特色服务。

1. 实地星空观测、摄影及培训服务

　　天文摄影深受天文爱好者和摄影爱好者的喜爱。在适合观测星空的时间，酒店会带领顾客到适宜观测的场地，为顾客提供精良的观星设备供游客进行观测，并且由业内人士给出专业的摄影技术指导，帮助顾客尽可能获得最佳观星和摄影效果。此外，酒店还不定期邀请天文观测和天文摄影的专家讲解，教授顾客观星和天文摄影的知识，给予观星爱好者专业指导。酒店还与大学生天文社团合作，引进天文志愿者为酒店的顾客进行讲解，尤其在有特殊天象发生的日子里，如日食、月食、流星雨，酒店都会募集天文志愿者给顾客们进行周到的观星摄影指导，让每一位感兴趣的顾客都不会错过美丽的瞬间。

2. 免费提供专业的天文观测设备

　　星空酒店建立了以"望远镜之家"为主体、各种配件为辅的天文器材收藏、展览、保管基地，可以为酒店顾客提供观星的全套设备，包括各类各档次天文望远镜、旋转星图、指星笔等。

3. 开发天文旅游线路

以主题酒店为基地，结合周围的景区和天文观测区域，开发成熟的天文旅游线路，设计了一条集天文观测与当地风情于一体的特色天文旅游线路。以赤峰为例，设计了"勃隆克沙漠—克什克腾旗热水温泉—达里诺尔湖—阿斯哈图石林—红山军马场"旅游路线，汇集了壮阔的沙漠、赤峰特色的温泉、可骑马驰骋的草原、浪漫的星空，让游客在这条特色的旅游线路中，不仅能见识到景区风格各异的美景，品尝到当地的特色美食，还能在适合观测的地点观赏美丽的星空。

星空酒店一期建设已经非常成熟，虽然酒店经营存在着明显的淡旺季，收入主要依靠每年 4 月温泉疗养和 7 ~ 10 月草原游客，但在此情况下，2016 年星空酒店项目已经全部收回投资成本。

复制加盟商业模式进入高速发展

在经过了星空酒店一期的逐步发展，项目团队有了更多的思考，如何保持现有竞争优势，不断完善、复制和扩张"星空＋科普业务组合＋酒店服务"模式成为下一阶段的主要努力方向。

（1）逐步开始星空酒店二期建设。项目二期将加入星空天顶房和星空民宿元素，真正实现天文爱好者们"枕星辰入睡"的梦想，并且酒店还会加强与北京天文馆合作，推动酒店走向一个更大的平台。

（2）启动星空酒店加盟计划。在具有观星优势的全国主要经济发达城市、二线商旅城市以及其他有成长潜力的城市启动酒店加盟计划，不断丰富和扩张星空酒店模式（具体扩张模式内容可参见本章星空酒店项目商业计划书案例）。

此外，作为连续创业者，汪伟玲团队并没有满足于星空酒店项目，他们一直在服务行业继续深耕。2018 年，汪伟玲团队创办了赤峰享悦月子中心，向当地提供一系列健康母婴服务。

星空酒店创业中的机遇和挑战应对

把兴趣与爱好转变成创业契机

"玩也是一种生产力。"发现自己的兴趣、渴望、理想，专注地发挥自己最擅长的那个部分，就是有梦想、有行动力的创业者，在哪里都能创造和贡献自己的价值。

星空酒店项目就是源于兴趣和爱好，中学时的汪伟玲就是一个天文爱好者了。当时她每年都会去野外观测几次星空，虽然其中的过程特别艰苦，但是喜欢天文的她从来不退缩。冬季的内蒙古寒风刺骨、滴水成冰，野外观测要穿好几层羽绒服才能基本保暖，但大家却乐此不疲，颇有"以中有足乐者，不知气温凛冽冻人也"的自足感。那时候在她内心深处就产生了这样的想法："如果有一家酒店既能舒服暖和，又能享受星空观测，这何尝不是一种完美的解决方案？"也就是在那个时候，她萌生了创建星空酒店的想法。当她信心满满地将自己的想法告知朋友时，却看到朋友的反馈只是淡淡一笑，将她的星空梦想当作笑话。初步设想就这样碰壁了，可她并未像大多数人一样失望放弃。她开始默默地积蓄力量，在此后的大学阶段，她一直在查阅星空相关的资料，并多次进行实地调研，等待着梦想成真，把兴趣与爱好转变成为创业的契机。

兴趣与爱好是最好的创业源头，很容易激发一个人做事的动力，靠别人"打鸡血"不可能长远和成功。因为有了兴趣，所以当汪伟玲碰到挫折时就不再是挫折，痛苦也不再成为痛苦，这一切都成为她追求兴趣路上的美好体验，成为一种享受。

好的团队需要建设好的管理机制

投资界流传着这样一个说法："宁可投资一流的团队操作二流的项目，也不投资二流的团队操作一流的项目。"一个项目交给不一样的团队会产生不一样的结果，如果没有好的创业团队，再好的项目也会被市场打败。

在创业过程中，好的团队需要建设好的管理机制。汪伟玲在星空酒店项目发展过程中同样遇到过这方面的问题。她曾经有一个工作了一年半的团队，但是团队成员中的某些人在续约时总会提到涨工资的事，或是要求增加多少天的带薪休假时间。这些问题一度给他们带来了很大的烦恼，成为一座必须翻越的"大山"。针对这类事情，汪伟玲决定因人而异来解决这个问题。员工的要求需要有相应的实力来做支撑，也就是说，在对每个人的才能和贡献进行界定后，才能决定是否加薪。不同级别和贡献的人应该拿到不一样的工资，如果达不成共同的协议，那只好换人，这些都需要管理者做出取舍。汪伟玲对于团队管理有一条重要的认知，那就是"铁打的营盘流水的兵"，要有新人的培养机制，这样企业才会变强。像肯德基、麦当劳这样的企业，人员流动性很大。它们能够成功管理的关键不在于拥有多少人才，而是拥有一个培养人才的机制，不管是谁来，都能被培养出来，成为能够匹配其所受待遇的人。如果两者出现不匹配，就需要进行再次培养或更新换代。总的来说，人才培养机制在创业团队管理中显得格外重要，不仅可以解决一些核心问题，还可以给团队带来新鲜的活力，让企业不会被团队建设与发展问题所掣肘。

撰写商业计划书参与创业大赛

在找准星空酒店这个项目的创业契机时，汪伟玲就早早意识到商业计划的重要性。但直到研究生毕业时，她才最终完成《星空酒店商业计划书》。因为她深知，商业计划书的制作需要调研、实践与积累，因此并没有急于撰写。

商业计划书制作是一个科学系统的工作，单凭一己之力很难完成，分工协作是重要的一环。在商业计划书制作的早期，汪伟玲并没有意识到团队和分工的重要性，在商业计划书逐个模块内容撰写时花费了大量时间，效率低且知识量不足。比如，在"财务分析"这一模块制作时，出现了成本收益分析、融资需求、财务计划、投资周期、回报率等金融与会计方面的专业知识。这些知识和技能很难在短期内学习和转化，影响了商业计划书的制作进度。此时，汪伟玲请教了当时在经管学院工作且经验丰富的邓张升老师，并从学院里招募到有经验的学弟学妹加入商业计划书制作团队中来，快速地解决了这一难题。由于商业计划书编写与星空酒店项目装修是同步进行的，时间短任务紧，汪伟玲就采取了"抓大放小，放手去做"的编写方针。首先，确定好各个模块的基调，然后放权给团队成员，在遇到困难时不断地进行市场调研，走访专家和查阅资料，发挥整个团队的能力，一起克服困难。

在制作完商业计划书后，汪伟玲与团队成员一起参与了包括中国"互联网+"大学生创新创业大赛、内蒙古自治区青年创新创业大赛等多个比赛。对团队而言，创新创业大赛是个不小的挑战，也是促进项目优化发展的宝贵机会。"写以致用"，如何在创新创业大赛演示中精彩发挥，避免"踩雷"？汪伟玲当时获得了经济管理学院邓立治老师的指导，邓老师在路演、回答提问、进场出场等方面给予了详细的指导。在参加各类创新创业大赛时，他们的商业计划路演开门见山，重点突出，用最短的时间说明了项目到底是什么，盈利模式是怎样的。而大多数团队花费了大量时间用来介绍项目本身，纷纷折戟。汪伟玲提到，答辩时"要在最短的时间内说出来你是要干什么的，为什么而来，项目能解决什么问题，并以翔实的数据作为充分支撑，让投资人和评委能立刻抓住重点，理解并关注你的项目"。

关于参与创新创业大赛的目的，汪伟玲团队给出了三点认知：第一，收获专家建议，助力项目优化。第二，平台展示推广，提高项目知名度。第三，交流学习，取各家团队之长。每次参加完比赛，汪伟玲团队都对商业计划书和创业项目进行更精准与更深入的完善，以平和的心态迎接未来的挑战。创新创业大赛并不是终点，大赛的表现与实际运营情况并不完全一致。星空酒店项目一直按照自己的节奏和原则来运行。运营才是重点，创新创业大赛给予创业项目更多的是学习和交流机会。

创业者汪伟玲的反思与经验分享

汪伟玲是一名连续创业者。在与她沟通交流的过程中，你能感受到她是一位率直真诚、充满干劲、勇于挑战、不断完善自我的人。由于她从学生阶段就开始创业，经历了公司"从0到1"的整个过程，让她对创业实践有了更多思考和认知，以下内容就是她分享给初创企业者的一些思考。

心存高远，脚踏实地

我是连续创业者汪伟玲，本科毕业于内蒙古财经大学计算机信息与管理学院，研究生毕业于北京科技大学经济管理学院。我曾担任研究生会副主席，并多次获得优秀学生干部、北京市优秀毕业生等称号。2012年，我在北京科技大学读研期间开始了第一次创业。

有人说，创业是一场修行，犹如凤凰涅槃，非生即死。在我看来，创业本来就是逢山开路、遇水架桥，不断解决问题的过程。创业的路上，每时每刻都在面临各种问题，但是，想都是问题，做才有答案。既然选择，就要承担责任。

对于创业这件事，有一段话我特别喜欢：18岁不做尝试，被骄傲毁了，走着父母铺好的路。25岁不肯改变，被观念毁了，干着每月固定工资的工作。30岁不愿拼搏，被懒惰毁了，日复一日地观望着别人的成与败。40岁如临大敌，被面子毁了，羡慕着别人的荣华。50岁追悔莫及，被顾虑毁了，上有老下有小，只能小心翼翼地活着。60岁坐在摇椅上想，一切都晚了！所以趁时光未老，激情还在，一定要做点自己喜欢的事。

我的第一个创业项目是梦想魔方绘本馆创立于2012年，也是我读研究生的第一年。它是赤峰市第一家针对0～12岁的半公益性绘本馆，创立的初衷是希望自己家乡的孩子可以享受到与大城市同等的教育资源。至今，绘本馆已经九年有余，服务了赤峰几千个家庭。第一次创业是出于对书和孩子的爱，展望未来。绘本馆可以服务更多的小朋友，让图画书温暖孩子的童年，只要有孩子和家庭需要，这份事业我会一直做下去。

第二次创业是在2014年。有了第一次成功的创业经历，恰逢适当的机遇，我又开始了第二次创业。经过深思熟虑，进行了细致完善的市场调查与研究策划后，我和我的团队在赤峰市克什克腾旗热水开发区开发了星空酒店项目。星空酒店项目的创建源于自身对天文的爱好和环境保护的意念。此项目不仅获得了天文组织的支持，而且得到了游客和爱好者的广泛认可。作为酒店，除了为旅客提供舒适的居住环境和优质的服务外，还建有天文望远镜之家，开展天文观测指导、天文科普知识讲座和天文摄影培训。

我和创业团队目前正在建设第三个创业项目，在赤峰市红山区铁南怡康家园创建了赤峰享悦月子中心。至今已经营业两年多，服务了赤峰几百个新生儿家庭。

创业过程需要丰富的知识和实践经验，我个人不太建议大学生直接大学毕业后或在大学期间就投身创业。首先，创业会面临特别大的压力。其次，看似创业时间会比较自由，其实不然。真正进行创业后，需要投入更多的时间。再次，看似创业比较赚钱，其实并不是，因为在创业中需要大量的投资，创业以后可能物质生活还不如之前好。最后，大学生缺乏经验，没有在企业实习或正式工作过，很多细节与专业知识很难把握。比如像营销、财务等就不是一拍脑袋就能干的工作。但是，如果有创业的想法，可以在上学期间不断积累知识和经验，然后在工作和实践当中多学一些营销、活动策划以及财务管理等相关的专业知识，这样会在以后的创业过程中有较大的帮助。

创业路上，并不全是鲜花与掌声，更多的是各种各样的问题等待着我们去解决。"路漫漫其修远兮，吾将上下而求索"，感谢学校和社会为我们提供了一个学习和实践的平台，让我们可以看到更广阔的风景。作为一个年轻的创业者，我充满了力量，敢想敢干。

最后送给大家一句话，也是我的座右铭：创新，梦想，心存高远，脚踏实地。

创业导师
点评与总结

星空酒店创始人汪伟玲十年磨一剑，做好了充分的创业准备。她把兴趣发展为事业，让源源不断的好奇心与探索心支撑着自己在创业过程中迎难而上，越走越远。创业一直以来都是勇敢者的行为，这一点从创业者身上那股不畏艰难困苦的劲头上就可以看出来。作为曾经指导过该项目的教师，我想更多地谈一谈汪伟玲到底依靠什么"特质"，能在不同行业中连续成功创业。

"激情"是创业者应该有的一种精神面貌。如果要找几个词来辅助解释的话，我想应该是"热爱""信念"和"乐观"。据研究者统计，创业成功率只有百分之几，创业途中会遇到各种各样的变数。如果创始人没有持续的激情和乐观的精神，很容易半途而废。此外，激情是支持创业的内在驱动力，也是让创业者愿意不断为之付出的基础。在与汪伟玲的多年交流中，我们可以感受到，不管是梦想魔方绘本馆、星空酒店，还是新创建的赤峰享悦月子中心，都是源于她的热爱和信念，她热爱孩子、热爱星空和大自然，这份热爱正在不断转化成为她连续创业的内在驱动力。

"真诚"是创业成功者普遍具备的另一个特质，这一点我们也能在汪伟玲身上感受到。在汪伟玲的多个创业项目中，她总是真诚地拿出最优质的服务和设备提供给客户。比如在星空酒店项目中，提供高品质的主题酒店装修和客房服务；在享悦月子中心项目中，为客户提供客房新风系统、高档轿车接送、五星级大厨、专家级护理等。此外，她还真诚地对待每一位合作者和员工，不断凝聚优秀人才。她曾经为了考察一个项目，耐心地领着合作者在草原上艰难地进行考察。

"持续学习能力"也是创业者应该具备的特质。创业是一个持久战，特别是连续创业。在这个过程中会遇到各种各样的问题，并且随着时间的推移和行业的发展，还会遇见许多新生事物，比如新的技术、新的产品或新的应用场景等，所有的新生事物都在督促你不断地学习与提升自己在行业中的适应能力。从学生阶段开始，汪伟玲为了将兴趣与爱好转化为事业，不断地学习天文科普、旅游和酒店管理等知识，并且在毕业后一直保持着这种学习热情。现在，她每半年都会参与一次讲座和培训课程，始终保持一个"空杯"心态。

创业目标的最终实现，需要依靠创始人和团队的"执行力"，保证把事情做正确、做好。汪伟玲在创业过程中经常提到"想都是问题，做才有答案，既然选择，就要承担责任"。高效的执行力让汪伟玲团队不断迭代产品，寻找新的商业模式和发展领域。除了以上"特质"外，相信在汪伟玲身上还有我没有观察到的能力和品质。

从汪伟玲身上，我们能感受到成功创业者的多种特质，有些特质是天生的，但大多数是通过后天努力形成的。其中，兴趣与爱好是她创业成功的发动机和助推器。祝福汪伟玲同学在爱好与梦想的创新创业道路上越走越远！

——邓立治

北京科技大学经济管理学院教师、创新创业研究中心负责人

☞ 获奖案例

星空酒店项目商业计划书

本商业计划书案例为星空酒店项目获得 2016 年第二届中国"互联网＋"大学生创新创业大赛全国总决赛银奖作品（部分内容酌情修改）。

案例目录

案例正文

1 执行总结

1.1 公司概况

星空酒店是一家以体验经济为理念、以星空文化为特色、以趣味化天文科普为亮点，结合其他文化进行主题房间设计和天文知识科普活动的主题酒店。创始人汪伟玲从事天文相关活动已逾十年，于2008年年初次萌生星空酒店的想法，经过不断学习积累关于天文学知识、酒店建设与管理知识，组建设计团队和管理团队，进行选址分析和项目策划等相关努力后，第一家星空酒店于2014年7月在内蒙古赤峰市热水开发区正式开业。酒店共有80间房间，包含50间主题房间、1间太空舱、26间标准间、3间豪华套间。房间设计主题新颖，不拘一格，自开业以来承接北京天文馆、史家胡同小学的夏令营活动，受到《天文爱好者杂志》多次采访和报道，参加各类创业大赛和《创业内蒙古》等节目，获得500万元投融资意向。开业两年来，已经收回所有投资，并实现净利润近百万元。

在第一期酒店项目盈利和状况良好的情况下，公司发展正迈向第二个阶段。发展重点转变为增加酒店数量，扩大消费群体，进一步完善和健全星空酒店产品与服务。同时开发"星空+"主题科普酒店，研发出适合不同地区的多文化酒店设计主题、科普方案、主题旅游线路等，利用品牌知名度与销售网络进行推广销售。经过严密的调研和细致的分析，第二期星空酒店计划选取宁夏中卫（沙漠与星空主题）、海南三亚（海洋与星空主题）、西藏拉萨（高原与星空主题）、云南昆明（民族文化与星空主题）四个地点作为酒店项目的发展城市。

公司的愿景和目标是集科普、旅游和住宿服务于一体，旨在为每一位客户提供格调与品质并存的高质量主题酒店服务，并给顾客带来新奇的住宿体验，致力于将科学和文化融入酒店文化中，以创造更加科技、环保、有趣的住宿环境。

公司名称：赤峰市热水开发区梦想家星空主题酒店

组织形式：个体经营

公司地址：内蒙古赤峰市

公司产品：星空主题科普酒店及相关服务

公司理念：Look up to your life（仰望星空，精彩人生）

公司标志（Logo）：

公司精神：高质、高效、专注、创新

经营方针：以品质服务大众，以高效赢得青睐，以专注巩固市场，以创新发展未来

1.2 产品与服务

星空酒店中期发展规划拟在宁夏中卫、海南三亚、西藏拉萨、云南昆明四处建设以"沙漠与星空""海洋与星空""高原与星空"和"民族文化与星空"为主题的连锁酒店。

"星空＋"含义：将星空文化与不同地区的特色文化相结合，给客户打造风格多样的主题房间和星空体验。

1.2.1 核心产品与服务

星空酒店的房间设计品质对顾客的体验感受起着决定性的作用。通过使用三维立体壁纸、投影、音响播放等技术手段，为顾客打造出风格多样、美轮美奂的"星空＋"主题房间。在即将建成的"沙漠与星空""海洋与星空""高原与星空"和"民族文化与星空"4家主题酒店中，主题房间的主体设计遵循"脚下是地貌，头顶是星空"的原则，在此基础上由酒店的设计团队完善主题房间其他部分。同时，设计团队首发22种主题房型设计，包括十二星座房型、亲子房（大熊小熊星座主题）、情侣房（"牛郎织女星""带你去看流星雨""银河之恋""来自星星的你"主题）、普通天文房型（黑洞之吻、日晕醉心、宇宙尘、抓住彗星的尾巴、日食之蚀主题）。根据每家酒店房间总量适当分布。设计团队将不断发布、更新及完善主题房型设计，使得主题酒店时刻保持动态的新鲜感和不可复制性。

每家星空酒店还将建设球幕影厅作为主要的科普基地。球幕影厅放映均采用超广角鱼眼镜头，观众厅为圆顶式结构，且伴有立体声环音，观众被包围其中，视银幕如同苍穹，使观众如置身其间，临场效果十分强烈。用这种生动有趣的方式向顾客传达辨析星座、星球的形成与陨灭等天文知识，做到天文与娱乐相融合的科普。

1.2.2 附加产品与服务

星空酒店除提供优质的酒店服务外，还将提供多样化附加产品来提升顾客的体验感受。

（1）科技产品体验。所有房间加入智能门锁设计，并在房屋内提供智能家具和智能穿戴设备，如VR 3D眼镜等。酒店将建设科普游戏体验区，专门放置和天文有关的科技体验设备。比如引入星空知识答题机，让顾客在玩闯关游戏的同时轻松获得天文知识。

（2）实地星空观测、摄影及培训。在适合观测星空的时间或特殊天象观测日，比如在日食、月食、流星雨发生的日子，酒店会带领顾客到适宜观测的场地，为顾客提供精良的观星设备，并与大学生天文社团合作，邀请天文志愿者为酒店顾客进行讲解，让每一位感兴趣的顾客都不会错过美丽的瞬间。

（3）开发天文旅游线路。以主题酒店

为基地，结合周围的景区和天文观测区域，开发成熟的天文旅游线路，做成一条集天文观测与当地风光于一体的特色天文旅游线路推荐给顾客，并给出路线指引和相关的旅游攻略。比如，第一期内蒙古赤峰项目就设计了"勃隆克沙漠—克什克腾旗热水温泉—达里诺尔湖—阿斯哈图石林（晚上可在此附近的草原观赏星空，进行星空摄影）—红山军马场"旅游路线，汇集了壮阔的沙漠、赤峰特色温泉、骑马驰骋的草原、浪漫的星空，让游客在这条特色的旅游线路中，不仅见识到景区风格各异的美景，品尝到当地特色美食，还能在适合观测的地点观赏美丽的星空，在酒店专业人士的指导下进行天文摄影。

（4）其他附加项目。附加项目包括承办星空婚礼，制作原创纪念品等衍生品、照片墙、科普手册和书籍等。

1.3 市场分析与营销规划

1.3.1 市场分析

随着知识经济时代的到来，人类知识总量逐渐增加，获取知识和应用知识的需求和能力也大大提高。从国内旅游业发展的角度来看，2015 年，中国国内旅游突破 40 亿人次，旅游收入高达 3.42 万亿元人民币。中国国内旅游、出境旅游人次和国内旅游消费、境外旅游消费均列世界第一。中国旅游产业对国内生产总值（GDP）综合贡献 10.8%，超过教育、银行、汽车产业。国家旅游数据中心[⊖]测算：中国旅游就业人数占总就业人数的 10.2%。在旅游人次稳步增加、旅游消费额连年提高的同时，

人们的精神追求上升到了新的层次，旅游类型发生了由观光型旅游逐渐向文化型旅游的重要转变。但是在如此强大的需求下，酒店作为旅游行业和知识经济的基础设施之一，在 30 多年的发展中逐渐暴露出产品同质化的弊端，即使是现有的主题酒店，也存在主题挖掘不深入、数量不够、趣味性不够的尴尬现状。主题酒店的引入给中国酒店业注入了新的血液，提出了未来的新发展方向。

天文科普的市场需求也呈逐年攀升的趋势。2003 年神舟五号发射成功，2008 年神舟七号实现中国人首次漫步太空，2007～2020 年我国实施探月计划的"绕落回"三部曲，中国正迈向航天大国之列。这同时激发了人们对于太空知识和天文知识的需求。发展天文旅游能帮助人们更好地了解航天计划，满足人们对天文的好奇心与知识需求。天文旅游以其新奇性、科普性及探索性吸引着广大人群。当前的日全食、大彗星回归等天象奇观更引发了青少年的天文科普热，不难看出天文旅游行业在中国具有强大的潜在市场。

在当前的市场前景下，要建立高品质的主题酒店，同时以酒店作为知识传播的媒介，将科普知识嵌入到旅游过程中，从而增加旅游体验。这已经成为一个巨大的市场缝隙和商机。星空酒店的本质就是一个主题酒店，但是与普通主题酒店不同的是，星空酒店立足于"娱乐化科普"的概念。酒店的目标不仅是提供舒适的居住环境，更重要的是将星空科普做足、做强、做趣味，做到深入人心。

⊖ 国家旅游数据中心现更名为中国旅游研究院（文化和旅游部数据中心）。

1.3.2 营销规划

1. 营销战略

营销战略主要通过概念营销、品牌化营销和差异化营销三种方式实现。

概念营销是指通过推广"娱乐化科普"的概念，提供近期的消费走向及其相应产品信息，引起消费者关注与认同，并唤起消费者对新产品的期待。服务的过程中，显性与隐性相结合，传播和推广"娱乐化科普"的概念。最后整体快速推进星空酒店在全国的落地和推广，实现"娱乐化科普"从小范围向大范围的扩散。

品牌化营销战略。品牌营销的关键点在于为品牌找到一个具有差异化个性，能深入消费者内心的品牌核心价值。它让消费者明确、清晰地识别并记住品牌的利益点与个性，是驱动消费者认同、喜欢乃至爱上一个品牌的主要力量。星空酒店的核心价值在于让消费者在旅游过程中感受到来自草原星空的美丽与震撼，以及特色天

文知识的科普，创造让消费者难以忘怀的旅行记忆，凸显酒店的客户价值。星空和科普的结合、星空和摄影的结合、星空和音乐的结合将具有更强的专业性，也将大大提升旅游档次。

差异化营销战略的核心是通过将当地自然条件与星空酒店多样化的产品与细致全面的高科技服务相结合，呈现出差异化的旅游体验。

2. 营销策略

在营销策略方面，星空酒店将依托多样化的"星空＋"主题房间设计，通过去哪儿网、艺龙、米途等网上平台和旅行社、酒店营销代理等渠道，采取网络促销，公共关系销售等多种手段给消费者提供产品和服务。此外，星空酒店还将与当地小学、天文馆合作，定期举办夏令营等团体活动。

1.4 财务分析

（1）投资分析如表 2-1 所示。

表 2-1 投资分析

时间	投资项目	投资金额（万元）	资金来源	销售收入（万元）	净利润（万元）
2014 年 7 月～2016 年 9 月	赤峰市星空酒店	××	自有资金 ×× 万元	××	已盈利 ××
2016 年 9 月～2017 年 6 月	海南海洋星空酒店 西藏高原星空酒店	1 120	自有资金 500 万元 风险投资 620 万元	约 1 250	预计盈利 579
2017 年 9 月～2018 年 3 月	云南民族文化星空酒店	664	自有资金 308 万元 众筹 224 万元 商业信用融资 132 万元	约 2 655	预计盈利 1 581
2018 年 3 月～2019 年 12 月	运营已有酒店	无	运营积累	约 2 914	预计盈利 1 828
2019 年 3 月～2020 年 12 月	宁夏沙漠星空酒店	1 970	自有资金 1620 万元 众筹 350 万元	约 4 297	预计盈利 2 574
2021 年 1 月～2022 年 12 月	后四家酒店全面运营	无	运营积累	预计 4 297	预计盈利 2 594

星空酒店项目采取分阶段融资计划，计划将前期已建酒店收入投资后期酒店建

设。第一阶段，酒店计划融资 1 120 万元，星空酒店投资自有资金 500 万元，计划拟

吸收风险投资 620 万元；第二阶段，酒店计划融资 664 万元，星空酒店投资自有资金 308 万元，计划拟众筹资金 224 万元，商业信用融资 132 万元；第三阶段，2020 年前四家酒店净盈利中抽出 1 970 万元投入第三阶段酒店建设所需，并且利用众筹筹款 350 万元。

（2）盈利分析如表 2-2 所示。

表 2-2　盈利分析

毛利率	星空酒店	同行业
税后利润	66.59%	50%
销售净利率	48.90%	10% 以下
投资回收期	2.25 年	3 ~ 5 年
总资产报酬率	17.24%	22.94%

由此可见，星空酒店从财务评价角度，该项目可行。

1.5　发展规划

1.5.1　初期发展

提出"星空酒店"概念，在内蒙古赤峰市建立首家草原星空酒店。以主题房间为核心，同时提供实地天文观测指导、天文科普讲座等活动，已收回投资并取得 120 万元的净利润，同时积累经验和资源，与天文科普机构建立长期合作关系。

1.5.2　中期发展

综合考虑热门旅游城市和著名观星点，结合地域特色，分阶段地建立四家星空酒店。

（1）2016 年 9 月 ~ 2017 年 6 月，建立海洋星空酒店和高原星空酒店。

（2）2017 年 9 月 ~ 2018 年 3 月，建立民族文化星空酒店。

（3）2019 年 3 月 ~ 2020 年 12 月，建立沙漠星空酒店。

1.5.3　长期发展

完善"星空 + 业务组合"，扩大星空科普娱乐化、专业化、情怀化，形成核心优势。启动星空酒店加盟计划，输出商业模式，未来实现新三板上市。

2　项目背景

2.1　酒店行业背景

在过去 20 年里，中国酒店业以星级酒店为指导进行建设和经营，通过对不同星级酒店的产品和服务进行严格要求，规范酒店行业的经营与管理，以确保服务的质量。但是，酒店星级标准也使众多酒店片面追求豪华和星级，缺乏主题化和特色化发展，忽略酒店文化的深入挖掘，导致产品趋于同质化，市场竞争白热化。

随着消费的升级，市场对酒店的要求越来越高，尤其是文化需求，酒店业星级光环渐渐逝去，标准化的产品难以满足人们的需求。然而主题酒店在提供顾客多元化选择的同时，让顾客感受到独特的文化、知识和互动体验。业内专家指出，主题酒店是未来酒店的主要发展方向和必然要求，未来中国酒店业将会出现"星级酒店、主题酒店、经济型酒店"三足鼎立的局面。

近年来，我国主题酒店逐渐发展，成为中国酒店业的重要力量，并对传统酒店构成一定的威胁。但是由于主题酒店处于初期发展阶段，主题形式局限单一，缺乏主题挖掘和文化普及。比如，北京、陕西凭借历史文化方面的优势兴建以历史文化为主题的酒店，但形式仅限于装修布置方面，没有顾客需要的文化类和知识类的科普内容。

主题型酒店在国内起步较晚，但是作为未来酒店业发展的一个新趋势，也是国内酒店抢占国内市场的一种新思路，并且中国经济的持续稳健发展给主题酒店市场带来了强劲的上升空间，主题酒店在国内市场具有强大的发展潜力和巨大的发展空间。

2.2 知识经济时代背景

随着我国经济转型的加速，知识经济在推动酒店行业完善、创新与发展中发挥着关键性作用。在当今知识经济的时代背景下，游客的旅游目的由简单风景欣赏转向更高的科技文化与旅游结合，对旅游中所选的酒店标准也由满足基本入住条件转向科技化、个性化的入住条件。

在知识经济时代，以科技知识为先导的企业，凭借创新性知识成为经济活动中最具活力的经济组织形式。酒店行业应利用信息技术和文化挖掘驱动酒店业务的发展，积极向网络化、主题化、家居化、人性化、科技化转变，丰富酒店文化内涵，满足顾客的入住需求和精神文化需求。

3 前期基础

3.1 星空酒店概念

星空酒店是一家以体验经济为理念、以星空文化为主题、以趣味化天文科普体验为特色的酒店。通过与不同地区文化相结合，营造舒适、温馨、科幻的星空环境，提供天文观测、天文摄影等丰富的星空内

涵文化服务，并建立全国星空文化交流平台，实现星空文化普及。

3.2 星空酒店概况

公司名称：赤峰市热水开发区梦想家星空酒店

组织形式：个体经营

公司地址：内蒙古赤峰市

公司产品：星空主题科普酒店及相关服务

公司理念：仰望星空，精彩人生（Look up to your life）

公司 Logo：

公司精神：高质、高效、专注、创新

经营方针：以品质服务大众，以高效赢得青睐，以专注巩固市场，以创新发展未来。

企业定位：星空酒店是一家以星空文化为特色，结合其他文化融入的科普主题酒店，公司集酒店服务、旅游、天文科普于一体，旨在为每一位客户提供格调与品质并存的高质量主题酒店服务，给顾客带来新奇的住宿体验，引领主题酒店发展的新方向。

企业目标：星空酒店力图将科学文化的普及融入酒店文化中，以创造更加科技、环保、有趣的住宿环境。公司在发展中也

将不断完善自身，提高产品质量与市场竞争力，为每一位客户提供个性化的服务，创造良好的商业价值和社会价值。

发展历程：2008 年，星空酒店创始人汪伟玲萌生了建设星空酒店的想法，此后在学习中不断积累天文学、酒店建设与管理等方面的知识。2014 年，在内蒙古赤峰市创建了第一家以草原星空为特色的主题酒店。酒店共有 80 间房间，其中包含 50 间主题房间、1 间太空舱、26 间标准间、3 间豪华套间。房间设计主题新颖，不拘一格。自开业以来，与北京天文馆、史家胡同小学等多家单位合作，并且接受《天文爱好者》等杂志多次采访报道。开业两年来，已经实现净利润近百万元。

3.3　现有产品与服务

3.3.1　星空主题房间

星空酒店将星空与多种元素相结合，建设了一系列富有创意的主题房间，如汽车与星空、海洋与星空、十二星座等。通过在技术上使用三维立体壁纸、投影及变换的灯光，为顾客营造出风格多样、美轮美奂的入住环境。

星辰主题房

十二星座主题房

前台

走廊

除科普主题房间外，酒店还包含普通间、标准间、豪华套间等多种房型，可以满足更多类型顾客的需求。

3.3.2　优质酒店服务

酒店房间所需设施配备齐全，且均采用当地顶级家居；酒店提供无线宽带上网、24 小时供热系统、精致的餐厅，为顾客提供全面且质量上乘的硬件设施；房间整洁有序，可达到严格的卫生标准；酒店房间引入当地特色天然温泉，起到减轻顾客疲劳的作用；服务人员训练有素，对待顾客热情礼貌，为顾客提供及时、周到的服务，力求为顾客提供最舒适的居住环境。

3.3.3　实地星空观测、摄影及培训

天文摄影深受天文爱好者和摄影爱好者的喜爱。在适合观测星空的时间，酒店会带领顾客到适宜观测的场地，为顾客提供精良的观星设备，并且由业内人士给出专业的摄影技术指导，帮助顾客尽可能获得最佳观星和摄影效果。

酒店不定期举办天文观测和摄影讲座，教授顾客观星和天文摄影的知识，给予观星爱好者专业的指导。酒店还与大学生天文社团合作，引进天文志愿者为酒店顾客进行讲解与服务。尤其在有特殊天象，比如日食、月食、流星雨发生的日子，星空酒店都会募集天文志愿者给顾客们进行周到的观星摄影指导，让每一位感兴趣的顾客都不会错过美丽的瞬间。

3.3.4　免费提供专业的天文观测设备

酒店建立了以"望远镜之家"为主体，各种配件为辅的天文器材收藏、展览和保管基地。星空酒店邀请一些天文爱好者把自己的望远镜寄存于此，供旅游者参观。星空酒店还会邀请国内外知名高端天文望远镜设备商在此设立自己的展位，搭建全新的业内交流平台。此外，酒店还提供观星的全套设备，包括各类各档次天文望远镜、旋转星图、指星笔等，供顾客参观和免费使用。

3.4　星空酒店特色

3.4.1　特享资源

（1）集地理资源、天文资源、旅游资源于一体的选址。酒店选址具有丰厚的地理资源、天文资源与旅游资源。酒店选址于拥有全国第二大甲级温泉的赤峰市热水开发区的旅游景区内，便于酒店引用景区内被誉为"东方神泉圣水"的高效优质矿泉；邻近北京、天津、河北等多个省份，有利于酒店开拓北京及其周边市场；地处内蒙古高原东部，其高原地势和优良环境为高品质天文观测提供保障；酒店周边景点众多，交通方便，有利于酒店开发星空旅游资源。

（2）国内顶尖天文机构及天文专家的支持。酒店为提供高品质的天文知识与科普服务，先后与北京天文台、上海天文台、紫金山天文台等国内知名天文机构合作，获得国内知名天文专家的指导，为众多专业天文爱好者不定期组织公益性的天文科普活动，受到业内多家杂志的采访报道。

3.4.2　特色服务

（1）打造"娱乐化、科普化、生活化、人性化"的科普酒店。酒店以天文科普知识和优质服务为核心，是一家"娱乐化、科普化"的高品质酒店，又有着"生活化、

人性化"天文科普机构的功能。让顾客在满足优质住宿需求的前提下，实现了在娱乐中了解天文科普知识，在学习中欣赏星空美景。

（2）满足多元客户的不同需求。根据客户特点，可以将客户群体分为亲子、情侣、天文爱好者及其他游客，酒店提供风格多样的房型（太空舱、标准房、主题房和豪华套房等）和形式多样的科普方式（实地星空观测、天文摄影培训、天文知识讲座、天文望远镜之家等），为客户提供多元化的选择。根据旅行需求，可以将客户群体分为基本住宿心态型、好奇心态型和学习心态型，而本店的功能性、娱乐性和科普性特点分别可以满足上述旅客的三种心态。

3.4.3　特优收益

（1）投资风险小。酒店设计中单店不超过 130 个房间，酒店规模不大，但胜在设计新颖，星空主题鲜明，同时酒店管理相对简单，投资风险小。

（2）投资回报高。星空酒店于 2014 年正式营业，2015 年全年项目营业总收入达到 ×× 万元，经营活动产生的现金流量净额为 ×× 万元，资产总计 ×× 万元。营业两年来，收回投资后净利润达到 ×× 万元。项目投资回收期为 1.3 年，小于行业平均的 3～5 年，具有较高的财务盈利能力和投资回报。

3.4.4　特创主题

（1）国内首创天文主题科普酒店。主题酒店已成为酒店业发展的新活力和新领域。但是放眼全国，我国还没有真正意义上的主题科普酒店。而星空酒店项目正是把天文科普和酒店文化融合起来，首创性地提出天文主题科普酒店的概念，将星空主题投入酒店的实际运营中，填补了主题科普类酒店的市场空白。

（2）"星空 +"的链式创新。星空酒店项目在"星空"主题基础上，链式创新地提出"星空 +"的概念，可结合地区优势设计主题与装修，比如"星空 + 草原""星空 + 大海""星空 + 森林"等，吸引不同年龄段与拥有不同爱好的更多目标顾客群体，延展了酒店的主题特色。

3.5　团队优势

星空酒店项目是为了实现科普娱乐的目标而组建的，此项目不仅获得了天文组织的支持，而且得到了游客和天文爱好者的广泛认可。项目初期在北京科技大学实践团长达半年的调查与分析后，证明此项目具有可实施性与巨大的商业前景。星空酒店项目首创性地把天文的元素融合到酒店文化中，让人们在享受舒适的环境和优质服务的同时，有机会看到星空的美丽，听到星空的故事，并且唤醒人们对星空资源和环境的保护意识，丰富酒店文化。

星空酒店创业团队是一支充满激情与活力的队伍。团队拥有五名优秀管理成员及六名专业天文技术顾问（见表 2-3 和表 2-4）。在团队协作中，根据成员们不同的专业特长、个人特点，合理分工，共同协作。团队中每个人都担任重要角色，做出重要贡献。

表 2-3　创业团队介绍—主要创始人

创 业 团 队		
	姓名：汪伟玲	
	职务：星空酒店创始人，总经理	
简 介		
北京科技大学硕士研究生学位，曾担任学院研究生会副主席，获得三好学生、优秀学生干部等称号；多次参加社会实践与科技创新活动，多次获得大学生创业大赛奖励，星空酒店创始人。全程参与构思、设计、装修和管理酒店，具有很好的团队领导力和市场洞察力。		

注：其他创业团队成员介绍省略。

表 2-4　管理顾问（或技术顾问）介绍

顾问支持——管理顾问		
	姓名：某人	
	职务：某企业管理咨询公司董事长，中国某协会副主席	
简 介		
男，毕业于某大学经济管理学院，工商管理与法学双硕士学位。现任某企业管理咨询公司董事长、中国某协会副主席、某金融研究院旅游金融专业委员会理事长。		

注：其他管理和技术顾问介绍省略。

在酒店建设的过程中，星空酒店创业团队成员积极参与项目各个环节的设计建设与施工。从商业计划的构思到酒店的第一期落成，每一位成员都参与其中，对项目中各个环节的内容都有深刻了解与感悟。经过长期的磨合与协作，创业团队逐渐形成了强烈的团队意识和良好的工作默契。星空酒店创业团队的全体成员将通过共同努力，使星空酒店更好地发展运营下去，实现共同的目标。

3.6　已获荣誉

星空酒店自开业以来，以新颖的经营理念、专业的运营团队和优质的酒店服务，赢得了顾客和广大天文爱好者的认可，被《天文爱好者》杂志、《创业内蒙古》栏目等多家媒体报道。

3.6.1　酒店筹备期

2013 年，我国国内主题酒店行业缺少以星空为主题，以星空观测和天文科普为载体的酒店服务。星空酒店项目首次提出"星空酒店"概念，为入住旅客提供专业的天文望远镜、天文专家指导和齐全的人性化设备服务。该项目一经提出和实际运营，便获得了社会的广泛关注与大力支持。

本项目于 2013 年进行星空酒店项目实地调研，考察了赤峰市热水开发区旅游景区，获得了当地政府的政策支持。此外，在项目筹建过程中，还获得了全国天文爱好者协会与相关天文专家的技术指导。2013 年，《天文爱好者》杂志用大篇幅报道了星空酒店的经营理念、酒店服务和科普方式，为后期酒店吸引广大天文爱好者的关注奠定了基础。

初期构思的创意项目获得了第十一届北京科技大学"科技园杯"学生创业计划竞赛优胜奖。

3.6.2 酒店运营初期

2014 年，星空主题科普酒店虽然处于运营初期，但是，凭借美轮美奂的星空装饰、细致周到的人性化服务和趣味横生的天文科普活动，得到了入住顾客的认可和当地媒体的大幅报道。酒店运营业绩突出，在当地旅游行业和全国天文爱好者心中迅速树立起良好的品牌形象。

2014 年，创业团队参与"中信银行杯"首届内蒙古青年创新创业大赛，在参赛的 1 000 个初创企业团队中脱颖而出，荣获一等奖。2015 年，创业团队在"元宝山农商行杯"第二届赤峰市青年创业大赛中荣获一等奖。

酒店运营初期，《天文爱好者》杂志再次报道了星空酒店，通过亲身入住体验，阐述了星空酒店的主题特色、高品质服务、专业化天文观测和娱乐化的科普形式。星空酒店在多次被杂志媒体报道后，吸引了全国各地大量的天文爱好者与普通游客慕名而来。

3.6.3 酒店成长期

2015 年，星空酒店积极完善经营体系，规范酒店服务和经营标准，加速建立酒店与国内知名天文机构、旅行社和品牌酒店的商业合作，加大主题酒店的宣传力度。

2015 年，本项目得到了北京科技大学教育发展基金会的认可和鼓励，获得了北京科技大学校友创业技术指导，荣获北京科技大学 87 级校友基金"创新团队"称号。

2015 年，本项目参加首届《创业内蒙古》栏目，获得 5 家投融资机构 500 万元投资意向。

4 未来的发展规划

4.1 发展规划

4.1.1 总体目标

公司始终以市场需求为导向，以优质服务、品质竞争为前提，以人才培养为核心，结合区域特色建立"星空＋"主题科普酒店，扩展科普形式与附加产品，实施概念化、差异化、品牌化的营销战略，把公司建成一个迎合市场需求，具有强大经济实力和竞争能力的大型公司。公司发展战略将分为初期、中期、长期三阶段，在实现每一阶段战略目标的基础上，实现把公司做精、做强、做大，实现成为行业领导者的战略构想。

4.1.2 初期规划（2014 ～ 2016 年）

1. 经营范围

草原上的星空——星空主题科普酒店。

2. 经营层次

单一酒店运营。

3. 发展规划

（1）提出科普酒店的概念，首建星空酒店。经市场调研后，明确企业的核心竞争力和宏观目标，提出星空酒店的概念。在创业初期，由于企业的资源有限与能力不足，企业把主要资源和精力集中在内蒙古赤峰市的"星空＋草原"主题科普酒店运营上，同时进行产品和服务设计（包括主题房间的装修和科普形式的设计）。

（2）积累经验，迅速回收投资。企业初期，在保证酒店产品和服务质量的同时，全面控制成本，力求生产成本和销售成本最低化。通过首家星空酒店运营，积累经营和管理经验，并迅速回收投资。

（3）积极开拓市场。为填补主题科普酒店市场缺口，将高品质主题酒店引入市场，企业将实体与网络销售灵活结合，使产品在短期内引起目标消费群体的关注。星空酒店已在当地主题酒店搜索平台上排名前列，获得消费者初步肯定与好评，树立了品牌形象。

（4）与天文科普机构建立联系，得到专业化科普知识的支持。项目已与天文科普机构建立密切的合作关系并获取专业的支持，比如北京天文台、上海天文台、紫金山天文台、国家级杂志《天文爱好者》、全国天文爱好者协会等。

（5）发展部署：项目将建设经营首家星空酒店为主核心业务，提供相应的产品和服务。与天文科普机构取得合作，获得专业化的科普知识支持，力求在保证产品质量的前提下，迅速打开全国市场，获得消费者的关注和认可。

（6）发展目标：建立首家星空酒店，积累管理和经营经验，打开市场缺口，提高产品知名度，树立品牌形象，建立实体和网络宣传平台。目前已经完成项目一期建设，实现销售收入 ×× 万元，实现净利润 ×× 万元。

4.1.3　中期规划（2016～2021 年）

1. 经营范围

在第一期"星空＋草原"主题科普酒店健康运营的基础上，分阶段建立四家星空酒店，积极研发相关星空主题衍生品。

2. 经营层次

多家"星空＋"主题科普酒店分阶段投入运营。

3. 发展规划

在企业完成初期导入和成长后，星空酒店已经在内蒙古赢得了良好的口碑，积累了一定的资金。酒店项目进入高速成长期，由单一的草原星空主题科普酒店，逐步加入海洋、高原、民族文化、沙漠元素，拓展"星空＋"主题科普酒店市场，企业将面临做强、做大与投入更多资源的需要。鉴于企业自有资金及融资渠道的限制，企业将寻求具有一定实力的天文机构及拥有丰富建筑设计经验的专业团队支持，以获取更加丰富的天文知识及相应的酒店设计方案。

进一步挤占替代品的市场份额，强化公司"星空＋科普"品牌，扩大企业在行业的影响力；密切关注竞争对手的经营运作和营销策略的变化，采取积极的应对措施，保持市场的领导地位；以市场需求为导向，加大新主题房间的研发力度，开发衍生产品。

（1）以营销和研发作为核心业务。这一阶段将以研发与营销作为星空酒店的核心业务。其中，研发包含主题房间的创意实现、纪念品和天文科普活动的创意设计，而营销将着力于加快渠道建设，推动促销的开展，提高对市场变化的反应速度等。

（2）强化品牌战略。首先，企业将以星空酒店为基础，切入主题酒店市场，然后有计划、分阶段地进行品牌延伸，以产品竞争力提升品牌，再以品牌影响力促进销售，最终成为主题酒店市场的强势品牌之一。

（3）企业组织调整。在研究开发和酒店管理之间建立利益连接栓、组织连接栓、信息连接栓，使研发和管理两块核心业务相互作用、相互促进、共同发展，成为新型的"哑铃型组织"。

（4）发展部署：2016～2018年，提升品牌形象，增加无形资产；重点研发、设计、融合地域文化元素的主题房间及相应衍生产品，实现产品多元化。2019～2021年，进一步整合销售渠道，构建利益共同体的网络结构，并利用该网络结构进行酒店的宣传与发展。

（5）发展目标：酒店未来发展规划拟分为三阶段完成，2016～2017年筹建海洋星空与高原星空两家主题科普酒店，2017～2018年筹建民族文化主题科普酒店，2019年筹建沙漠星空主题科普酒店，实现多家"星空+"主题科普酒店分阶段投入运营。

4.1.4　长期规划（2022～2026年）

1. 经营范围

在中期酒店建设和经营阶段，星空酒店模式已经基本成熟。在长期阶段，公司的重点是通过转让经营权的方式，在全国范围内进行连锁加盟。

2. 经营层次

产品运营与资本运营相结合，实现主店与连锁加盟店并行经营。

3. 发展规划

（1）确保企业核心优势。经过三年的资本和经验积累，星空酒店项目已经形成了自己的核心优势，即科普形式在专业性、娱乐性、全面性等各个方面领先，经营能力卓越，产品与服务差异化程度高，并且形成了明显的品牌优势。

（2）完善业务组合。将"酒店服务+科普活动"的业务组合作为策略，全面进发酒店行业。不断完善企业的产品与服务，

夯实企业管理基础，精耕企业文化，塑造良好的企业形象。

（3）扩大营销渠道。依托"星空酒店"品牌优势，不断提高酒店品牌的知名度，增加品牌影响力，向科普旅游方向扩展和延伸。

（4）转让经营权的方式，在全国范围内进行加盟连锁。选择适当的时机与项目进行资本运营，有策略、有关联、有步骤地实施加盟连锁经营战略，采用"不从零开始"转让现有店铺的加盟形式，使企业的经营层次和经营范围得到质的飞跃，同时获得充足资金，用于今后的发展壮大与市场拓展。

（5）着手公司的上市事宜。基于之前所取得的一系列业绩成果，着手准备公司上市事宜，力争在长期发展中使公司成功上市，创造更大的社会价值。

（6）发展部署：在资本积累和资本运营过程中，整合和利用公司特有的人才优势、渠道优势、品牌优势、产品优势，成为具有核心优势的企业；形成经营规模，以规模提升品牌，以品牌垫高壁垒，占领市场份额；依托品牌优势和市场资源转让经营权的方式，在全国范围内进行加盟连锁，扩大经营范围，提升经营层次，使企业进入良性运营的轨道；夯实企业管理基础，精耕企业文化，塑造良好企业形象，稳健财务基础，创造资本价值，积极推进企业上市。

（7）发展目标：建成具有一定规模的连锁店，形成独特的企业文化。酒店平均入住率达到50%以上，建立庞大的客户网络，推动科普体验消费时尚和科普旅游的发展，回收资金的同时，在具备一定星空

观测条件的旅游城市加开店面 30 家。

4.2 经营计划

4.2.1 前期基础（2014 ～ 2016 年）

本项目首创星空酒店概念，并在内蒙古自治区赤峰市建立首家星空酒店，酒店开业至今已全部收回投资，并获得 ×× 万元的净利润。

4.2.2 中期扩张（2016 ～ 2021 年）

1. 启动工作（2016 年 9 月 ～ 2017 年 6 月）

（1）预先在四地（三亚、拉萨、昆明和中卫）进行酒店选址。

（2）开展三亚海洋星空及拉萨高原星空酒店内部走廊与房间的设计。提出设计的理念和模型，酒店设计部制订设计方案，确定最终方案。

（3）联系酒店建设所需原材料的供应商和球幕影厅建设商，采购酒店装修的壁纸，以及酒店内部的门、窗、家具、科技产品等，并进行装修。

（4）装修的同时，在杂志、报纸等媒体平台上开始酒店的宣传推广，建设酒店微信公众平台并运营。

（5）招募酒店代理商，寻觅酒店的合作单位，进行市场渠道的沟通和营建。

（6）招聘酒店工作人员，并完成相应的上岗培训。

2. 正式运营（2017 年 9 月 ～ 2018 年 3 月）

（1）网络营销的全面开展，微信、微博、知乎和旅游网站的活动同时进行。

（2）各种营销的宣传推广攻势。

（3）各种销售渠道的展开。

（4）海洋和高原星空酒店正式开始营业。

（5）开始昆明民族文化星空酒店的设计及装修。

3. 正常运作（2018 年 9 月 ～ 2019 年 5 月）

（1）2018 ～ 2019 年，在全国进一步开拓酒店市场，发展酒店客户，不断提升知名度。

（2）民族文化星空酒店正式营业。

（3）2019 年 1 ～ 12 月着手设计、建造、装修沙漠星空酒店。

4. 发展巩固（2020 ～ 2021 年）

（1）沙漠星空酒店正式运营。

（2）在酒店前两年良好运行的基础上，进一步强化酒店品牌，加深与合作单位、代理商的沟通合作，与它们一起进行酒店品牌的管理与维护。站稳星空酒店市场，在酒店市场中形成品牌形象，赢得广大客户的信任与好评。

4.2.3 后期筹备（2021 ～ 2026 年）

（1）启动星空酒店加盟计划，在具有观星优势的全国主要经济发达城市、二三线商旅城市以及其他具有成长潜力的城市启动酒店加盟，形成核心优势。

（2）完善"星空＋科普"业务组合，扩大星空科普娱乐化、专业化、情怀化营销。

（3）启动新三板上市。

5 产品与服务

5.1 产品结构规划

5.1.1 产品理念

星空酒店是一家以体验经济为理念、

以星空文化为主题、以趣味化天文科普体验为特色的主题科普酒店。星空酒店的核心理念是"娱乐化科普"，通过营造舒适、温馨、科幻的星空环境，提供天文观测、天文摄影等丰富的星空内涵文化服务，并建立全国星空文化交流平台，更好地普及星空文化。

5.1.2　有形产品

根据前期严密的调研和细致的规划，星空酒店中期拟在海南三亚、西藏拉萨、云南昆明、宁夏中卫四处建设以"海洋与星空""高原与星空""民族文化与星空""沙漠与星空"为主题的连锁酒店。星空酒店产品差异与一般酒店的差异主要表现在建筑外观、装饰主题特色和附加产品三个方面。

1. 星空酒店

（1）海洋星空酒店。海洋星空酒店地处三亚，租房装修后投入经营。整个酒店融入三亚海洋特色及热带星空景色，设有海洋星空房，使顾客可以在看到海洋生物的同时感受到星空浩渺，体会到大自然独特的魅力。从酒店临窗而望，绿草如茵，高雅舒心，尊贵别致，同时融合了中西现代装修风格，让房客置身于中国南海和沙滩美景之中。独具匠心的简约精品设计、超大的观景落地窗，这些都让酒店本身与美景浑然天成，让度假成为一件惬意的事情。酒店面朝香水湾畔，于是就让水成为视觉延伸，从酒店蔓延至大海，白天犹如镜子，让远处的蓝天、白云折射至此，模糊了建筑与环境的界限。

（2）民族文化星空酒店。民族文化星空酒店结合云南纳西族、白族、瑶族等共计26个少数民族特色与当地良好的星空观测地点融合，设有不同样式的星空观景房。比如纳西族是云南少数民族中重要的一支，纳西风情房所有的规划建筑元素、风格取材均来自丽江纳西族的民居建筑，矮矮的门廊，宽敞的庭院，两头高翘的房檐，从束河引入的雪水绕庭院流过，一切都是那么的自然亲切，就像是未经斧凿的村庄，不但能赢得顾客的称赞，也可以实现经济效益和艺术效果的双丰收。

（3）高原星空酒店。高原星空酒店结合纳木错地域的风土人情及高原独特的星空观测环境，设计高域星空沐浴房。建筑外观上模仿藏传建筑的特点，统一花岗石的墙身，木制屋顶及窗檐的外挑起翘设计，全部的铜瓦鎏金装饰，以及由经幢、宝瓶、摩羯鱼、金翅鸟做脊饰的点缀，实现无论从外观设计还是从内在所蕴藏的文化来看，都能感受到它的地域独特性。

（4）沙漠星空酒店。沙漠星空酒店根据宁夏特色融入了沙漠及星空的景色，使顾客在观看沙漠星空的同时也可以感受到沙漠独特的情趣。沙漠星空酒店设有天景房、沙漠星空观景房等。酒店地处景区海市蜃楼综合服务区的核心地带，其外观设计模仿绵延流畅的沙丘，与波涛万顷、云谲波诡的腾格里沙漠相映生辉，巧夺天工，充分体现了沙漠特有的人文精神和旷世豪情。以沙文化和星空文化为基础，按照四星级标准，打造集餐饮、住宿、休闲、娱乐、商务等功能于一体的主题科普酒店，以汉唐时期的建筑风格为基础，融入中卫地方建筑特色。既可以满足高端游客的近距离沙景享受，又可以满足所有游客对沙文化深层次的探索体验，以及宇宙天文知识的"娱乐化科普"。

2. 星空主题房间

星空主题房间是星空酒店最具特色的产品，主题房间设计的品质对顾客的体验感受起着至关重要的作用。通过使用三维立体壁纸、投影、音响播放、智能家居和智能穿戴等技术手段，为顾客打造出风格多样、美轮美奂的多种类型的"星空+"主题房间。在即将建成的海洋与星空酒店（海南三亚）、高原与星空酒店（西藏拉萨）和民族文化与星空酒店（云南昆明）、沙漠与星空酒店（宁夏中卫）中，主题房间的设计结构遵循"脚下是地貌，头顶是星空"原则，在此基础上由酒店设计团队完善和填充主题房间其他部分。同时，设计团队首发了22种主题房型设计，根据每家酒店房间总量适当分布。设计团队每隔一定时期就会发布更新及完善原来的主题房型设计，使得主题酒店时刻保持动态的新鲜感。

（1）十二星座系列主题房间。根据年轻人的偏好打造属于十二星座的星座主题房，包括白羊座、金牛座、双子座、巨蟹座、狮子座、处女座、天秤座、天蝎座、射手座、摩羯座、水瓶座和双鱼座主题房。每个星座主题房间中除了融合当地特色以外，通过投影、音频播放十二星座的故事，结合十二星座的特点设计房间的摆设及装饰。以海洋与星空酒店双子座主题房为例，以下是双子座主题房的房屋设计和内容设计。

头顶是星空中双子座的动态投影，脚下是玻璃隔层、循环水、鱼类和珊瑚等海洋景象。

此外，房间立体环绕播放器播放有关双子座的相关故事，整体房间灯光和氛围为淡蓝色。房间其他细节包括双子座内容

嵌入的床单、浴缸、水杯等附加物件。如果房客需要一个安静明亮的休憩环境，以上的灯光和音响设备可以自由关闭。

十二星座系列主题房间

（2）亲子房（大小熊星座主题房）。大小熊有亲子的含义，亲子房除了融入"星空+当地特色"外，还融入了大小熊星座的故事，同时房间设计从孩子贪玩的特点切入，增添天文知识闯关游戏来增加一定的科普趣味性。

（3）情侣房。情侣房间包括"牛郎织女星""带你去看流星雨""银河之恋""来自星星的你"四个主题，分别以牛郎织女星、流星雨现象、银河之光、恒星的一生作为切入点，讲述不同内容的天文故事。通过暗色调的房间灯光设计和温馨的音乐，营造浪漫的氛围。

大小熊星座主题房

情侣房

头顶是牛郎星和织女星的动态投影，脚下是高原景象的地砖。故事墙包括以下内容：在我国的传说中，织女同牛郎的爱情故事几乎家喻户晓。织女星非常美丽，尤其在它初升和降落的时候，人们所能看到的恒星，只有天狼星比它明亮。但天狼星因为太亮而带有威仪，感情上觉得它是刚性的，而织女星则是柔性的，这使我们觉得它更亲近。

房间立体环绕播放器播放有关牛郎星和织女星的故事。整体房间灯光和氛围为淡粉色。房间还有其他细节，包括嵌入牛郎星和织女星内容的床单、浴缸、水杯等附加物件。如果房客需要一个安静的休憩环境，以上的灯光和音响设备都可以自由关闭。

（4）普通主题房。普通主题房适用于没有固定特点的游客人群，但同样可满足消费者对于"娱乐化科普"的天文知识诉求。普通主题房包括黑洞之吻、日晕醉心、宇宙尘、抓住彗星的尾巴、日食之蚀五个主题，以黑洞的历史、日晕的形成、宇宙尘的来源、彗星的故事和日食的原理为内容，生动有趣地讲述与推广天文科普知识。

3．球幕影厅

中期建设的星空酒店将建设球幕影厅作为主要的科普基地。将要建设的球幕影厅可同时容纳 80 人左右。球幕影厅放映均采用超广角鱼眼镜头，观众厅为圆顶式结构，银幕呈半球形，观众被包围其中，视银幕如同苍穹。由于银幕影像大而清晰，自观众面前延至身后，且伴有立体声环绕，使观众如置身其间，临场效果十分强烈。

酒店与各大天文馆和天文机构达成合作意向，将购买专业影片版权作为影片来源，以保证知识的准确性与影片的质量。酒店将在每晚为顾客放映 3D、4D 效果的球幕电影，播放星空音乐会，展示球幕星空、三维宇宙空间模拟等，用这种生动有趣的方式向顾客传达辨析星座、星球的形成与陨灭等天文知识，做天文与娱乐相融合的科普。厅内采用多角度可调节座椅，让观众自行选择最舒适的观赏角度与方式，降低观赏疲劳感，为观众奉献可与天文馆相媲美的观影体验。此外，球幕影厅还将加入互动环节，通过将顾客需要传达的文字、图片等内容投射到球幕上，配合音乐制造浪漫氛围，用于顾客的生日祝福、表白、求婚等需求。

5.1.3　附加产品

1．科技产品体验

（1）智能家居及智能穿戴。中期建设的四家"星空＋"酒店将科技元素融入主题房间。部分主题房间将采用星空投影仪等仪器模拟星空效果，用数字音箱模拟宇宙运转、海洋呼啸声等立体环绕音效，并配备智能眼镜等仪器，力求打造更为真切、立体、时尚的住房环境，让顾客拥有身临其境般的观星体验。

（2）智能密码锁。门锁将采用指纹密码锁和随机数字密码锁，免除顾客携带房卡的麻烦，增强主题房间的科技化，并保护顾客的隐私与安全。

（3）科普游戏体验区。酒店将建设科普游戏体验区，专门放置与天文有关的科技体验设备。比如，将引入星空知识答题机，让顾客玩闯关游戏的同时获得天文知识，用透镜效应仪器模拟透镜效应，采用时空穿梭器模拟在太空穿梭的氛围。用这种有趣、创意的互动方式让顾客在轻松的氛围中了解星空，同时激发他们对星空更多的感悟与好奇心。

2. 优质的酒店服务

酒店房间所需设施配备齐全，且均采用当地顶级家居。酒店提供无线宽带上网、24小时供热系统、精致的餐厅，为顾客提供全面且质量上乘的硬件设施，房间整洁有序，可达到严格的卫生标准。酒店房间引入当地特色天然温泉水，起到减轻顾客疲劳的作用。服务人员训练有素，对待顾客热情礼貌，为顾客提供及时、周到的服务，力求为顾客提供最舒适的居住环境。

3. 实地星空观测、摄影及培训

天文摄影深受天文爱好者和摄影爱好者的喜爱。在适合观测星空的时间，酒店会带领顾客到适宜观测的场地，为顾客提供精良的观星设备供游客进行观测，并且会由业内人士从旁给出专业的摄影技术指导，帮助顾客尽可能获得最佳观星和摄影效果。

酒店会不定期邀请天文观测和天文摄影的专家讲解，教授顾客观星和天文摄影的知识，给予观星爱好者专业的指导。酒店还将与大学生天文社团合作，引进天文志愿者为酒店的顾客进行讲解。尤其在有特殊天象时（如日食、月食、流星雨发生的日子里），酒店都会募集天文志愿者给顾客们进行周到的观星摄影指导，让每一位感兴趣的顾客都不会错过那美丽的瞬间。

4. 免费提供专业的天文观测设备

酒店建立了以"望远镜之家"为主体、各种配件为辅的天文器材收藏、展览、保管的基地。观星酒店邀请一些天文爱好者把自己的望远镜寄存于此，供旅游者参观。酒店也会为他们提供优质的望远镜维护服务，他们也将因此成为酒店的VIP会员，享受更高级的酒店服务。酒店还邀请国内外知名高端天文望远镜设备商在此设立自己的展位，搭建全新业内交流平台。此外，酒店还提供观星的全套设备，包括各类各档次天文望远镜、旋转星图、指星笔等，供游客参观与免费使用。

5. 开发天文旅游线路

以主题酒店为基地，结合周围的景区和天文观测区域，开发成熟的天文旅游线路，充分利用所选地区的位置优势，做成一条集天文观测与当地风情于一体的特色天文旅游线路，并推荐给顾客路线指引和相关的旅游攻略。比如，在内蒙古赤峰建设的草原星空酒店，设计了"勃隆克沙漠—克什克腾旗热水温泉—达里诺尔湖—阿斯哈图石林（晚上可在此附近的草原观赏星空，进行星空摄影）—红山军马场"旅游路线，汇集了壮阔的沙漠、赤峰特色温泉、可骑马驰骋的草原、浪漫的星空，让游客在这条特色的旅游线路中不仅见识了景区风格各异的美景，品尝到当地的特色美食，还能在适合观测的地点观赏美丽的星空。通过一次旅行就可感受到当地的诸多特色，感受"星空+"的魅力。

除此之外，酒店还会和旅行社、高校天文社团、中小学合作，开展天文夏令营，为这些团体量身打造旅游路线，加入实地星空观测、摄影、讲述星空神话故事、参观博物馆等活动，打造好玩、充实、有意义的科普夏令营。

6. 星空婚礼

酒店将与婚礼庆典公司合作，为有需要的顾客举办星空婚礼。酒店除了提供设备和技术支持外，还提供星空主题房间作为婚房和宾客房间，让新人和宾客体会到既与婚礼主题相融合又温馨的住宿环境，将婚礼变成一次难忘的旅程。

酒店还将提供主题房间、球幕影厅作为新人拍摄婚纱照的场地，并为其设计制作精美的星空主题婚纱照，让星空酒店成为见证其爱情的浪漫场地。

7. 原创纪念品

酒店将制作一系列以星空为主题的原创创意产品，比如水杯、抱枕等供顾客选购。以原创产品来传达酒店团队对星空的理解与热爱，让这些兼具新意、心意、情怀的产品通过传播星空文化成为酒店与顾客的桥梁。

8. 科普手册和书籍

酒店将精选有趣的天文知识、星空神话故事等内容，制作成精致且便于携带的科普手册送给顾客。除了以天文知识作为主要内容，酒店还会贴心地加入当地著名的旅游景点介绍，包括其到达路线、门票价格、景点特色、历史背景等，还会附带当地地图，给顾客的游玩带去便利。此外，酒店还会把相关天文科普书籍放在房间内

和酒店大厅供顾客翻阅。

9. 寄语墙和照片墙

"我与星空的故事"寄语墙设计。顾客在体验完球幕影厅或实地星空观测后都会对星空有一番新的了解，酒店为顾客提供表达的空间。顾客可以把自己对星空的感悟写在纸上并贴在寄语墙上，之后的顾客也会通过寄语墙产生共鸣或引发更多感触，从而加深对星空的认知。此外，顾客也可以选择把自己拍摄的星空照片或自己与酒店的照片留给酒店，由酒店做成照片墙。这样既可以记录顾客与酒店、与星空的故事，也可以表达酒店对顾客的重视，体现酒店的人性化经营，同时照片墙可以起到记录和展示酒店发展历程的作用。当顾客再回到酒店看到以前的照片，一个美丽的回忆就会涌上心头。

5.2　产品与服务设计

5.2.1　产品与服务优势

1. 已有项目的基础和经验积累

星空酒店项目并非处于初期探索阶段，公司已经在内蒙古建设并运营了一家"星空+草原"主题科普酒店，两年内经营良好，已实现净利润××万元，积累了丰富的酒店管理经验，在信息、设备、技术等资源上可实现互助和共享。第一家星空酒店已经积累了人气和口碑，得到了国家级杂志《天文爱好者》的采访和报道，在当地主题酒店旅游网络搜索平台上排名靠前。同时，酒店已与各大天文馆达成合作意向，天文馆将支持酒店团队参观考察，并且提供科普影片、科技产品等支持，帮助酒店解决技术上的后顾之忧。

2. 具有广阔的市场需求

随着体验经济的到来，消费者对酒店的要求越来越高，尤其是对创新性、文化性的需求，标准化的酒店已经难以满足人们的个性化需求。而主题酒店凭借为顾客提供多元化选择，让顾客感受独特的文化体验、知识体验与互动体验，逐渐成为中国酒店业的重要力量。据统计，主题酒店的平均入住率达到80%以上，具有较大市场需求。星空酒店凭借其产品的独特优势，迎合了市场的需求，具有广阔的市场发展前景。

3. 产品具有创新性、全面性、专业性、娱乐性及抢占性

创新性：这是国内首家以"星空＋"为主题的科普酒店，项目本身具有创意和创新，酒店在与其他主题酒店对比中形成了明显的特色和差异。

全面性：星空酒店加大了产品和服务投入，比如，引入球幕影厅，配备智能家居，播放科普影片，设置科普游戏体验区，开展天文知识讲座，指导天文观测与摄影，科学实验、编著科普手册与书籍，等等，使科普内容更加全面化。

专业性：球幕影厅的影片来自北京天文馆，从来源保证知识的准确性；让酒店的智能家居、智能穿戴融入科技元素，使科普更为专业性；酒店引入的互动产品通过知识问答、科学实验的方式让顾客的了解更为深入。专业的合作方、专业的科技产品、专业的方式使酒店的科普变得精确和高效。

娱乐性：为打破传统科普方式的枯燥性，激发顾客的兴趣，酒店将科普的专业化融入娱乐化中。通过一系列的产品体验，让顾客在玩耍中轻松地学习天文知识，并且通过动手动脑，亲自参与，把知识的记忆变得更为牢固，寓教于乐，让科普变得趣味十足。

抢占性：目前市场上的主题酒店较少，而主题科普酒店几乎没有，星空酒店将高品质主题酒店引入市场，提高产品知名度，树立品牌形象，成为具有一定规模与市场知名度的品牌连锁酒店。此外，与天文馆、天文爱好者协会、天文杂志社建立独家合作关系，快速抢占天文科普知识资源。

5.2.2　产品与服务竞争力分析

1. 结合地区特色，设计酒店主题，避免"浅层化"的酒店主题定位

星空酒店与传统酒店最大的区别就是通过星空文化的引入，赋予酒店深层次的人文气质与科普功能，给顾客带来更多的知识和体验；通过引入"星空＋"主题，秉持专业性、科学性、审美性的原则，结合地域特色与消费人群，深度提炼并选择最恰当的主题。比如，宁夏沙坡头地区沙漠空旷广袤，抬头就是一览无余的天空，具有较丰富的旅游资源以及观星优势。

2. 针对消费人群，丰富房间形式，避免"同质化"的酒店建设

星空酒店建设是一项将酒店产品转化为情感性产品的过程，是文化内涵基础上的美学创新与价值提升工程。现有的主题酒店仅仅是通过壁纸、灯光等对主题文化元素进行简单的复制模仿，但是星空酒店项目在创建过程中，会不断优化并聘请专业的设计团队进行艺术性、精致性主题房间设计，在房间内部设有播放器播放科普文化知识，同时结合智能家居、智能穿

戴等高科技产品，给顾客打造一场集视觉、听觉、触觉于一体的盛宴。针对不同消费人群，设计形式丰富的主题房间，比如，针对情侣的"牛郎织女房"，针对亲子的"大熊小熊房"。丰富的房间内容、差异化的房间形式，避免了"同质化"的酒店建设。

3. 引进专业资源，提供特色服务，避免"空壳化"的酒店运营

星空酒店是一项涵盖功能、感观、产品、服务到品牌各个层次的全系统建设，产品创新与服务的情节化、仪式化、故事化、表演化是主题酒店最为精彩的价值所在。酒店以特色产品和无形服务为载体，围绕主题文化进行服务创新。建设球幕影厅播放天文知识影片、星空音乐会，模拟三维宇宙空间等作为主要的科普基地；建设科普游戏体验区，用有趣、创意的互动方式让顾客在轻松的氛围中了解星空知识，激发其对星空更多的感悟与好奇；邀请业内专家开展天文科普知识讲座以及星空实地观测、摄影培训，搭建星空爱好者的交流平台；提供星空摄影展、寄语墙、科普手册、原创纪念品等特色服务。星空酒店将浓郁的文化氛围、活化的产品与动态的服务紧密结合，提供专业化的主题产品和趣味性的服务创新，避免"空壳化"的酒店运营。

4. 形成品牌连锁，规范管理模式，避免"模糊化"酒店形象

星空酒店以"文化力"提高酒店吸引力，以深层次创新提升酒店价值，以全方位战略行动拓展酒店建设思路。酒店将始终坚持并围绕"星空"主题与特性，进行改进和不断创新，提升酒店的人文性、原创性、体验性、舒适性，形成品牌连锁酒店；聘请业内专家作为管理顾问，规范经营与管理模式，塑造各具特色的酒店形象，提升市场的吸引力与认同度，避免"模糊化"的酒店形象。

6 市场分析

6.1 选址分析

6.1.1 旅游行业概况

国内旅游业的稳步增长，切实保证了酒店行业游客的有效增量，推动了酒店行业的蓬勃发展。根据国家统计局相关数据，自1995年以来，中国国内游客总人数和国内旅游总花费呈现持续快速增长趋势，国内旅游市场高速增长，旅游淡旺季市场之间的差别正在一点点缩小。1995～2014年中国旅游行业情况如图2-1所示。

国家旅游局监测数据显示，根据旅游目的地分析，2015年度国内旅游目的地前10名为：三亚、丽江、昆明、厦门、杭州、北京、西安、上海、成都、哈尔滨。其中，自2015年6月开始，内蒙古、西藏、宁夏等目的地受游客追捧，旅游客流量大幅增加；根据旅游出行人群分析，80后、90后人群占比达67.3%，一年平均出游次数为4次，该旅游人群追求个性新颖特色化的旅游住宿条件。

6.1.2 天文观测依据分析

结合星空酒店的天文科普理念，以及天文观测、天文摄影、天文科普讲座的特色服务，具有天文观测优势的城市将是建设酒店的适宜选址位置（见图2-2）。

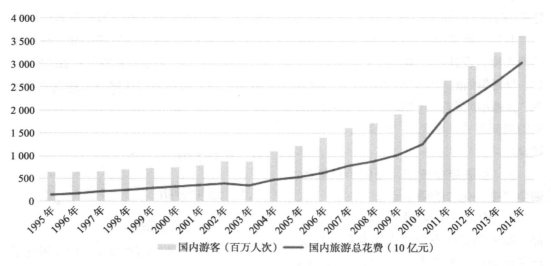

图 2-1　1995 ～ 2014 年中国旅游行业情况

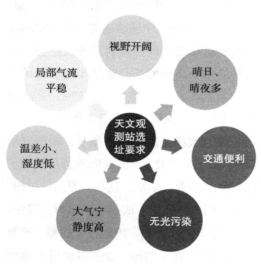

图 2-2　天文观测站选址要求

天文观测站或天文台选址是一项科学研究工作。它的建设需要先根据气象资料，确定一些晴日、晴夜多且离城市、工矿远的地区，再从中选出几个视野开阔、局部气流平稳、温差小、湿度低、交通便利、水电供应充分的候选地址，进行气象方面的对比观测，然后选出最好的地址（见图 2-3）。

具有天文台或观测站的地点必然具备天文观测的优势。目前我国已建成天文台、观测站或观测基地的城市超过 15 个，还有多个城市的观测站正在筹建中。已有天文台、观测站、观测基地正在筹建的城市周边地区是星空酒店选址的首选位置。

6.1.3　综合分析

同时具备旅游优势和天文观测优势的城市，会被列为首先考虑的选址位置。经过分析，其中包括云南丽江、昆明、宁夏中卫、西藏拉萨、海南三亚、南京、吉林长春等城市。项目组计划从中选择海南三亚、西藏拉萨、云南昆明、宁夏中卫作为试点位置，结合当地的海洋、高原、民族文化、沙漠特色建立"星空＋"的主题科普酒店。

1. 宁夏中卫

酒店地址：宁夏回族自治区中卫市中卫旅游景点北区沙漠。

观景位置：沙坡头景区沙漠。

图 2-3 天文观测站分布

地理环境：中卫火车站到中卫景区，班车半小时一趟，一小时可达。中卫机场位于市区西北 9 公里处，飞往全国各主要城市均不超过 3 小时。中卫机场到中卫景区，乘坐出租车 15 分钟可达，乘坐班车半小时可达。

观星优势：宁夏中卫北区沙漠空旷广袤，抬头是一览无余的天空。抬头便可见到满天的繁星与流星擦过。夏季时分，夏季大三角、北斗七星、北极星、室女座群星，甚至银河系最灿烂的核心区域——银心等都清晰可见。枕沙观星，对游客尤其是天文爱好者来说是绝佳享受。

旅游优势：中卫先后荣获"中国十大最好玩的地方""中国最值得外国人去的 50 个地方""中国最美的五大沙漠"等殊荣。2004～2014 年，中卫市旅游接待人数从

74.5 万人次发展到 285 万人次，年均增长 14.36%；旅游收入从 1.45 亿元增加到 22.4 亿元，年均增长 31.49%。

2. 西藏拉萨

酒店地址：拉萨市城关区夺底北路。

观景位置：纳木错景区。

地理环境：纳木错位于距拉萨市区约 220 公里，驾车约 3 小时，环境优美，为全国最佳观星地点之一。

观星优势：纳木错临近拉萨市区，是世界上海拔最高的大型湖泊，没有光污染和空气污染，这里湖水清澈，与四周雪山相映，风景秀丽，为全国众所周知的最佳观星地点之一。

旅游优势：拉萨旅游资源丰富，拥有众多旅游景点，先后获得了"中国优秀旅游城市""欧洲游客最喜爱的旅游城市"和

"中国最具安全感城市"等荣誉称号，为热门旅游城市。

3. 云南昆明

酒店地址：昆明市官渡区云大西路。

观景位置：云南天文台。

地理环境：凤凰山星空科普酒店距凤凰山科普生态公园 10 公里，交通便利，驾车仅需 30 分钟，观星条件优越。

观星优势：坐落在昆明东郊凤凰山上的云南天文台是中国南方最大的天文实测基地，云南天文台对外开展科普教育已有数十年的历史，一直将面向公众的天文科普作为自己的重要工作。位于云南天文台的射电望远镜是唯一一个在南方的天文台射电望远镜。

旅游优势：昆明市旅游发展委员会发布的 2015 年旅游经济运行情况显示，昆明接待游客 6 911.40 万人次，同比增长 10.25%；旅游业总收入 723.46 亿元，同比增长 17.68%。过夜游客在昆明人均花费为 799.36 元 / 天，同比增长 16.64%。

4. 海南三亚

酒店地址：三亚市三亚湾度假区三亚湾路。

观景位置：三亚湾景区。

地理环境：四大一线旅游城市"三威杭厦"之首，周边景点众多，交通便利，临近国际机场、车站等交通枢纽。

观星优势：第一批国家级生态示范城市，大气环境质量全国第一，多次成为我国国内观测天文现象的最佳地点。

旅游优势：旅游景点获得多项世界之最，荣获"中国特色魅力城市"，是国内首选旅游度假目的地之一，新兴旅游保证旅游淡季增长，旅游业、酒店业收入稳定

增长。

6.2　市场定位

6.2.1　目标客户

星空酒店，即在以星空为主题的酒店基础上，融入科普元素，让人们在放松休闲之余感受星空的美丽，并且可以学到天文知识。目前，酒店的目标群体主要为天文爱好者、情侣、亲子。

1. 天文爱好者

天文爱好者是星空酒店的重要客户群体。星空酒店将融入更多的科技元素，如球幕影厅、VR 技术、智能穿戴等来满足天文爱好者的需求，并为此类客户群提供天文观测、天文摄影指导、天文器材展览等特色服务，不断提升顾客的体验感与满意度。

2. 情侣

星空与浪漫元素紧密联系在一起，通过将不同的主题与星空结合，从吊灯、动态灯光、床型设计入手，打造个性化的房间设计，营造充满浪漫、温馨、舒心的房间氛围，吸引情侣前来入住。酒店还将承接星空婚礼服务，为情侣打造以星空为主题的浪漫婚礼。

3. 亲子

天文学的学习可提升青少年的综合分析能力，不断训练发散思维和逻辑思维。随着神舟飞船的发射，2007 ～ 2020 年我国实施探月计划的"绕落回"三部曲，中国正迈向航天大国之列，与此同时也激发了人们对太空知识和天文知识的需求。近几年来的日全食、大彗星回归等天象奇观也引发了青少年的天文科普热。

在主题房间的设计上，酒店将趣味主题和星空结合，设计汽车与星空、卡通人物与星空等房间，吸引亲子群体。此外，酒店将会设计互动游戏活动以及购进相关设备，如建设时空穿梭机、天文知识问答机等设备，让孩子在互动游戏中学习到更多知识，使得原本深奥的天文知识通过趣味方式科普更加娱乐化、大众化。

4．其他消费群体

别具一格的主题房间能给房客带来更多的体验，在同等价位基础上，酒店通过新奇的房间设计与趣味活动吸引其他消费群体。此外，酒店将推出普通房间、标准间及豪华套房，以吸引更多类型的顾客入住。酒店还承接团体参观入住、学生毕业旅行、公司或学校的夏令营等团队项目。

6.3　PEST 分析

6.3.1　政策背景

"提高文化软实力"已经被提升到了国家战略的高度，为以后的文化建设指明了方向。主题酒店建设也是中国文化产业发展的需要。主题酒店是文化资源向文化资本转化的一种非常有效的方式，把各种文化资源融入酒店，能够直接有效地形成市场功能。

《国务院关于促进旅游业改革发展的若干意见》（国发〔2014〕31 号）正式出台，把"更加注重文化传承创新，实现可持续发展""大力发展具有地方特色的商业街区，鼓励发展特色餐饮、主题酒店"作为旅游业创新发展理念，同时提出转变发展方式，"让广大游客游得放心、游得舒心、游得开心，在旅游过程中发现美、享受美、传播

美"的重要举措。为进一步规范主题酒店的建设，促进文化旅游住宿的发展，不少地方旅游行政管理部门开始着手相关规范和标准的制定。据不完全统计，北京、四川、浙江、山东、安徽已出台各自的地方标准。标准的出台，说明中国主题酒店建设从企业自发、单体探索、自然发展的初级阶段逐渐进入顶层鼓励、群体研究、规范发展的成熟阶段。标准的制定支持和鼓励了行业发展，这给主题酒店的建设迎来了黄金发展机遇，主题酒店的发展会引起各地各部门更多的重视，从而享受更多的政策支持。

对于大学生创业，我国政府给予了极大的优惠与支持，提出"大众创业，万众创新"的理念。大学毕业生开办从事公共事业、商业、旅游业、物流业、仓储业、居民服务业、饮食业的企业或经营单位，经税务部门批准，免征企业所得税一年。另外，几乎每个省市都给出了创业优惠政策：宁夏回族自治区工商部门将推进工商注册制度便利化，税务部门将按照优惠政策为大学生创业提供税费减免服务；海南省充分整合政府、企业、高校等资源，为自主创业高校毕业生提供项目策划、开业指导、融资服务、跟踪扶持等"一条龙"创业服务。

6.3.2　经济背景

1．全国旅游行业背景

2015 年，中国国内旅游突破 40 亿人次，旅游收入过 4 万亿元人民币，出境旅游 1.2 亿人次，自由行人群高达 32 亿人次，人均消费 937.5 元。中国国内旅游、出境旅游人次和国内旅游消费、境外旅游

消费均列世界第一。

2. 海南三亚旅游状况

海南省三亚市是旅游业收入占 GDP 比重最高的城市。其中，2015 年，三亚市接待过夜游客总人数 1 495.73 万人次，同比增长 10.6%；旅游总收入 302.31 亿元，同比增长 12.1%。

3. 西藏拉萨旅游状况

2014 年，拉萨市旅游业向体验游、休闲游发展，接待游客 925.74 万人次，实现收入 111.67 亿元。仅 2014 年 1 ～ 9 月，拉萨市旅游市场游客接待量大幅增长，累计接待境内外游客 817.22 万人次，实现旅游收入 99.98 亿元，与上年同期相比分别增长 16.89%、37.84%，创历史新高。

4. 云南昆明旅游状况

昆明市旅游发展委员会发布的 2015 年旅游经济运行情况显示，昆明接待游客 6 911.40 万人次，同比增长 10.25%；旅游业总收入 723.46 亿元，同比增长 17.68%。过夜游客在昆明人均花费为 799.36 元 / 天，同比增长 16.64%。

5. 宁夏中卫旅游状况

2004 ～ 2014 年，中卫市旅游接待人数从 74.5 万人次发展到 285 万人次，年均增长 14.36%；旅游收入从 1.45 亿元增加到 22.4 亿元，年均增长 31.49%。

6.3.3 社会背景

1. 消费需求的转变

随着生活水平的日益提高，人们已开始由物质追求转向更高的精神追求。享受型消费在消费支出中的比例越来越大。在享受型消费中，旅游消费占据重要地位。

随着经济快速发展，游客在酒店住宿中不仅仅只关注酒店的基础住宿条件，也开始注重酒店在住宿之外能给自己带来的附加体验。酒店的品质不仅包含产品功能层面的要素，更包含产品中文化、尊严、个性、记忆等精神层面的要素。相关调查显示，中国旅行者期待酒店具有文化特色的比例高达 82.3%。这样的市场需求引导着酒店市场向着高端化、多元化、个性化、特殊化的方向发展。主题酒店正是适应这种消费需求变化，通过文化资源深厚的推动力、导向力、凝聚力赋予酒店更深层次的内涵，形成与反映一种积极、健康、快乐的生活方式和生活态度，使消费者在消费体验过程中，形成强烈的思想共鸣和精神满足，并通过充分享受酒店带来的乐趣，进而对自身生活方式形成一种满足与肯定的积极心态。

2. 天文旅游行业的发展

从 2003 年神舟五号发射成功，2008 年神舟七号实现中国人首次漫步太空，2007 ～ 2020 年我国实施探月计划的"绕落回"三部曲，中国正迈向航天大国之列，同时激发了人们对于太空知识和天文知识的需求。发展天文旅游能帮助人们更好地了解中国的航天计划，满足人们对天文的好奇心。

3. 天文科普的市场需求

人们对自然天文的热爱增强，不仅包括普通的天文爱好者与天文摄影爱好者，还包括父母对孩子的早期天文启蒙。天文学包含数学、物理学、地理学、气候学等多个学科，可以提高青少年的综合分析能力，培养发散思维和逻辑思维。

6.3.4 技术背景

天文科普技术在我国的发展相对成熟。在各大天文馆，天文科普技术的应用已深入到各个方面，从视觉观赏到互动体验，从实体观测到影片科技，天文科普技术的发展日新月异。

星空酒店与中国天文协会、北京天文馆、上海天文台等机构建立了友好合作关系，对于星空酒店需要的专业天文观测设备、球幕影厅技术、互动科技等专业技术，以及科普书籍等工具都可以得到以上机构的协助。

6.4 SWOT

6.4.1 SWOT 分析

SWOT 分析如图 2-4 所示。

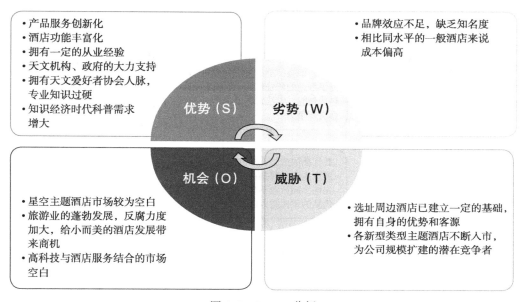

- 产品服务创新化
- 酒店功能丰富化
- 拥有一定的从业经验
- 天文机构、政府的大力支持
- 拥有天文爱好者协会人脉，专业知识过硬
- 知识经济时代科普需求增大

优势（S） 劣势（W）

- 品牌效应不足，缺乏知名度
- 相比同水平的一般酒店来说成本偏高

机会（O） 威胁（T）

- 星空主题酒店市场较为空白
- 旅游业的蓬勃发展，反腐力度加大，给小而美的酒店发展带来商机
- 高科技与酒店服务结合的市场空白

- 选址周边酒店已建立一定的基础，拥有自身的优势和客源
- 各新型类型主题酒店不断入市，为公司规模扩建的潜在竞争者

图 2-4　SWOT 分析

6.4.2 矩阵分析

对于每一种外部环境与内部条件的结合，通过认真分析，星空酒店将采取以下相应策略。

（1）优势—机会（SO 组合）。本公司将充分利用当地的旅游资源优势与自身天文行业优势，结合天文科普与高新科技，填补主题酒店的市场空白，并将旅游住宿与天文科普有机结合起来，满足人们对住宿和文化的双重需求。

（2）劣势—机会（WO 组合）。公司本身存在品牌效应不足，成本相比一般酒店来说偏高。在这种情况下，公司将会与当地政府及天文行业相关组织，天文爱好者协会保持联系，采纳专业性意见，以个性化服务和特色产品打开市场，树立公司品牌形象。

（3）优势—威胁（ST 组合）。公司将会充分利用产品特色化、服务丰富化的优势，以填补主题酒店的市场空白，进行酒店服务与天文科普的研究，以应对外部环境中商务酒店的竞争和各类新型酒店的不断加入。

（4）劣势—威胁（WT组合）。公司将通过以下方面来提升企业竞争力，以弥补自身劣势，避免威胁。①服务人性化；②酒店功能丰富化；③主题房间新颖化；

④产品技术不断创新。

6.5 波特五力模型

波特五力模型分析如图2-5所示。

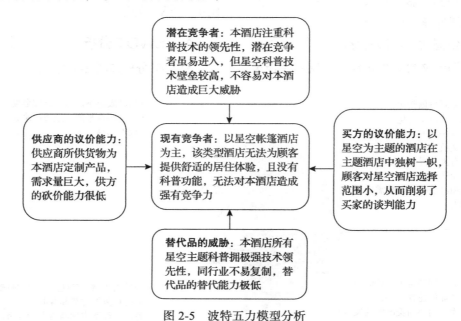

图 2-5　波特五力模型分析

6.5.1　行业内现有竞争者分析

主题酒店对比分析如表2-5、表2-6、表2-7和表2-8所示。

表 2-5　云南昆明主题酒店对比分析

项目	昆明蝶花恋主题酒店	万爱情侣主题酒店	昆明湖畔别院主题酒店	其他	本酒店
酒店环境	一般	好	较好	一般	好
酒店价格	250元起	420元起	440元起	较低	400元起
酒店位置	较好	一般	好	一般	较好
酒店特色	浪漫	浪漫奢华	中国风	无亮点	星空科普
受欢迎程度	一般	好	较好	一般	预计较好

表 2-6　海南三亚主题酒店对比分析

项目	三亚南山休闲会馆禅修主题酒店	三亚1940航空主题精品酒店	三亚湾海岸海景主题公寓	其他	本酒店
酒店环境	好	较好	一般	一般	好
酒店价格	500元起	350元起	260元起	300元左右	400元起
酒店位置	较好	一般	好	一般	较好
酒店特色	禅修	航空	海景	无亮点	星空科普
受欢迎程度	好	一般	较好	一般	预计较好

表 2-7　宁夏中卫主题酒店对比分析

项目	宁夏中卫秀水大酒店	中卫黄河度假山庄	中卫华晨酒店	其他	本酒店
酒店环境	极好	较好	一般	一般	好
酒店价格	920 元起	900 元起	430 元起	300 元左右	700 元起
酒店位置	极好	好	极差	一般	较好
酒店特色	高端沙漠体验	黄河	无特别亮点	无亮点	星空科普
受欢迎程度	好	好	一般	一般	预计较好

表 2-8　西藏拉萨主题酒店对比分析

项目	拉萨瑞吉度假酒店	拉萨林仓精品酒店	拉萨凯悦主题酒店	其他	本酒店
酒店环境	极好	较好	一般	一般	好
酒店价格	900 元起	580 元起	270 元起	330 元左右	500 元起
酒店位置	极好	好	一般	一般	较好
酒店特色	高端体验	藏文化	情侣	无亮点	星空科普
受欢迎程度	好	好	较好	一般	预计较好

6.5.2　潜在竞争者

目前，在中国各个传统旅游城市，因为主题酒店形式丰富多样，所以其发展已经成为一个趋势。随着人们生活水平和文化程度的提高，人们对旅游的定义不完全在观赏风景、放松心情上，还有酒店的特色与服务上。因此，各类主题酒店的争相上市必将引起竞争。星空酒店的潜在竞争者主要包括以下类型。

（1）自然风光酒店。酒店超越了以自然景观为背景的基础阶段，把富有特色的自然景观搬进酒店，给顾客一个身临其境的身心享受。

（2）时尚精品酒店。酒店主要以超视觉设计，将时尚进行到底，具有创新的体验消费模式。以私密、个性、温馨、浪漫的设计风格为主，并在每一个细节里融入人性化、细微化、特色化的服务。

（3）历史文化酒店。酒店以时光倒流般的心理感受作为吸引游客的主要卖点。顾客一走进酒店，就能切身感受到历史文化的浓郁氛围。这类酒店通常以历史悠久

与具有浓厚的文化特点的城市为蓝本，以局部模拟的形式和微缩仿造的方法再现城市的风采。

（4）名人文化酒店。酒店以人们熟悉的政治或文艺界名人的经历为主题，这些酒店很多是由名人工作生活过的地方改造的。

（5）艺术特色酒店。凡属艺术领域的音乐、电影、美术、建筑特色等都可成为这类酒店的主题所在。

6.5.3　供应商的议价能力

星空酒店独家供应商为南京某酒店用品有限公司。供应商是一家专业生产销售宾馆和酒店客房洗漱用品的企业。该家公司创办于 2008 年，经五年多发展，现已成为酒店客房用品较具品牌价值增长力的公司。因为有供应商独家供应，所以进货量大，供应商的议价能力低。

6.5.4　替代品的替代能力

星空酒店具有独特的天文环境与旅游资源，将会是天文爱好者游览参观的最佳

选择。星空酒店将会加入球幕影厅、智慧互动游戏，让亲子出游活动更加丰富多彩。此外，酒店将星空主题与浪漫结合在一起，可以吸引情侣前来入住，还可以提供星空下求婚、星空主题摄影及星空婚礼等附加服务。

由于酒店具有天文技术的独特优势，由此形成的星空情怀和影响力会使顾客接受我们的酒店产品或服务，降低替代品的威胁。

6.5.5 购买者的议价能力

目前，目标顾客最主要还是两大类人群，一类是天文爱好者，一类是青年、情侣以及亲子。由于目前星空酒店在主题酒店中独树一帜，同类竞争率极低，顾客对星空类酒店选择范围较小，从而削弱了买家的议价能力。

7 营销规划

7.1 营销战略

7.1.1 概念营销——娱乐化科普

"娱乐化科普"是星空酒店项目提出的一个新理念，酒店的目标不仅是提供舒适的居住环境，更重要的是将天文知识的科普做足、做强、做趣味，做到深入人心。营销规划的第一步就是需要将"娱乐化科普"的理念传播给大众。

星空酒店的"娱乐化科普"理念意在依托不同类型的星空主题房间，在客户入住的过程中潜移默化地学习有关宇宙、星球、星座、黄道等天文知识，同时有机会到实地亲眼领略星空之美，感受星空的震撼和魅力，最终从心理层次提升客户的住

宿体验。同时，概念营销战略终归需要结合具体的营销策略才能落地。目前酒店行业的营销方式，主要是依靠广告销售、网络平台宣传与机构合作（如旅行社、夏令营等）三种方式，辅之以广告销售与对酒店最新活动的推介，在不同的节气、节日里可以通过广告做促销活动。比如酒店推出客房优惠，这种广告由于面对的是局部特定受众，所以偏向于选择门厅横幅宣传与网上报价，对于老客户实行短信通知。网络平台宣传包括与去哪儿、携程、艺龙网站合作，同时在一些自媒体平台上推广富有创意的软文，引爆一轮又一轮的朋友圈软文转发，从而实现声誉的传播。在宣传推广的过程中，显性与隐性的方式结合，不断传播与推广"娱乐化科普"的概念，最后整体快速推进星空酒店在全国的落成与盈利，实现"娱乐化科普"概念小范围向大范围的扩散。

7.1.2 品牌化营销

星空酒店将和当地旅游资源进行更紧密的合作，用档次丰富、主题鲜明、价格合适的旅游产品，站稳自己目前在旅游住宿市场上的一席之地，致力于推动国内星空酒店的发展，最终成为知名的民族品牌。

星空酒店在利用第一期酒店形成的良好口碑与影响力，继续扩大星空酒店的知名度和美誉度，吸引客流资源。除此之外，品牌的建立与宣传还会通过以下多种途径，如专业媒体宣传、公益广告、公益活动、展会、旅游网络、天文团体等。例如，曾经合作过的北京天文馆、史家胡同小学、上海天文台的草原观测和夏令营活动，《天文爱好者杂志》的采访，以及各大旅行住

宿订购平台的推广。

同时，继续延用第一期酒店的企业视觉形象识别系统。星空酒店视觉形象识别系统是星空酒店理念的静态识别形式，是运用视觉传达方法在团队物质性载体上使用一系列标识符，以刻画星空酒店的个性，突出酒店精神、风格，凸显酒店特征的过程。星空酒店视觉形象识别系统包括以酒店 Logo、标准字、标准色、产品包装设计、产品名称设计等。

7.2　营销方案

7.2.1　产品策略

星空酒店的产品与服务是否适合市场需求，直接关系到酒店的市场适应性与市场竞争力。

（1）产品与服务内容。星空酒店住宿，星空主题客房，球幕影厅，科技产品体验，优质酒店服务，实地星空观测、摄影及培训，免费提供专业的天文观测设备，开发天文旅游线路，星空婚礼，原创纪念品，科普手册和书籍，寄语墙和照片墙等。

（2）产品组合策略。市场对多元化风格、高品质、新颖性的服务需求日益增加。星空酒店具有很鲜明的星空主题特色，并将主题特色与科普相结合、与摄影相结合、与影厅相结合，大大增强了星空酒店对客户的吸引力。酒店将会持续开发更多的产品组合来吸引客户，提升酒店竞争优势。

7.2.2　定价策略

1．定价方法

本酒店将采取成本加成定价法，在保证酒店利润的基础上，采用更优惠的价格吸引客户。即

$$P=C\times(1+r)$$

其中，P 为产品价格，C 为产品成本，r 为加成率。

此方法主要在对酒店产品成本进行测算的基础上，采用一个符合市场的加成率进行产品定价。

2．定价策略

本酒店将采用满意定价策略。这种策略所定的价格比撇脂定价的价格低，而比渗透定价的价格高，是一种中间价格。这种定价策略由于能使生产者和顾客都比较满意而得名。

7.2.3　分销渠道策略

1．渠道选择

酒店营销渠道就是指酒店把产品销售给最终消费者的途径，或是说酒店产品由生产者经过中间商到达最终消费者的全部过程组合。

（1）直接销售渠道，包括消费者直接到酒店购买产品和在酒店微信官方公众号预定产品。考虑到微信的用户极为广泛，同时为增强便捷性，酒店将运营微信官方公众号，并进行企业号的认证。利用微信平台的微信小店功能，在公众号中开发订购产品的功能，展示酒店的环境和具体房间等产品服务。消费者进入公众号后，就可以浏览酒店不同房型的布局、设计以及价格。方便消费者根据自己的需要订购相应的房间。

（2）间接营销渠道，包括消费者通过去哪儿网等网上平台预订产品，消费者通过旅行社预订产品，消费者通过酒店营销代理商预订产品。酒店将通过代理商进行

酒店在全国的大范围推广，首先是在大学中发展代理商，大学生是外出旅游与酒店入住的很大群体。大学生代理商主要对其身边的大学生进行酒店宣传，介绍大学生入住酒店，也可发展大学生毕业旅行团体；在企业与中小学发展代理商，承接企业的外出旅游活动、中小学的天文科普夏令营活动等。

2. 渠道管理

（1）合作单位管理。酒店与去哪儿网、艺龙等旅行网站，以及酒店当地旅行社均有业务往来与合作，这些业务由酒店的电子商务部门负责，与合作单位进行沟通协调、签订协议。

（2）代理商管理。与代理商建立密切的经销商关系，由酒店的销售团队进行统一管理。对区域代理商以低于公司的建议市价6%的价格销售，由其制定给予二级代理商的批发价格。允许其在建议零售价上有限度的浮动余地。酒店提供部分促销费用，并为代理商提供产品知识、促销方案制定与实施等方面的培训。酒店将主要根据代理商的业绩对其进行评估，并根据评估结果进行奖励或惩罚。

7.2.4 促销策略

本公司将努力与目标市场进行有效沟通，向顾客传达自己的经营理念、品牌形象和产品资料等，并将采取以下多种促销策略。

1. 网络促销

（1）微信。一方面，酒店建设有微信公众平台，并设有专门的运营团队。微信平台除了为顾客提供产品订购的功能，另一项重要的功能是发布日常公众号文章。

通过公众号的文章发布，酒店可以达到与消费者进行日常沟通的目的，以此保证消费者对酒店的持续关注。公众号文章包括以下几类内容：情感、情怀，品牌故事，天文知识的科普，天文活动的预告，酒店房间及其他产品的介绍与宣传，酒店在节日、节气时候促销活动的发布，顾客的投稿。另一方面，酒店与影响力较大的微信公众号合作，介绍星空酒店的产品特色、科技、服务，让更多顾客了解星空酒店并对酒店产生兴趣。目前有合作意向的是旅游官方公众号、天文科普公众号、在大学生中受众较广的公众号"我要WhatYou Need""胡辛束"等，也可与酒店当地的旅游局公众号进行合作推广。

（2）微博。根据新浪微博数据中心发布的《2015年度微博用户发展报告》，截至2015年9月，微博月活跃用户数已经达到2.12亿人，较上年同期增长48%。微博的发展日新月异，已经成为许多年轻人获取信息的重要渠道。微博大V、网红的粉丝数通常都上百万甚至上千万，影响力十分广泛。

酒店可与微博的网络名人进行合作，设计运营星空酒店的微博广告营销。酒店可邀请一些微博名人入住星空酒店，为其提供免费服务（包括房间、观影以及赠送酒店原创纪念品），之后在其微博对酒店进行推广宣传，宣传的主要内容是酒店的主题房间与优质服务，借此来扩大酒店的知名度，吸引更多潜在消费者入住酒店。

（3）知乎。知乎是一个真实的网络问答社区，社区用户分享着彼此的专业知识、经验和见解。截至2015年3月，知乎总用户数已达1 700万。星空酒店专注于天文科普，在天文这个领域，知乎平台不乏专业人士与爱好者，酒店可以融入这些用户的力量，为酒店的建设添砖加瓦。

酒店可在知乎平台开设天文方面的话题，充分利用知乎的广大用户数与交流平台，引导知乎用户中的天文爱好者进行话题互动，形成话题页，最终形成风暴效应。这样一方面增加了用户与酒店的互动，增强了酒店的影响力；另一方面可以为酒店的天文科普活动提供创新点。

（4）网络活动。酒店与去哪儿网等旅游网站建立友好合作关系，并积极参与旅游网站不定时推出的促销活动中，比如节假日促销、网站周年促销、团购优惠、五折大促、节日红包活动等。通过参与网络活动，极大地增加酒店营销额与网络曝光率。

2．广告

（1）纸质广告。初期在报纸、天文杂志《天文爱好者》、旅游杂志上进行广告宣传。宣传内容有酒店简介、产品简介、酒店形象。

（2）展览会、产品推介会、交流会宣传。展览会、产品推介会、交流会给予每位竞争者公平竞争的平台，让每位竞争者在平台上都能很好地宣传自己。星空酒店拟以较大的投入参加行业内的各种展览会、产品推介会、交流会，以提高知名度。在展览会、产品推介会和交流会上，主要实现以下目标：展示产品，提高产品知名度，树立酒店形象；开发新市场，寻找新客户；了解市场动向，收集客户、竞争者信息；销售成交。

3．公共关系

（1）与客户的关系营销。采用客户满意策略，通过提供满意的产品与服务，提高客户满意度，如为客户提供免费早餐与免费球幕影厅观影机会，为老顾客提供一定的入住优惠等；另外，通过建立客户维护系统，将酒店与客户紧密联系起来，形成共同的愿景，实现双赢。

（2）与旅行社的关系营销。与酒店所在地旅行社建立合作关系，共同开发旅游线路与旅游服务，通过旅行社将星空酒店介绍给游客，为游客在旅游之外提供更多样化、科技化的服务，实现与旅行社的共赢。

4．公关促销

酒店主打星空主题与天文科普，为提高酒店公共形象，可进行有效的公关活动，比如为重大天文知识竞赛活动提供场地赞助或奖品赞助，为酒店当地的小学捐赠天文科普知识手册，在酒店当地举办的旅游小姐大赛等赛事中提供赞助服务等。这些活动一方面有利于酒店的宣传推广，另一方面有利于树立酒店良好的公众形象。本酒店将利用各种手段同顾客、竞争者、社区民众、政府机构人员、新闻媒体工作者等各方面的公众沟通思想感情，建立良好的社会形象，营造良好的营销环境。

8　竞争策略

8.1　竞争对手分析

竞争对手分析可见 6.5.1 行业内现有竞争者分析。

8.2　竞争策略的选择

星空酒店将综合采用成本领先竞争

策略和差异化竞争策略，以便获取更多顾客的认可。为了配合这些策略，酒店将提供技术、资源、组织管理上的支持，以实现顾客的认同感，从而在竞争中取胜，如表2-9所示。

表 2-9　竞争策略

竞争策略	技术和资源优势支持	组织管理支持
成本领先	1.融资良好，控制资本良性循环 2.进行严格的人力监督 3.产品设计为酒店专有，拥有技术壁垒 4.与天文机构合作，引入优质技术	1.严格控制人工成本 2.建立酒店员工服务标准，设立奖惩制度 3.要求经常发布详细的控制报告 4.组织结构严密，权责分明
差异化	1.传统酒店服务与星空科普结合，差异化层次提升 2.人性化的优质服务 3.市场营销能力强	1.各部门职能协调一致 2.综合主客观衡量，配合激励体制应用 3.营造良好的人才环境，建立完善的人力资源体系

（1）质量策略——以品牌保证质量。坚持"提供优质的酒店服务"的策略原则。扩大服务类型，提高服务质量，向消费者提供更多的"附加值"。

（2）引导策略——以科普引导市场。利用天文科普机构和旅游机构进行天文科普的宣传推广，提高消费者对星空酒店的了解与兴趣，借此引导消费者对天文科普的需求。

（3）经营策略——以营销扩大市场。在初期的发展中，市场营销将作为星空酒店的核心业务。考虑到企业的资源与能力不够强大、市场知名度不够广泛等因素，总体上将采取稳步推进的经营策略，集中资源做目标集中的业务，分散风险，降低固定成本的投入。通过和天文机构、旅行社的广泛合作，努力提升服务质量，降低服务成本，不断扩大市场占有率，尽快收回投资。

（4）宣传策略——以网络宣传品牌。选择目标客户群常用的传媒方式，刊登或传播本公司的创意广告。广告要体现酒店产品的特色，风格上要适合目标客户群的审美标准，以宣传酒店的星空主题为主，从而引起消费者的好奇心与购买欲。

（5）服务策略——以真诚打动客户。建立酒店的员工服务标准，注重服务细节，做到服务全面与服务到位。确保每位顾客的相应需求得到具体的回应，以热心细致的服务态度，努力为顾客打造愉快的住宿氛围。

8.3　竞争风险与防范

竞争风险与防范策略如表2-10所示。

表 2-10　竞争风险与防范策略

风险类型	可能性分析	防范策略
淡旺季差异	公司选址大都位于热门旅游城市市区，这就不可避免地存在旅游淡旺季差异。为了实现企业盈利最大化，应当在不同季节制订不同的酒店价格来应对淡旺季差异	以海南三亚为例，冬季为其旅游旺季，客流量大，客房需求多，因此可以适当提升价格来实现更多盈利；因气候问题，夏季为三亚旅游淡季，这时可以降低价格，通过价格优势加之自身特色优势吸引顾客前来入住

（续）

风险类型	可能性分析	防范策略
潜在进入者的威胁	市场调查显示，星空酒店市场空白，本公司首创性提出此概念。公司第一期建立在赤峰市，投资回收期短，收益可观。这样有可能吸引其他酒店转型或个体模仿	公司为首家提出星空科普概念的酒店，并且具有一期的经验与基础，拥有天文爱好者协会、北京天文台支持等独特优势，而且进入市场早，抢占了市场先机，形成了一定的品牌效应，并拥有一定的技术支持壁垒。此外，公司将不断创新，改进自身产品及服务，使其无法或很难被复制
市场已有酒店的威胁	星空酒店以星空为主题，除提供舒适的入住环境之外，还通过星空观测、球幕影厅等趣味性活动来进行天文科普，这是一般酒店无法代替的。但是旅游热点城市具有众多已有酒店，且这些酒店已具有自身的口碑和顾客群体，本项目进入新市场具备挑战性	公司将会开展"星空+"当地特色的模式，使得产品与服务独具特色，与较为单调的传统酒店有很大区别，更易吸引年轻人。此外，公司将会同去哪儿、携程等旅游网站合作，并且通过广告推广，迅速打开市场，提高自身知名度，最终实现建立自身的品牌效应

9　运营与管理

9.1　公司运营

9.1.1　公司组织结构

公司组织结构如图 2-6 所示。

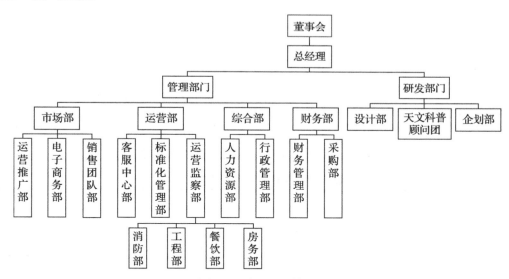

图 2-6　公司组织结构

9.1.2　公司核心管理层职责介绍

按照公司组织结构，公司核心管理层主要职责如下所示。

总经理，负责企业的"宏观调控"，把握企业的整体发展方向。主要工作内容包括确定企业创业的总体进度；规划企业资本结构；分析和评估创业风险；制定企业发展战略、计划；控制企业的营运成本；协调和管理下属部门的工作；承担部分公关职责，代表公司出席活动，树立本公司产品品牌的知名度。

运营总监，负责市场、财务、生产与研发以外的综合工作。主要工作内容包括确定企业创业的总体进度；规划企业资本结构；分析和评估创业风险；制定企业发展战略、计划；控制企业的运营成本；协调与管理下属部门（消防部、工程部、餐饮部、房务部、客服中心）的工作；制定各部门要求，提升酒店服务质量；制定后期酒店加盟装修方案与施工计划，负责后期酒店施工建设工作。

市场总监，负责企业市场方面的综合工作。主要工作内容包括根据企业经营目标与总体进度安排，确定企业销售计划及市场策略；对外的公共关系、宣传工作，制订年度公关活动计划与提出预算方案，批准后执行；负责市场调研，客户群体开发等工作；发展用户沟通渠道，收集整理市场反馈信息等。

财务总监，负责企业财务的综合工作。主要工作内容包括根据企业资本结构和总体进度安排，确定与预测企业的财务计划，制定融资方案与回避风险方案；选择符合规定且有利的会计方法编制企业凭证、账簿和财务报表；协同总经理和综合部总监制定企业制度；负责酒店日常活动所需器材，如天文望远镜等的采购等。

设计总监，负责酒店内部结构设计。主要工作内容包括主题酒店的"星空+"主题科普，酒店内部房间装饰、结构优化、灯光布置的设计等工作。

综合部经理，负责酒店日常行政工作。主要工作内容包括人员招聘、绩效评估、培训、员工薪酬和福利等；负责酒店的知识产权战略规划及实施。

企划部经理，负责酒店的活动企划工作。主要工作内容包括组织开展天文科普知识讲座、星座神话故事会、星空摄影、天文望远镜之家、星空婚礼等活动；新服务开发；根据星空主题科普结合当地特色及相应节假日、旅游的热点进行活动策划。

9.2　人员配置与成本

管理层、基层员工配置及成本预算如表 2-11 和表 2-12 所示。

表 2-11　管理层配置及成本预算

工作岗位	预计人数	应聘要求	工作简介	月薪金（元/人）	年总薪金（元）
总经理	1	本科及以上学历；五年以上管理经验，具有极强的企业责任心	制定公司经营目标和发展规划；管理与协调整体工作；出席活动	××	××
市场部经理	1	本科及以上学历；三年以上市场调研规划经验，组织能力强	负责运营推广、服务及客户群体开发等工作；组织和宣传公关及天文活动	××	××
运营部经理	1	本科及以上学历；沟通协调能力强；三年以上运营管理经验	负责酒店消防、房务、餐饮等运营工作；制订下属部门计划与酒店建设工作等	××	××
综合部经理	1	本科及以上学历；三年以上行政和人力资源管理经验	负责人事、日常行政工作；负责酒店后勤保障与知识产权工作的规划和实施	××	××

（续）

工作岗位	预计人数	应聘要求	工作简介	月薪金（元/人）	年总薪金（元）
财务部经理	1	本科及以上学历；中级会计师职称以上；三年以上财务工作经验	负责日常财务规划和管理，统计财务数据，进行财务分析；负责酒店物资管理	××	××
设计部经理	1	本科及以上学历；三年以上酒店设计类与设计部管理经验，有较强的创新能力和设计洞察力	负责整体规划，酒店的装修方案和设计研发；负责科普技术革新与新产品开发；制定酒店经营目标和计划	××	××
顾问团	2	研究生及以上学历；天文知识丰富或酒店运营能力强；三年以上顾问工作经验	负责技术指导、行业知识、法律保护等咨询工作；负责辅助酒店相关天文活动的开展	××	××
企划部经理	1	本科及以上学历；五年以上酒店策划经验，有较强的创新、应变和市场分析能力，以及敏锐的市场洞察力	负责酒店企划、整体营销策划、平面制作、宣传推广；建立与发展酒店的企业文化、产品文化、市场文化；负责连锁加盟体系的建立等	××	××
总计	9			××	××

表 2-12　基层员工配置及成本预算

部门	职位	人数	相关职务及工作简介		月薪金（元/人）	年总薪金（元）
			相关职务	工作简介		
市场部	技术员工	1	营销人员	负责执行多种电子销售策略，实现网络化运营与推广	××	××
运营部	高级员工	8	前台（4）厨师长（2）维修员（2）	前台：负责顾客入住、离店、咨询等业务办理厨师长：负责餐饮的烹饪与菜品创新维修员：负责酒店水电、智能家居、球幕等维修工作	××	××
	普通员工	12	保洁员（8）传菜员（2）安保员（2）	保洁员：负责打扫客房卫生，更换客房用品，及时报修分管区域内的公共用品质量与损坏情况等传菜员：负责餐厅早餐的叫号，传递菜品，打扫餐厅卫生等工作安保员：确保酒店的财产安全，维护酒店公共秩序，指引车辆等工作	××	××
综合部	主办文案	1	文员	负责编写招聘信息与行政管理计划等综合文件	××	××
财务部	采购人员	1	物资采购保管员	负责酒店餐饮物资、日用品的采购、保管和清点工作	××	××
	会计人员	2	会计（1）出纳（1）	会计：负责酒店财产物资、采购申请等审核与管理，编制财务报表等工作出纳：负责编制出纳报告单，保管银行收付印章、保险柜钥匙及账单等工作	××	××

（续）

部门	职位	人数	相关职务及工作简介		月薪金（元／人）	年总薪金（元）
			相关职务	工作简介		
设计部	设计人员	1	设计及美工人员	负责结合当地特点设计酒店装饰，如家居摆设等	××	××
企划部	主办文案	1	企划文员	负责整体营销策划，连锁经营企划与文化宣传推广等工作	××	××
总计		27			××	××

10 财务规划

10.1 投资估算与资金筹措

10.1.1 投资估算依据与金额

目前，星空酒店正在筹集第二期项目建设投资，其投资估算范围包括：固定资产投资估算（主要包括生产项目、辅助生产项目、公用工程项目、服务性工程、配套费用、其他费用），铺底流动资金、总投资以及报批投资的估算。

1. 投资估算依据

（1）国家发展和改革委员会、建设部发布的《建设项目经济评价方法与参数（第三版）》（以下简称《方法与参数》）。

（2）《投资项目可行性研究指南》。

（3）根据酒店投资建设项目工程，设计各专业部门提供的设计图纸与相关资料，以及项目承办单位提供的有关投资估算的资料等。

（4）现行投资估算的有关规定及标准和非标准设备询价书。

（5）项目建设单位提供的有关基础数据资料。

（6）酒店投资建设项目投资定额及规定。①国家发展计划委员会（现为国家发展和改革委员会）、建设部发布的《工程勘察设计收费管理规定》。②土建工程依据《建筑工程概算定额标准》进行测算。③安装工程主要材料价格执行《设备制造行业安装工程主要材料费用指南》，不足部分参照国内现行市场价格体系数据进行计算。④国家、部委、省、市等其他有关规定。

（7）投资费用的计取。①建筑工程费用估算依据《全国统一建筑工程基础定额》标准，并根据建构筑物的结构特点（形式）以单方造价估算，同时，参照本地同类建筑工程进行系数调整。②安装工程材料在定额基础上，结合当地市场现价进行调整。③主要设备价格参照生产厂家询价，不足部分参照《中国机电产品出厂价格目录》，并按规定计取运杂费。

（8）其他费用的计取。①建设单位管理费依据《工程建设费用定额管理办法》计列。②生产准备费用包括提前进厂费和培训费。③项目开办费按工程建设投资（固定资产投资）和项目总投资规模确定。④项目不可预见费按规定计取。⑤项目基本预备费按规定计取。⑥项目建设材料涨价预备费按规定计取。

2．投资估算金额

星空酒店项目按照投资项目分为固定资产投资和流动资产投资，酒店投资建设项目估算投资总额为 3 704 万元，其中 2017 年海洋及高原星空主题科普酒店自有资金 500 万元，风险投资 620 万元；2018 年民族文化星空主题科普酒店自有资金 308 万元，众筹 224 万元，商业信用融资 132 万元；2020 年沙漠星空主题科普酒店自有资金 1 620 万元，众筹 350 万元。

星空酒店项目按照投资区域分为租用房子进行酒店房间装修及自建酒店装修。其中，房间装修及设备购置费用 606.45 万元，公共区域装修费用 45 万元，预备费用 22.5 万元，租金费用 579 万元。

10.1.2　资金筹措

星空酒店公司自有资本 500 万元，计划拟吸引风险投资 620 万元，商业信用融资 132 万元，众筹 224 万元。

10.2　经济评价

10.2.1　经济评价的依据和范围

星空酒店投资项目经济效益的评价方法主要是根据国家发展和改革委员会、建设部《方法与参数》以及现行的财税制度和行业有关规定。采用现行市场价格并结合了星空酒店投资项目的具体情况，对项目的投入与产出进行科学、合理的财务评价和不确定性分析。

10.2.2　基础数据与参数的选取

（1）根据《方法与参数》，以及国家产业政策、市场需求及资金时间价值等因素确定基础数据与参数的选取；所得税及税后财务基准收益率分别确定为 12% 和 10%；项目资金税后财务收益率为 13%。

（2）根据《方法与参数》确定项目资产负债率合理区间为 40% ～ 60%。

（3）计算期。星空酒店投资项目计划建设期为 3 个月，项目计算期为 5 年，正常年份系指项目经营期，项目第一年的生产能力即可达到设计能力的 100%。

（4）星空酒店投资项目税金及附加，包括增值税、城市建设维护税和教育费附加。增值税率为 5%，城市建设维护税率按增值税的 7%、教育费附加按增值税的 3% 分别计算。

（5）星空酒店投资项目所得税按应纳税所得额的 25% 计算，法定盈余公积金按净利润的 10% 计取。

10.2.3　财务效益与费用估算

（1）销售收入估算。根据财务评价的计价原则，结合本行业该产品目前市场平均销售价格，国内外现状及未来发展预测，按买方提供的现行市场价作为基期价格。项目建成达产后，按上述确定的销售价格计算，正常年份预计每年可实现销售收入 4 000 万元。具体销售收入表格省略。

（2）总成本费用估算。星空酒店投资项目产品生产成本费用构成包括外购原材料及辅助材料费、外购燃料及动力费、工资及福利费、折旧费、管理费用、销售费用。星空酒店投资项目的主导产品是星空酒店系列产品，又可分为多种类型、多种规格，为此，测算星空酒店投资项目的年总成本是指各类产品的综合总成本。具体总成本费用估算表省略。

10.2.4 现金流量与投资分析

1. 现金流量估算

根据销售收入、经营成本、增值税金及附加、所得税等估算，可以得到星空酒店项目的现金流量表。具体现金流量表省略。

2. 投资分析

星空酒店建设项目从财务内部收益率、财务净现值、投资回收期三个方面进行投资分析。

（1）财务内部收益率（FIRR）。按照《方法与参数》的规定，财务内部收益率是指项目计算期内，净现金流量现值累计等于零时的折现率。根据现金流量表计算得FIRR=75%，其内部收益率远高于行业平均水平。

（2）财务净现值（FNPV）与净现值率。按照《方法与参数》的规定，财务净现值是指项目按设定的折现率（采用基准收益率 ic=10%），计算项目计算期内各年现金流量的现值之和。根据现金流量表计算，$FNPV$=44 146 518 元，财务净现值率为 96.6%，项目投资可行。

（3）投资回收期（P_t）。投资回收期为收回全部投资的时间，根据现金流量表估算星空酒店的投资回收期 P_t=2.25 年。与酒店行业平均数据 3～5 年回收期相比较，星空酒店投资项目回收时间较短，能较快回收投资。

10.2.5 资产负债表与盈利能力分析

根据损益表、现金流量表等估算星空酒店项目的资产负债表，资产负债表省略。

根据估算的损益表，可以计算星空酒店的盈利能力。盈利能力主要从销售盈利情况和资产盈利情况两方面分析，其中销售盈利情况主要从销售毛利率和销售净利率中进行分析，资产盈利情况主要从总资产报酬率和净资产报酬率中进行分析。

1. 销售盈利情况

（1）销售毛利率。根据销售毛利率的计算公式和损益表的数据，可以得出 5 年内销售毛利率的均值为 66.59%，销售毛利率处于较高水平。

$$销售毛利率 = \frac{销售收入 - 销售成本}{销售收入} \times 100\%$$

（2）销售净利率。根据销售净利率的计算公式和损益表的数据，可以得出 5 年内销售净利率的均值为 48.90%，销售净利率也处于较高水平。

$$销售净利率 = \frac{净利润}{销售收入} \times 100\%$$

根据销售获利可知，销售毛利率 66.59%，与酒店行业平均 50% 的毛利率水平相对持平，即每实现 1 元收入可创造 0.665 9 元的营业利润；销售净利率 48.90%，在目前酒店行业销售净利率普遍低于 10% 的情况下，销售净利率能够达到较高水平，说明星空酒店项目每收入 1 元即可创造 0.489 元的净利润，也说明了公司的费用控制较好。综上可知，星空酒店项目销售获利高于行业平均水平。

2. 资产盈利情况

（1）总资产报酬率。根据总资产报酬率的计算公式和损益表的数据，可以得出 5 年内总资产报酬率的均值为 22.94%。

$$总资产报酬率 = \frac{利润总额}{平均总资产} \times 100\%$$

（2）净资产报酬率。根据净资产报酬

率的计算公式和损益表的数据，可以得出5年内净资产报酬率的均值为17.24%。

$$净资产报酬率 = \frac{净利润}{平均净资产 \times 100\%}$$

根据资产盈利情况可知，净资产报酬率的均值为17.24%，即所有者每投入1元即可获得0.172 4元的净利润。与目前酒店行业面临低盈利甚至是亏损的局面相比，星空酒店项目盈利能力较强。

10.3 融资计划

根据星空酒店目前的实际运营情况与合理的市场调研，为了更加有效地进行公司经营和连锁式扩张，公司将分阶段执行股本资本和负债资本相结合的融资方案。

第一阶段：2017年。根据战略发展目标，2017年拟在海南、拉萨筹备两家连锁分店。基于海南、拉萨主题酒店市场需求和成本估算，第一阶段融资计划需实现融资1 120万元，其中，自有资金500万元，风险投资620万元。其中，将出让给风险投资12%的酒店股份（见表2-13）。

表2-13 第一阶段股本结构

入股形式	融资计划					
	创业团队		技术团队		风险投资	合计
	资金入股	团队入股	资金入股	技术入股	资金入股	
金额（万元）	500				620	1 120
比例（%）	74	6		8	12	100

第二阶段：2018年。根据战略发展目标，2018年拟在云南筹备一家连锁分店。根据云南主题酒店市场需求和成本估算，第二阶段融资计划需要实现融资664万元。酒店筹建过程中，利用赤峰市总店和第一期海南、拉萨两家分店的现金流，确保前期正常运营所需资金，第二期投入自有资金308万元，众筹资金224万元，商业信用融资132万元。

众筹最低支持额度为每人次1万元，不给予支持者股份。按照众筹支持金额，酒店提供支持者15晚全国连锁星空酒店提前预约、免费入住机会，终身有效，并成为酒店黄金会员，享受入住会员折扣。

在第二阶段酒店的开发建设中，采取垫资方式进行商业信用融资：选择唯一指定酒店用品供应商，建立长期合作关系，通过延期付款的商业信用进行融资；选择国内知名酒店预定平台，采用收取预定担保金和预付款的方式，通过预收货款进行融资。

第三阶段：2020年。根据战略发展目标，2020年拟在宁夏中卫自行建立一家连锁分店，酒店建设造价1 970万元。在前期赤峰市总店和3家分店稳定经营的前提下，2020年前从四家酒店净盈利中抽出1 570万投入第三阶段酒店建设，并且将利用众筹方式筹款350万元，最低众筹支持额度为每人次1万元。同样，众筹按照支持金额，不给予支持者股份，酒店提供支持者15晚全国连锁星空酒店提前预约、免费入住机会，终身有效，并成为酒店黄金会员，享受入住会员折扣。

11　风险控制与资本退出

11.1　风险分析与规避策略

酒店项目投资额较大，资金回收期较长，风险较大，在项目立项到运营的过程中，会受到各种不确定因素的影响，并存在以下多种风险。

1. 政策风险及规避策略

政策风险：第一，国家和地方政府对产业政策和地区政策做出的调整将对公司产生重大影响。第二，优惠政策对公司以后的发展将产生重大影响。

规避策略：第一，在国家各项经济政策和产业政策的指导下，加强对宏观经济政策和市场变化趋势的研究，合理调整公司发展目标和经营发展战略。聘请相关专家作为公司战略发展顾问，对公司发展进行指导和建议。第二，不断对国家宏观政策进行分析与研究，并进行合理预测，把握市场主动权，使产业政策变化导致的风险降至最低。第三，合理利用国家税收政策对西部发展的优惠与支持，但不依赖税收优惠政策作为获利的主要保障。随着公司逐渐发展，在初具规模与经营实力后，抗风险能力将会得到很大提升。

2. 市场风险及规避策略

市场风险：第一，市场需求的不确定性。星空酒店优势在于其主题新颖，市场上几乎没有该主题酒店，因此，此类酒店是否与市场需求相匹配是不确定的。第二，市场竞争力的不确定。近年来，众多房地产商已经纷纷抢滩酒店市场，预计未来的五年中，市场供给仍将不断增加。竞争对手的日益增多，不免会抢占市场份额，引起客源的流失。

规避策略：第一，加强市场调研，把控市场动态需求。对酒店主要的目标群体进行深入调研，了解客户对酒店的需求和期望值。在坚持设计主题理念的基础上，努力适应市场需求的变化从而不断增添新的产品与服务，充实主题内涵，实现主题扩展化。第二，清晰项目定位，突出竞争优势。星空酒店由于主题新颖，可在众多星级酒店中脱颖而出。通过推出极具竞争力的产品以达到特色差异化，给旅客带来实至名归、不虚此行的认同感和满意度。同时打造主题品牌效应，扩大酒店的知名度和影响力。

3. 营销风险及规避策略

营销风险：现有主题酒店在营销上方法简单，无法最大限度吸引客源，造成客房大量闲置，星空酒店能否通过新颖的营销手段，在短时间内被消费者接受，在市场中迅速扩张从而占据市场份额显得尤为重要。

规避策略：扩宽营销渠道，拓展目标客户。酒店计划在原有营销手段的基础上，扩展营销渠道。比如与当地的旅行社、附近学校合作，开展特色的天文旅游线路。充分利用网络平台，开展微信营销等策略，吸引更多类型客户。

4. 财务风险及规避策略

财务风险：筹资风险是酒店未来五年发展中将面对的核心问题。随着酒店后续发展，经营规模不断扩大，对资金的需求将逐渐增加，及时获得后续资金支持，对于酒店的健康发展尤为重要。

规避策略：第一，分阶段发展策略。酒店项目将采取分阶段筹建的发展思路，第一阶段创始人创建了内蒙古赤峰星空酒店，资金需求并不高，全部来源于创业者自筹。目前，该酒店已实现盈利。后续准备建立的两家星空酒店，从财务数据估算，需要筹资约 1 120 万元，其中 500 万元来源于自有资金，另外 620 万元来源于风险投资。第二，加强财务管理，建立财务评价体系与财务预测机制，提前安排融资计划，规避发展中的财务风险。

5. 管理风险及规避策略

管理风险：因公司成立时间不长，管理人员缺乏经验，业务方面准确度和熟练程度也有待提高。公司架构还需要随着企业发展与目标市场的扩大继续改进和完善。

规避策略：第一，建立科学管理体系。公司需要在长期的经营实践中，不断学习成功企业的有益经验，建立完善的管理制度。第二，提高公司员工素质。计划外聘优秀的专业运营管理人才加入运营团队，每年都举办相关的培训课程，提升公司员工的整体素质。第三，完善公司组织结构。逐渐将资产和经营管理两者分离，保证公司健康成长。

11.2 风险资本退出

在项目运营的第三阶段，"五年计划"完全实现后，公司将新建四家连锁星空酒店，预计每家酒店净利润可达 283 万元，2.25 年收回成本，第三年实现盈利，在第五年公司可达到创业板上市条件，如表 2-14 所示。

股权回购以及其他企业购买的方式。如果在计划期内不能达到上市要求，或是因为一些意外原因没有实现公开上市，公司计划采取股权回购与寻找资产管理公司购买相结合的方式让风险投资退出。

表 2-14　创业板上市满足条件

条件	创业板上市要求	星空酒店
主体资格	依法设立且持续经营 3 年以上的股份有限公司	符合标准
盈利要求	最近两年连续盈利，净利润累计不少于 1 000 万元，且持续增长；或者最近一年盈利，且净利润不少于 500 万元，最近一年营业收入不少于 5 000 万元，最近两年营业收入增长率均不低于 30%。净利润以扣除非经常性损益前后孰低者为计算依据	"五年计划"的最后两年净利润累计将达到 3 000 万元，远超过 1 500 万元
资产要求	最近一期期末净资产不少于 2 000 万元，且不存在未弥补亏损	五年后，净资产将达到 3 000 万元，符合标准

12　附录（具体内容略）

附录包括以下具体内容：

（1）宁夏中卫星空科普酒店造价估算表。

（2）星空主题科普酒店公司总章程。

（3）酒店行为准则及员工行为准则。

（4）星空主题科普酒店加盟策划。

（5）相关营业证明。

创业项目三

孟子居

从大学生到扶助贫困创业者

创始人 杨国庆

杨国庆，男，1995年出生，北京科技大学经济管理学院2014级工程管理专业本科生、2018级金融工程硕士研究生，孟子居生态零食创始人，山东孟子居生态农业股份有限公司总经理、延安"青年红色筑梦联盟"副理事长、北京一棵小树农业科技发展有限公司CEO。曾受邀参加中央电视台《深化改革，大学生创业》访谈节目，参加《天下邹城人》专题节。杨国庆创业五年，获得中国大学生年度人物候选人、北京市优秀毕业生、山东省"乡村好青年"、济宁市青年五四奖章、济宁市青年创业先锋、邹城市五四优秀青年、秦安县脱贫攻坚青年标兵、北京科技大学"青年五四奖章"等荣誉。现任北京科技大学顺德研究生院辅导员。

孟子居的大学生电商扶贫

　　山东孟子居生态农业有限公司成立于 2014 年 8 月，依托该公司，孟子居团队在早期就提出了农产品网络营销模式，通过"学生社团、学生自媒体、校园零食销售平台和校园快递"四维营销模式，为广大在校大学生提供健康、生态、安全的休闲零食。之后，孟子居团队不断升级调整模式，顺势而为，在全国高校中较早地探索出了大学生电商扶贫模式——建立可持续的农产品电商扶贫运营模式，在经济与知识双方面帮扶贫困地区的农户。目前，团队已经成功举办过"孟子居生态零食杯"校园营销大赛、"129 苹果树之恋"果树认购、秦安公益营销大赛等活动，获得非常热烈的反响。6 年来，孟子居团队累计组织 40 多个实践团共 500 多名同学前往我国 20 多个省份，调研了 35 个贫困县和数百户贫困户。孟子居团队与多个贫困县和实践基地建立了良好的合作关系，连续 6 年前往孟子故里邹城、6 次前往秦安、7 次前往延安，策划了"孟子居生态零食""秦安公益营销大赛""五枣俩核桃公益扶贫计划""延安梁家河果树 DIY 计划""简茶官""孟子居花生博士工作站"等一系列农产品实体策划案，直接帮助上百户贫困农户，间接帮助 300 余户贫困户解决就业脱贫问题，销售农产品400 余万元。

　　孟子居创业团队已经入选国家级 SRTP 创新创业项目、北京市大学生优秀创业团队，获得过 30 余项校级、省部级奖项。2017 年，孟子居创业团队作为执笔人之一给习近平总书记写信，并收到了习近平总书记的回信，团队负责人被中央电视台《新闻联播》、人民日报等数十家媒体采访报道。

　　孟子居团队致力于深入挖掘全国贫困县农产品，深入农村做翔实的产品调研，以商业化模式帮助当地农民增收，以大学生的视野帮助农民增强电商意识，为我国实现2020 年全面建成小康社会贡献了自己的一份微薄力量。

孟子居依托电商践行脱贫攻坚

　　孟子居创业项目既有鲜明的公益价值——脱贫攻坚，也有独特的商业化运作模式——电商模式，二者相辅相成，让团队既成为"公益心态，商业手段"的践行典范，又成为"青年红色筑梦之旅"电商扶贫的开辟者。从社会实践到校园营销大赛，最后通过电商扶贫，孟子居项目不仅将自己家乡的农产品转化为"生态零食"，更成功地帮助全国多个地区贫困户脱贫。

　　随着中共十九大的胜利召开，习近平总书记再次把扶贫工作提升到新的战略高度，并对扶贫攻坚提出了新思想、新目标和新征程。十九大报告中指出，要重点攻克深度贫困地区脱贫任务，确保到 2020 年我国现行标准下农村贫困人口实现脱贫。同时，习近平总书记也提到，精准扶贫要同扶志、扶智相结合。精准扶贫是粗放扶贫的对称，是指针对不同贫困区域环境、不同贫困农户状况，运用科学有效程序对扶贫对象实施精确识别、精确帮扶、精确管理的治贫方式。

在甘肃秦安的社会实践中，杨国庆看到了秦安果农辛勤的劳作，每天凌晨四点起来摘果子。杨国庆问果农："卖不掉怎么办？"大爷大妈回答说："卖得掉就卖掉，卖不掉就撂掉，没办法啊。"看着大爷大妈全是茧子的双手和满脸无奈的表情，杨国庆思绪万千，想着自己能不能为果农们实实在在地做点事情。回到学校后，杨国庆就马不停蹄地开始帮助果农们策划销售农产品，提出了认购苹果树的想法，从此，孟子居电商扶贫的模式越来越清晰。

该项目对于贫困地区农民具有扶贫、扶智的重要价值。孟子居项目的营销模式减少中间环节，苹果直接从农户到消费者手中，将中间环节的获利让给果农，提前支付果农前期费用，解决果农前期投入，减轻贫困户经济上的负担。孟子居团队的设计部、电商营销部、产品策划部等部门分别给贫困农民传授电商专业必备知识与技术，帮助150余户贫困农民学会简单的电子商务信息操作。使得身处贫困地区的农民有机会接触到新的知识和销售模式。公益团队每到一个贫困地区就开始挨家挨户走访，教授电商技术。带着"孟子居永远与您真诚相伴"的理念与农民交谈，让他们逐渐放下戒备心。有了新的商业意识，才能不断减少贫困人口，缩减社会贫富差距，孟子居项目也就具备了更大的社会意义。

孟子居项目也为高校大学生们提供了一种实践教育模式。一是该教育模式激发了学生责任感。当代大学生以独生子女居多，时常以自我为中心，深入贫困地区，让大学生有机会了解社会现状，体验农村生活，感受贫困带来的冲击，激发社会责任感。二是培养感恩之心。大学生的生活环境和学习环境都较为安稳，学生时常会认为这是理所应当的。当公益扶贫项目进入学生的世界，学生们会意识到舒适的生活来之不易，开始学会感恩，感恩教育条件，感恩舒适生活，最重要的是将会带着感恩之心报答社会。三是充实业余时间。大学生可以在业余时间把对公益事业的激情挥洒得淋漓尽致。四是提供学习机会。大学生由于学业繁忙无法接触社会，公益扶贫活动让学生走进社会，在活动中增强学生的组织能力、交流能力和合作能力，这些都是大学生在书本中无法学习到的东西。

孟子居团队在创新创业大赛上所取得的荣誉

孟子居创业团队自成立以来参加许多外展和路演，在校园中成功举办了多届营销大赛，获得过30多项国家级、省部级奖项。此外，孟子居团队还接受过中央电视台《新闻联播》、人民日报等数十家媒体的采访报道，获得过时任国务院副总理刘延东、时任教育部部长陈宝生的亲切接见。

2015年第十七届北京科技大学"摇篮杯"大学生创新创业竞赛学术科技作品竞赛一等奖。

2016～2019年多次入选国家级SRTP项目。

2016 年中国"互联网＋"大学生创新创业大赛（北京赛区）二等奖。

2016 年"创青春"首都大学生创业大赛铜奖。

2016 年"挑战杯"全国大学生课外学术科技作品竞赛北京市铜奖。

2018 年"挑战杯"全国大学生课外学术科技作品竞赛北京市铜奖。

2018 年第四届中国"互联网＋"大学生创新创业大赛总决赛全国铜奖、北京市一等奖。

2020 年第十二届"挑战杯"中国大学生创业计划竞赛总决赛全国铜奖。

2020 年第六届中国国际"互联网＋"大学生创新创业大赛总决赛全国银奖。

孟子居的"创意—创新—创业"三步走

孟子居发展的关键节点

孟子居项目的发展历程与时代发展紧密结合，顺势而为、顺时而为，在不断选择中调整自己的发展计划。在早期，孟子居项目作为农产品电商在校园中进行推广；中期项目抓住了扶贫的社会需求，走出校园，成功转型；2017 年作为第一批参与"青年红色筑梦之旅"的实践团队，整合多方资源不断发展壮大，如今迈入了农业科技的新阶段。

1. 孟子居生态零食创立

2014 年 8 月，成立山东孟子居生态农业有限公司。

2014 年 9 ～ 11 月，寻找校园坚果类市场，组建孟子居团队，探索商业模式。

2015 年 3 月，孟子居创业团队成立。

2015 年 4 ～ 5 月，项目研讨和发展规划设计。

2015 年 6 月，准备组建社会实践考察团。

2015 年 8 ～ 9 月，组建社会实践团队，前往北京、山东、安徽调研。

2015 年 10 月，成果汇总，设计包装。

2015 年 11 月，孟子居第一代"生态零食"面世。

2015 年 12 月，探索互联网销售模式。

2015 年 12 月～ 2016 年 1 月，完善生产—配送—销售系统。

2016 年 1 ～ 3 月，策划大学生年货销售。

2016 年 3 月，与北京科技大学经济管理学院合作冠名校园营销大赛，总销售额达 10 万余元。

2016 年 5 月，获得北京科技大学经管创业实践营基金支持。

2. 孟子居电商扶贫模式转型公益

2016 年 7 ～ 8 月，组建 3 个社会实践团队，前往甘肃、河南、浙江、山东等地调研，完善团队管理及运营、产品设计与营销计划。组建"北京科技大学甘肃省秦安县农产品电商扶贫实践团"，前往秦安进行社会实践。

2016 年 12 月，发起助力甘肃省秦安县的"北科大·秦安精准扶贫 129 公益接力计划""苹果树之恋"活动，动员 129 个学生团支部认领甘肃省秦安县 8 户贫困农户的 129 棵苹果树。

2017 年 3 ~ 5 月，组织"秦安·华园果业杯"校园公益营销大赛，累计销售果树 950 余棵，销售额 20 余万元。

2017 年暑假，组织了 8 个实践团共 100 余人前往陕西延安、河南鲁山等地进行社会实践，向贫困地区农民传授电商知识，与贫困地区企业一起就电子商务销售发展出谋划策。

3. "青年红色筑梦之旅"开辟新的发展道路

2017 年 4 月和 7 月，孟子居项目在革命圣地延安参加了教育部主办的"青年红色筑梦之旅"活动。杨国庆作为执笔人之一给习近平总书记写信汇报了在延安的学习心得，并且很荣幸地收到了习近平总书记的回信。

2018 年寒假，与共青团延安市委签署"定向帮扶延安市贫困户销售农特产品战略协议"。

4. 农业科技的未来发展之路

2018 年 5 月成立北京一棵小树农业科技发展有限公司，开启农业科技研发的未来之路。与北京科技大学、北京林业大学、中国农业大学等高校联合研发农用新型技术，目前已研发出花生分级筛选机、多功能花生摘果机、青皮核桃脱皮机、红枣去核装置和花生脱壳机提料装置，以提高农业生产效率，增加收益。

2018 年，孟子居创业团队组建北京科技大学 10 个社会实践团前往全国各地进行社会实践。

2019 年，孟子居创业团队在北京科技大学组建 6 个社会实践团前往全国各地进行为期两周的社会实践，以农产品电商扶贫为主题，涵盖科技支农、教育等领域。

2020 年，孟子居创业团队在北京科技大学组建 17 个社会实践团前往全国各地进行为期两周的社会实践，在全国范围内开展暑期社会实践活动，活动地点包括陕西延安、甘肃秦安、福建霞浦、山东邹城、北京平谷等一批与孟子居创业团队签约的单位。实践持续两周，团队成员通过抖音直播、下乡调研、程序开发、下乡支教等各种方式开展实践活动。

家国情怀与坚韧不拔的精神促进了公司成立

杨国庆出生在山东省邹城市城前镇城前村，从小的农村生活经历让他对农村有着非常深厚的感情，也让他对农产品的生产和销售产生了极大的兴趣。由于目睹了山东的广大山区农民面临农产品质量好却销售困难的状况，杨国庆立志一定要想方设法帮助乡亲们销售农产品。高中毕业后，杨国庆建立了山东孟子居生态农业有限公司，开始了农产品销售和推广之路。2014 年 7 月，杨国庆仿照纪录片《舌尖上的中国》拍摄了家乡美食纪录片《舌尖上的邹城》，在邹城当地转发量破万，引发了强烈的反响。高中的实践经历，让杨国庆感受到社会是一本多姿多彩的大书，而宣传推广是展现自我的最好工具。

2014 年 9 月，杨国庆以优异的成绩考入北京科技大学。走进大学的杨国庆发现身边的同学都有吃零食的习惯，他在小小的零食里发现了商机。"以前我们吃零食都是嗑瓜子吃花生之类，上大学之后发现大家吃的零食花样非常多，如巧克力、薯条、坚果等。恰好我的家乡就是做坚果的，就想着能不能把家乡的农产品和大学生的零食对接起来。"杨国庆山东老家种植有品质优良的核桃、花生、红枣等特产，何不把家乡的农产品供给和大学生需求对接起来，为同学们提供更优质健康的零食？于是"生态零食"的想法就此萌生。

在创业初期，没有资金、技术和产品，没有指导老师和行业顾问，该如何实现自己"生态零食"的想法呢？杨国庆首先想到的是做一份商业计划书，于是，他开始在室友、同班同学中物色人选，最后，金旭、冯琛加入了孟子居项目，这就形成了孟子居创业初期"创始团队三人组"。万万没想到，本以为做了较为充分的准备，却在创业竞赛的第一次路演中遭遇滑铁卢。虽然项目被所有的评委老师否定了，但是他坚信这个事情是有意义的。于是他们私下请教多位老师，不断对商业计划中的各类假设进行研讨。大一暑假时，杨国庆想："能否将暑期社会实践与创业相结合？"便找到自己的辅导员邓张升老师咨询。邓老师了解到他们项目情况，尤其是感受到杨国庆的决心之后，表示想法可行，与其商量了二者结合的方案。

2015 年暑期，杨国庆作为队长组建了"北京科技大学农产品电商创业实践团"，前往北京、安徽、山东三地进行社会实践，丰富自己的创业项目内容。在实践开始之前，团队先前往中关村等地考察，并萌生了去龙头互联网坚果企业看看的想法。想到就行动，杨国庆在给电商企业佼佼者"三只松鼠"打了十几天的电话后，才"感动"了对方，同意当年 8 月同学们自费前往芜湖进行现场参观学习。"对大公司来说，其实接待谁都可以，这就需要创业团队不断去争取机会，要有坚持不懈的精神。"杨国庆如实说。参观"三只松鼠"的过程给了孟子居团队很大启发，他们总结出"三只松鼠"不同于传统互联网销售的互动模式，并开始学习"三只松鼠"的电商模式，不断完善孟子居项目。可以看到孟子居项目在之后一年的产品包装和市场营销上都有"三只松鼠"的影子，正如杨国庆所说："创新，从模仿开始。"

孟子居团队前往"三只松鼠"考察学习

经过杨国庆的四处奔走与不懈努力，团队自主设计了产品包装并与生产厂商达成合作。在 2015 年"双 11"，孟子居"生态零食"正式问世。新颖的产品包装吸引了同学们的眼球，营销方式上更是加入了"经管男神，送货上门"等营销噱头，第一天就取得销售收入 3 000 余元的好成绩。

孟子居项目早期系列产品包装设计

孟子居产品问世之后，如何推广产品，拓宽销路，打响孟子居品牌名声成了孟子居团队最需要考虑的问题。在将社会实践与创业相结合的大胆尝试之后，孟子居团队又在校园活动中发现了另一结合点——将产品推广与校园营销大赛相结合。

一次偶然的机会，孟子居团队了解到"娃哈哈"曾经举办过北京科技大学校园营销大赛，既然有校园营销大赛这样一个平台，那孟子居能不能成为主办方？在那之前，北京科技大学校园营销大赛主要由联通、娃哈哈等知名大企业冠名赞助，从来没有学生创业团队冠名的先例。到底有没有可能性呢？该如何开展谈判呢？杨国庆带队咨询了邓张升老师。邓老师结合营销大赛的发展历史，多角度与团队探讨可行性与谈判思路。谋定而后动，孟子居团队迅速联系校园营销大赛的主办部门，经过艰苦的谈判，孟子居团队成功拿下2016年校园营销大赛的冠名权和主办权。

2016年"孟子居"冠名校园营销大赛

北京科技大学第七届"孟子居生态零食"杯校园营销大赛一个月创下了10万多元的销售额，兴奋之余也让团队看到校园活动对孟子居项目的强大推动力。同时，孟子居团队还策划了"孟子居杯校园公益营销大赛"，帮助山东农民销售农产品8万多元。这些活动的成功举办和收到的良好反馈都坚定了孟子居团队帮助农民脱贫致富的决心。经过一段时间的假设和验证，孟子居项目最终形成了以学生社团、学生自媒体、校园零食销售平台和校园快递为核心环节的四维营销模式。

不断迭代和服务转型迎来了二次创业

经过2016年的项目运营，孟子居团队发现了许多不足之处，于是在这一年暑假，孟子居项目组就品牌策划和质量监控等问题进行深入的社会实践调查与反思。同时，杨国庆与指导老师和从业者进行了多次深入的研讨，发现电商扶贫这个发展的新方向，孟子居团队决定就此展开社会实践调研。

2016年暑假，在了解到北京科技大学对口扶贫单位秦安县的现状后，杨国庆当即组建"北京科技大学甘肃省秦安县农产品电商扶贫实践团"，与团队一起前往秦安进行为期两周的社会实践。在实践中，杨国庆目睹了秦安果农辛勤的劳作，每天凌晨4点起来摘果子，却不能以此脱贫。

孟子居团队在甘肃秦安调研和助农

回到学校后，孟子居团队马不停蹄地开始帮助秦安果农策划销售农产品，提出了认购苹果树的想法。2016 年 12 月，团队在学校的支持下发起助力甘肃省秦安县精准扶贫的 129 公益接力计划，动员了 129 个学生团支部认领甘肃省秦安县 8 户贫困农户的 129 棵苹果树，为当地果农带去 2 万多元的收入。之后，在孟子居团队不懈努力下，促成了北京科技大学管理协会与甘肃省秦安县华园果业公司联合举办的"秦安·华园果业杯"公益营销大赛，来帮助秦安县的贫困户销售苹果。共有 60 多支团队 300 余人参加大赛，创作的宣传文案累计阅读人次 232 万，销售果树 950 余棵，销售额 20 多万元，成功帮助当地 8 户果农脱贫。

孟子居团队的脚步一直未停歇。2017 年，孟子居团队总结营销大赛和秦安扶贫的实践经验，再次促成秦安当地企业与北京科技大学管理协会合作，销售来自秦安贫困户的苹果树，销售额达到 19 万余元。2017 年暑假，孟子居团队组织 8 个实践团 100 余人前往全国 8 个贫困县，包括陕西延安、河南鲁山等地进行社会实践，向贫困地区农民传授电商知识，与贫困地区企业一起就互联网销售农产品方面展开共同合作。创业不忘公益，甘肃省秦安县农产品电商扶贫实践团通过给予当地农产品企业与农户提供帮助和支持，受到当地政府与企业一致好评。该实践团最终以全校最高分获得 2016 北京科技大学暑期社会实践金奖、基层服务特等奖。3 年来，孟子居团队已经累计帮助当地 80 余户贫困农户销售农产品 50 万元。

结合热点与因势利导加速了公司发展

尝到了电商扶贫的甜头后，孟子居团队开始了更加广泛且深入的社会调研与实践。2017 年 4 月和 7 月，杨国庆带领孟子居团队来到革命圣地延安，参加了教育部主办的"青年红色筑梦之旅"活动。团队了解到习近平总书记当年"捅开陕西第一口沼气池""扛两百斤麦子，十里山路不换肩"的事迹，十分震撼与感动。活动结束后，杨国庆作为执笔人之一给习近平总书记写信汇报了在延安的学习心得，并在 8 月收到了习近平总书记的回信。

2017 年 8 月和 10 月，中央电视台《新闻联播》两次报道了杨国庆的创业扶贫事迹和孟子居团队在延安的扶贫创意，杨国庆也在节目中展示了针对延安市设计的"五枣俩核桃"扶贫产品，并在节目中说道："希望习近平总书记能吃到我们在延安扶贫的核桃和红枣。"

孟子居团队负责人杨国庆接受中央电视台《新闻联播》报道

孟子居团队积极推进延安扶贫项目，半年时间内，团队完成了"五枣俩核桃"项目的营销策划与包装设计。针对延安的"五枣俩核桃"公益扶贫项目也成功申请成为国家级 SRTP 创新创业项目。

2018 年寒假期间，孟子居创业团队前往延安积极促进项目落地。团队与共青团延安市委签署"定向帮扶延安市贫困户销售农特产品战略协议"，前往延川县种植红枣的数户贫困户家中了解情况，着力带领更多青年加入精准扶贫的公益创业队伍中来。

之后，孟子居项目入选"贝壳种子计划"、经管创业实践营和建龙创业苗圃，让孟子居团队有了更多接触外界、展示自己的机会。在多次的实践探索和活动路演中，让孟子居团队获益匪浅。"我们一直在努力，一直在变化。"杨国庆坦言，创业是一个不断学习、提升自我的过程体验。

近年来，孟子居团队不断优化"生态零食"的产品体系和营销模式，继续拓展大学生消费市场，提升孟子居生态零食品牌知名度，逐步建立了一整套适应市场需求的校园电商运营模式。"大学生市场很好入手，但很难做大与持续下去，所以，可以把大学生市场作为切入点，再不断寻求转变。"未来，孟子居团队的商业模式也将逐渐由面向普通用户向面向企业客户转换，实现从大学生市场向企业市场的转变。

孟子居创业中的机遇和挑战应对

孟子居屡败屡战，磨炼创业者的品质

"大一的小孩懂什么？"在创业初期，杨国庆和创业团队从周围人的言语中感受到了这句话。

确实，孟子居项目在 2014 年刚刚起步时，是一个没有资金、没有技术、没有产品的"三无"项目，仅有的创业想法也不是很合逻辑，用当时"科技园杯"评委老师的话说，就是"激情很高，没有内容"。

"与'小麦公社'谈合作被撵了出来，申请经管创业实践营第一期失败，入选 2015 年建龙创业苗圃失败，这是我们最受挫的半年，"杨国庆说道，"创始团队三人一度陷入绝望，感觉项目落地遥遥无期"。项目没基础，商业模式不明确，大学生卖农产品难度大，这些都是曾经摆在孟子居团队面前的难题。

项目落地似乎很难实现，然而优秀的创业者又怎会因此放弃。"我们还是大一新生，还有很多时间，可以大胆地走下去，我和我的室友都有卖农产品的想法。"恰好碰到了社会实践项目，孟子居团队的三个阳光男孩没有放弃，杨国庆巧妙地通过暑期社会实践让自己的项目实现了"从 0 到 1"的转变。他们也因此成为第一个把社会实践做成创业的团队，并开始在社会实践的基础上做产品、做设计。

好的创业，从模仿开始。要学习，就要向最强的标杆企业学。杨国庆一连打了十几天的电话，也许是创始团队的执着打动了对方，杨国庆终于联系上互联网坚果行业龙头企业"三只松鼠"。一个月后，团队一行 12 人坐上了前往安徽芜湖的火车。这趟安徽之旅，给予了孟子居团队很多的启发与反思："原有的互联网模式是固定的，'三只松鼠'将这种模式创新成电商互动模式，这也是以后孟子居项目做公司需要学习的地方，什么是互动形式，就是和顾客进行互动。举个例子，'三只松鼠'直接喊顾客'主人'，与别的电商不一样。"此外，"三只松鼠"把包装作为一种宣传工具去传达企业理念，在工作形式、配送流程等方面都给了孟子居团队灵感与启发。

社会实践后，孟子居团队设计出第一代产品包装，形成了校园市场营销的基本思路。峰回路转，孟子居团队的坚毅品质逐步打动了各类专家和评委，孟子居生态零食项目成功入选了学校创新创业训练项目和经管创业实践营支持项目。

产品无人问津，用奇思妙想融合创新

2015 年 11 月，孟子居产品正式上线，虽然在短期内有一定的销量，但如何更好地打开市场与推广产品，成了孟子居团队最关注的问题。

机遇总会留给有心人。一次偶然的机会，孟子居团队发现了校园营销大赛，并从此与之结缘。北京科技大学校园营销大赛从 2010 年开始设立，是由北京科技大学团委、经济管理学院、管理协会共同举办的营销比赛。这是一个理论与实践相结合的比赛，比赛的本意是为广大师生提供展示和实践的平台，通过展现团队的营销策划案，积累品牌推广销售经验，为择业奠定基础。

孟子居团队在了解到校园营销大赛之后，意识到校园营销大赛是一个优质的品牌推广平台。团队通过与学校社团合作销售产品的形式，既锻炼了学生实践能力，又提升了品牌价值。当时的校园营销大赛合作商都是爱国者、娃哈哈、中国联通等大型知名企业，还没有由学校创业团队去冠名营销大赛的先例，"既然别人可以，那我们也可以。"怀着创业者的执着热情，孟子居团队开始联系经济管理学院管理协会，并请教了身边的指导教师。一边设计详细的营销大赛策划案，一边绞尽脑汁构思一些创新想法提交给组委会。功夫不负有心人，通过访谈和研究，孟子居团队发现了历届校园营销大赛中存在的难点问题。以娃哈哈产品为例，前几届校园营销大赛都是进行实体销售，将实体产品运到学校，这些实体产品的存放和搬运让主办方深感头疼。孟子居团队从这一主办方痛点入手，设计了线上销售与实体销售相结合的销售模式，团队与山东的生产者达成协议，产品可以在线上下单后直接发货给买方，省去了中间运输和储存环节，极大地减少了运输和存储成本。这样的策划案为孟子居团队赢得了第七届校园营销大赛的主办权和冠名权。

第七届北科大校园营销大赛是孟子居团队的第一次实体销售，在校园内形成了一定的知名度，为后续的社会实践和电商扶贫打下了基础，并取得 8 万余元销售额的好成绩。之后，团队又举办了第八届"秦安·华园果业杯"公益营销大赛，报名团队覆盖了全校 12 个学院，此外还有北京大学、四川大学、上海海事大学等全国 8 所高校在校生共同参与。至此，校园营销大赛与孟子居项目的联系越发紧密。

对缺乏实战经验的孟子居团队来说，校园营销大赛是他们最初进行市场营销的突破点，之后的每一次营销活动都蕴含了第一次营销大赛所积累的经验。孟子居团队就是这样通过一次次实战活动，不断地积累经验和调整发展思路。

青红筑梦之旅，收到习近平总书记的回信

2017 年 3 月的第一届"青年红色筑梦之旅"，即第三届"互联网＋"大学生创新创业大赛的公益实践活动，是孟子居项目发展过程中浓墨重彩的一笔。

中国国际"互联网＋"大学生创新创业大赛自 2015 年创办以来，全国累计有 375 万个团队的 1 577 万名大学生参赛，培养了一大批有理想、有本领、有担当的青春力量，累计 300 余万名大学生踏上"青年红色筑梦之旅"。"青年红色筑梦之旅"活动是中国国际"互联网＋"大学生创新创业大赛的常态化活动，通过组织大学生和企业家、投资人一起走进革命老区、贫困地区，将高校的智力、技术和项目资源辐射到广大农村地区，从质量兴农、绿色兴农、科技兴农、电商兴农、教育兴农等多个方面开展帮扶工作，推动当地社会经济发展，助力精准扶贫和乡村振兴。孟子居团队参加了"青年红色筑梦之旅"最早期的活动。

2017 年的春天，36 所高校的 40 余个项目团队一起走进革命老区延安，重温革命历史。他们走进梁家河、南泥湾，聆听习近平总书记当年带领乡亲们凿井修池、打坝淤地的故事。杨国庆感慨良多，习近平总书记当年"捅开陕西第一口沼气池""扛两百斤麦子，十里山路不换肩"的经历，与大学生现在的创业经历何其相似。而习近平总书记为了学习沼气池技术，曾在四川扎扎实实调研的经历，也与当前的创业扶贫调

研有异曲同工之妙。

在梁家河的窑洞里，北京科技大学孟子居团队与西安电子科技大学学生张旺等人卧谈时，大家萌生了给习近平总书记写信的念头。杨国庆作为执笔者之一，在信中畅谈了参观延安的心得，并介绍了正在延安进行的创业扶贫项目，这封信经联合签名后转交给习近平总书记。如果说写信是一时有感而发，那么习近平总书记的回信则是团队意想不到的巨大惊喜。8 月 15 日，习近平总书记在回信中为青年学生的创新创业精神点赞，还寄语大家"在创新创业中增长智慧才干，在艰苦奋斗中锤炼意志品质"。

"青年红色筑梦之旅"活动的目标是将大学生创业和当地优势相结合，运用大学生创业优势帮助当地脱贫。孟子居项目主要是做农产品销售，在了解到当地的特产是核桃和大枣之后，设计和实施了"五枣俩核桃"品牌产品和"梁家河"果树 DIY 扶贫计划。

"五枣俩核桃"的设计有着鲜明的延安特色，鲜亮的黄色包装袋代表黄土高坡，宝塔山、窑洞代表着延安。一袋小小的"五枣俩核桃"，不仅浓缩了延安农民艰苦奋斗的品质，也浓缩了延安的革命精神。孟子居团队还请出团队吉祥物"小孟子"出镜吆喝，为"五枣俩核桃"产品代言，产品在上线一个月后就取得了 1.6 万元的销售额。

谈起红色筑梦之旅的收获，杨国庆说道："这种让大学生创业团队走进革命老区的活动形式非常好，增加了团队成员和创业者本身的家国意识，能让创业团队意识到大学生需要承担的社会责任。孟子居项目能帮助的农户只是千万农户中的一小部分，我们的目标是要让更多的人关注农户，帮助他们脱贫，这才是团队要传递的价值与意义。"

创业者杨国庆的反思与经验分享

孟子居项目创始人杨国庆既有创业热情，也有家国情怀。在与他的沟通中，你始终能感受到他那质朴的言语和创新的思维。他对公益创业项目有了许多思考和认知，以下内容就是他分享给创业者的一些反思。

创新创业，家国情怀

"创新的基础是想，创新的根本是见多识广，创新的精髓是学习。"

创新的基础是想。我出生于山东省邹城市城前镇城前村，从小的农村经历让我对农村有了更深刻的理解，对那片土地有了自己的感情。扎根家乡，让我立志帮助乡亲们脱贫致富，是我最初创业的动机。刚上大学时，我怀揣着帮助家乡的想法，利用暑期社会实践的机会，成立了孟子居创业团队。这些年来，孟子居一直致力于鼓励大学生前往贫困地区实践帮扶。六年里，共计组织了 40 多个实践团 500 余名大学生，前往十多个省市的贫困县进行实践帮扶，累计帮助销售农产品 400 余万元。孟子居团队希望能发挥大学生的优势，把精准扶贫同"扶智""扶志"相结合，为贫困地区农民不仅带去技术与财富，更多的是带去知识、意识与思想。

创新的精髓是学习。为了帮助家乡农户销售农产品，我们在2015年前往电商龙头企业"三只松鼠"公司进行调研考察。为了前往知名公司考察，我们着实下了一番功夫，经过十几次交涉，团队终于进入了"三只松鼠"的大门。此次考察给我们团队提供了很多可以参考的经验，也为今后数年的产品帮扶提供了指导。

团队成立之初虽然仅有3名大学生，但是同学们的朝气逐渐吸引了周围同学参与到精准扶贫中来。孟子居团队从最初3个人到40多个实践团，组建和发展团队是一个艰难的过程。"团队进步靠人治，团队稳定靠法治"是我总结出来的团队管理经验。在创业的过程中，不管是领导力、团队组织力，还是看起来不起眼的事情里面都有很深的学问，要通过不断学习才能掌握。

此外，从失败中学习是非常重要的。失败的教训很难获得，是特别稀缺的资源。听别人讲各种成功故事，作用都是有限的，反而一定要留意自己失败这件事。成功的方法千篇一律，失败的做法五花八门。从那些失败中获得的经验是非常珍贵的。从2015年开始创办孟子居团队，我曾去延安考察7次，但前6次都没达成目标，最后一次通过当地的企业才顺利对接上农户，才有了后来的"五枣俩核桃"这个扶贫计划。失败是成功之母，如果没有前6次去延安，我的第7次也就不会成功，所以失败的经验是很宝贵的。

创新的根本是见多识广，每一个创新都是站到巨人的肩膀上，不断模仿并且再创新的过程。在过去的六年里，孟子居团队每年都会组织北京科技大学和其他高校的同学前往邹城市进行志愿帮扶，深入贫困户进行调研，只有通过调研才能找准前进的方向。同时孟子居团队也参加各种比赛，在比赛中开阔视野。2017年4月和7月，孟子居团队有幸来到革命圣地延安，参加了教育部主办的"青年红色筑梦之旅"活动，了解到了习近平总书记当年"捅开陕西第一口沼气池""扛两百斤麦子，十里山路不换肩"的事迹，十分震撼，十分感动。

"创新"和"创业"两个词永远都在一起，二者密不可分。创新，更多指的是想法，创业则更多指的是商业化。在创新时一定不要忘了创业，创业其实是一个商业化的过程，是对用户需求的满足。既然前面各种复杂的事情都已经完成了，不妨再多花一点点时间给它们加个外壳，让它们去满足人们的各种物质文化需求。

有首诗想和大家分享一下：昔年曾见此湖图，不信人间有此湖，今日打从湖上过，画工还欠费工夫。创业一定要坚持，慢慢"熬"。大家在工作中也是这样，慢慢地从底层"熬"，一步一步地前进，就一定会成功。只要我们在这个层面上坚持努力了，创业这个过程将是我们人生的一大财富！

创业导师
点评与总结

"短暂的激情是不值钱的，长久的激情才是值钱的。"孟子居团队6年来的发展历程，可以说体现了这句话对创业精神的阐释。

长久的激情来自孟子居团队对国家和社会的关心。一个人关心事物的大小对于他前进的动力是有直接影响的。孟子居项目创始人杨国庆从小在农村生活的经历不仅孕育了他个人对农业的感情，更是扩大了他个人的视野。来到大学以后，他将所学知识逐步转化为自己的实践行动，通过不断了解国家精准扶贫的政策，找到扶贫定点县和贫困户，实现了从校园到社会的跨越。如何走出校园是很多大学生创新创业项目能不能做大做强的决定性问题。校园再大，天花板也是显而易见的，只有到社会的广阔天地畅游，才能吸收更多的资源，产生更大的能量。对国家和社会的关心，见识到贫困农户"卖得掉就卖掉，卖不掉就撂掉，没办法啊"的无奈和心酸，才会不断激励自己为贫困农户再努力一点、再多坚持一点。孟子居项目的创业历程充分体现了不变的创业初心，并将团队的命运同国家和社会的需求紧密联系在一起。

长久的激情来自对失败的不屈不挠。再好的出发点和梦想也是"始于足下"。大一的第一次创业路演失利丝毫没有影响到他们的热情，社会实践外联的十几次被拒绝，仍能坚持尝试打动对方，成功就是在"再坚持一下"的努力之中。创新创业对大学生创业者的锤炼不仅是要求他们的项目成功，更是倒逼他们在大学里的成长。大学毕业前，杨国庆在总结孟子居项目发展过程时，认为特别重要、特别感谢的一段经历正是大学里第一次创业路演的失败。创业本来就是失败率极高的事情，唯有永不放弃，为了目标不断地努力，才能有所进步。失败也是考验人心志的一种方式，年轻时候多主动接受一些挑战，早一点经历失败，反而有益于对失败恐惧心理进行"免疫"，也能为未来应对同样的问题积累经验。正是杨国庆和他的小伙伴们比周围同学更早地开始了创业尝试，更早地经历了"失败"，使得迎难而上成为孟子居团队的内在精神支柱。

长久的激情来自对商业模式的创新。仔细回看孟子居项目的发展，其实就是商业模式一直在守正出新的过程。不变的是助农，变的是方式、方法和规模。从最早改善零食助力农产品的小目标，到冠名校园营销大赛的小跨越，再到敢于领先一步用电商助力秦安，不仅仅是消费扶贫，更多的是推动了教育扶贫、科技扶贫。在这一切改变中，团队前期更多是模仿创新，后期更多是自我探索的原始创新。

"展科学的精神，做自己的英雄"是杨国庆的座右铭。杨国庆作为一名新时代的普通大学生，以自己的科学知识帮助贫困地区的农民脱贫致富，不断用实际行动践行着新时代的"六有青年"。当今时代快速发展，出现了越来越多的电商扶贫团队，但是在下一个时代，消费方式还在不断升级，乡村振兴的大幕已经拉开，孟子居团队又将踏上新的征程。

——邓张升

北京科技大学创新创业中心教师

☞ **获奖案例**

孟子居公益扶贫项目商业计划书

本商业计划书案例为孟子居"一棵树"公益扶贫项目获得 2020 年第六届中国国际"互联网＋"大学生创新创业大赛"青年红色筑梦之旅"赛道全国总决赛银奖作品（部分内容酌情修改）。

案例目录

案例正文

1　项目概况

1.1　项目背景

　　孟子居创业团队成立于 2015 年 3 月，团队扎根于北京科技大学，通过建立可持续的农产品电商扶贫运营模式，在经济和知识两方面帮扶贫困地区。孟子居团队连续 6 年组织社会实践团，发动大学生 500 余人，走访中国 27 个省、自治区、直辖市，调研 35 个贫困县，走访了 400 多户贫困户，直接帮助 80 余户贫困户，间接帮助 300 余户贫困户解决脱贫问题。团队在全国签约并建立了 20 余个长期对接的社会实践基地，获得过第十二届中国青年志愿者优秀组织奖等 30 余项校级、省部级奖项。策划过"孟子居生态零食杯"校园营销大赛、"北科大·秦安精准扶贫 129 公益接力计划"果树认购活动、秦安公益营销大赛、梁家河果树 DIY、延安"五枣俩核桃"果树认购、霞浦饼干茶自助售卖、山东花生博士工作站等项目，取得了良好的经济效益和社会效益，累计帮助农民销售 400 余万元农产品。2017 年，孟子居创业团队作为执笔人之一给习近平总书记的写信，很荣幸收到习近平总书记的回信，多次受到中央电视台《新闻联播》、人民日报等媒体的采访报道。

　　孟子居创业团队致力于深入挖掘全国贫困县农产品，深入农村做翔实的产品调研，以商业化的模式帮助当地农民增收，以大学生的视野帮助农民增强电商意识，为我国实现 2020 年全面建成小康社会尽自己的一份力。我们，一直在努力。孟子居，永远与您真诚相伴！

1.2　产品与服务

　　目前，孟子居创业团队已经针对我国贫困地区策划了十余种产品，正在策划新的十余种产品。针对山东土特产策划了"生态零食"等坚果类食品；针对甘肃省秦安县策划了苹果树认购计划；针对陕西省延安市策划了"五枣俩核桃"果树认购营养计划；梁家河苹果 DIY 定制计划。针对客户，采取一一对接制度，每个客户都至少有 1 名团队成员负责长期对接反馈，包括在线答疑、贫困信息分享与解答、产品质量解答、公益参与服务推广、应急问题处理、后续跟踪反馈等。

1.3　市场分析

农产品 B 端市场容量巨大，发展潜力广阔。根据 PEST 分析，目前国家大力扶持农村发展，积极推动智慧农业和乡村振兴。随着经济的发展与人民生活水平的提高，人们越来越关注农产品的质量以及可追溯性，而本项目搭建的农户与客户直接对接的形式正好满足客户的需求。从社会领域来看，孟子居能促进当代大学生对于农业、农村和农民的了解，对大学生见识、见闻的增长以及对农村的宣传起到了促进作用。从技术领域来看，孟子居积极推动学校科技成果与农业实际应用的转化，有着强大的市场潜力与价值。

1.4　营销模式

孟子居公益扶贫营销模式采用"三点五维"的扶贫模式，并有幸成为国内最早的、规模最大的校园扶贫团队。"三点"就是知识扶贫、消费扶贫、技术扶贫。知识扶贫能让农民增强质量意识和提升互联网知识水平，促进农民与现代社会消费理念的结合。消费扶贫能搭建客户与农户对接的平台，让扶贫"看得见"，让农产品"可追溯"。技术扶贫能推动学校科技成果在乡村地区转化，提升农民劳动生产效率。从这三个方面对贫困户进行帮扶，将精准扶贫同扶智、扶志相结合。"五维"就是联合高校、学生、政府、企业、研究所，打造多方位立体化的帮扶平台，既能保证项目的活力，又能保证项目的持续性。

1.5　发展规划

孟子居创业团队努力为 2020 年国家全面实现小康社会和我国扶贫事业奉献一份力量。团队现阶段已基本形成前期调研、社会实践、知识普及、产品营销以及公益传承的五维循环发展模式，并着手将该模式在各高校之间进行推广，拓展大学生市场，逐步增强团队实力与影响力。团队计划以现有的大学生市场为跳板，向外部市场进军，逐步增加以公司为代表的客户数量，扩大社会效益，形成社会影响，将团队打造成全国最具影响力的大学生公益创业扶贫团队。同时，全面小康后对农民进行持续帮扶，确保真脱贫、脱真贫、不返贫。

1.6　财务分析

孟子居项目收入来源主要分为三部分：学校创新创业苗圃扶持基金、与当地政府合作项目的收入、销售农产品收入。团队的运营成本极低，运营费用只占总销售额的 5%，良好的社会效益吸引更多的大学生自愿参与到公益帮扶中来，因此低成本的团队运营能将更多的利润让给农民。本项目主要进行的业务活动集中于果树、水果等农产品销售，涉及的会计科目主要为存货、预收账款、应付账款、销售费用，同时涉及少量固定资产、管理费用等会计科目。

1.7　公司架构与管理

2020 年，孟子居创业团队核心成员15 人，下设营销团队、调研团队、社会实践团队、SRTP 团队，分管四大类日常事务，财务分管部门独立旁支。建成直属于首席执行官的"两心一署"体系架构，分管产品运营、技术研发和发展规划。创业团队具有丰富的创业经验与实践基础,只有连续 2 年带领学生前往贫困地区进行实践扶贫的人才有资格成为创业团队中的一员。团队能够真正让成员扎根中国大地,了解国情民情,培养有理想、有本领、有担当的新时代公益创业青年。

2 项目背景

2.1 宏观背景

2.1.1 国家扶贫背景

随着中共十九大的胜利召开,习近平总书记再次把扶贫提升到新的战略高度,并对扶贫攻坚提出了新思想、新目标和新征程。十九大报告中指出,要重点攻克深度贫困地区脱贫任务,确保到 2020 年,我国现行标准下农村贫困人口实现脱贫,贫困县全部摘帽,解决区域性整体贫困,做到脱真贫、真脱贫。同时,习近平总书记也提出,精准扶贫要同扶志、扶智相结合。

精准扶贫是粗放扶贫的对称,是指针对不同贫困区域环境、不同贫困农户状况,运用科学有效程序对扶贫对象实施精确识别、精确帮扶、精确管理的治贫方式。一般来说,精准扶贫主要是就贫困居民而言的,谁贫困就扶持谁。精准扶贫,功在不舍,精准脱贫,志在必得。我们要以新思想、新要求、新策略和新方法,打赢脱贫的攻坚战。

2.1.2 乡村振兴背景

党的十九大报告提出实施乡村振兴战略,并提出"产业兴旺、生态宜居、乡风文明、治理有效、生活富裕"的总要求。

实施乡村振兴战略是党的十九大做出的重大决策部署,是决胜全面建成小康社会,全面建设社会主义现代化国家的重大历史任务,是新时代"三农"工作的总抓手,是解决人民日益增长的美好生活需要和不平衡不充分的发展之间矛盾的必然要求,是实现全体人民共同富裕的必然要求。当前,中国农村贫困状况依然严峻,作为乡村振兴的主要抓手,必须坚持农业农村优先发展。

习近平总书记强调:"乡村振兴是全面振兴,要抓重点、补短板、强弱项,实现乡村产业振兴、人才振兴、文化振兴,推动农业全面升级、农村全面进步、农民全面发展。要尊重广大农民意愿,激发广大农民积极性、主动性、创造性,激活乡村振兴内生动力,让广大农民在乡村振兴中有获得感、幸福感、安全感。"乡村振兴的主体是广大农民,最根本的是让农民的钱袋子鼓起来、生活富起来。要让乡村生活变得更加智慧化、现代化、生态化,还要创新模式,推动更多人才、技术、资本等资源要素向农村汇聚,特别是如何把物流、金融、大数据等先进科技融入乡村振兴。

2.2 行业痛点

2.2.1 农产品销售

贫困县水果市场存在着令人担忧的一面,一是贫困县的市场信息不灵,营销方式单一。比如广西果园经营方式以个体为主,占 90% 左右,由于大部分水果生产基地比较偏僻,人们的销售观念没有彻底转变,对当前水果生产和需求情况不甚了解,不能及时准确地获取水果的供求信息。他们大多数只凭过去的经验来进行水果生产。果农普遍存在只管生产、不讲质量、轻视销售的现象，水果生产出来之后再寻找销路，各自经营，缺乏竞争力，使果农的市场营销绩效很差，"果贱伤农"的现象经常出现。

二是营销体系不健全所带来的影响。大部分水果生产者属个体经营，规模小，不利于产业化经营。小生产与大市场严重脱节，中介组织发育不全，行业协会建设滞后，无序竞争状况严重。

三是贫困县电商发展受到严重限制。当地农副产品虽然丰富，但进行特色农副产品销售的农村电商服务平台较为缺乏，农村电商服务点覆盖率仍较低。由于贫困县经济技术发展较为落后，自然条件较差，群山环绕，交通不便，经济发展落后等因素，导致其产品对外运输成本较高，物流发展滞后。各项基础设施欠缺完备性，与电子商务有关的相关设施尚未完善。因此，贫困县农产品往往存在销售困难的问题。

孟子居团队之所以能更好地帮扶农民，是因为团队运用电商模式进行销售，采用果树认购模式，农民的收益率为普通销售模式的两倍。团队累计帮助贫困农民销售农产品300余万元，帮助80多户贫困农民学会简单的电子商务信息操作，与20余家企业签约，举行了10余场电商培训，建立了15家社会实践基地。团队举办营销大赛，参赛团队联系微博大V转发，获得了200余万微博阅读人数，扩大贫困地区农产品知名度。

2.2.2　农民意识欠缺

为了解贫困县的电商意识，团队通过问卷调查收集到1 286份问卷，其中有效问卷1 147份，主要面向地区为梁家河、秦安等贫困地区，如图3-1和图3-2所示。

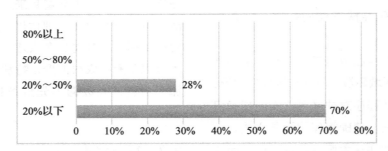

图 3-1　农民对电商的了解程度

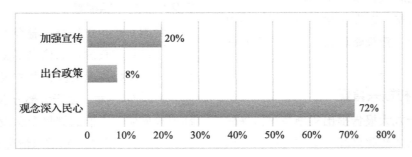

图 3-2　农民对电商的期望值

团队在对贫困县进行实地考察中，发现当地人对电子商务缺乏认知，电子商务相关知识的普及程度低，缺乏熟悉电子商务方面的人才。电商发展缺少宏观政策的支持，冷链物流发展不完善等因素，相较于电商蓬勃发展的浙江义乌青岩刘村、北山村，贫困县缺少特色的电商品牌，没有建立起完善的网络销售平台，因此，当地电子商务的发展进程缓慢，不利于电子商务的长期性、可持续性的发展。由于在国家贫困县，电商的基础设施极不完善，电商应作为一个媒介与扶贫结合起来，才能获得政府和社会各界的支持，如果单一发展电商，可能会导致资源的浪费。

针对以上情况，我们采取的帮扶政策具体如下：将电商和扶贫结合起来，在贫困县建立北京科技大学社会实践基地，为当地提供电商相关技术人才，帮助已有的特色农产品建立电商品牌，帮助果农通过微信、抖音、微博、淘宝网店等平台来销售水果或其他农产品，给公司或企业进行电商专业培训，系统化学习电商知识，以先富带动后富。在各个高校内举办营销活动，扩大水果销路和知名度。为当地企业提供一种电商与高校相结合的电商发展新思路。

2.2.3 贫困定位不精确

贫困定位不精确，就会照搬"教条"，没有如实摸清服务对象贫困的主要成因和具体成因，没有做到因地制宜、因人而异的"量身定做"帮扶方案和推进方式，就没法做到精准扶贫。因此，孟子居团队重在"扶贫扶志"，创新工作思路，没有一味地以"灌水式""输血式"的传统扶贫模式，而是确立了精细化的扶贫思想。在5年里，共组织40多个实践团，发动大学生500余人，走访我国20多个省份的贫困县，调查了400户贫困户。同样是调研，为什么我们能对贫困户进行精准定位？首先我们与当地扶贫办取得联系，获得当地贫困信息名册，根据名册挨家挨户信息采集，记录贫困户的家庭基本情况、收入状况、收入来源、各个农产品种植情况与种植比例。然后根据孟子居的贫困评估模型，对贫困户进行评估，选出适合孟子居创业团队帮扶的贫困户。接着确定完贫困户后，团队针对他们的电商意识、质量意识进行培训，建立长期的对接机制，以便帮助他们销售农产品。最后，我们会跟当地的政府、企业、物流公司、农民进行签约，建立可操作的产品供应链。孟子居项目精准扶贫流程如图3-3所示。

2.2.4 缺少品牌渠道

贫困县果业一般都有长期的种植历史、优越的地理资源、勤劳的果农，但是在质量水平和品牌建设方面还存在较多问题。比如，梁家河首次推出农民自己的苹果品牌，与烟台苹果等知名品牌存在一定差距，且大部分果园优质果率只有40%～50%，示范果园优质果率也仅为65%～75%。市场上果品质量整体不高，优质果率较低，缺少品牌渠道。

贫困县果业要想在市场上走得更远，必须建立统一且知名的品牌。品牌的力量在于：一是能提升企业发展的高附加值；二是能积累品牌价值并将之转化成稳固的品牌资产。在产品同质化现象愈加严重的

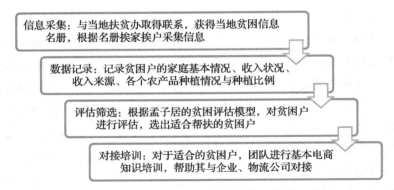

图 3-3　孟子居项目精准扶贫流程图

当前市场，品牌显得极为重要。从生产规模、产品质量和宣传推广来看，打造贫困县果业品牌存在诸多有利条件与不利因素。贫困县多在偏远地区，纵使有高品质的农产品，也因为交通等各方面原因没有被消费者知道，因而可以借助孟子居平台，打造知名品牌，通过网络平台进行宣传推广，并通过社会实践联系当地媒体，获得更高的曝光率，从而提高品牌知名度。目前，孟子居已经注册了山东孟子居生态农业有限公司，正在注册北京孟子居农业实践发展协会。在接下来的几年，致力于帮助更多的贫困户脱贫，为我国的全面小康出一份力量。

2.2.5　产品没有特点

目前，农产品市场上的同类产品都大同小异，产品的品质与价格千篇一律，完全没有自己的产品个性可言。由于信息、资源等不对等因素，贫困地区相比发达地区的产品更难展现产品特点。孟子居创业团队会根据每个地区的特色农产品进行产品策划。"一棵树"公益扶贫是号召大家认购果树，对大家认购的果树进行挂牌，对认购人颁发公益证书，通过教会果农技术让客户对果树实时监控。团队创新产品形式，以果树认养的形式进行销售，将扶贫与销售联系起来，已经成为品牌推广的一大亮点。卖出果树在合同期内的所有权，由果农种植，成熟后全部果实归认购者所有。使每个消费者成为其长期的客户，并能预购果树未来的收益，将风险大大降低，这种独特的销售方式也深受消费者的喜爱。同时，客户还可以私人订制产品，比如在苹果上印上自己想要的 Logo，增加产品的附加值。团队采用电商营销模式，根据果农的实际故事，发动更多的大学生和我们一起帮助果农销售农产品，如图 3-4 所示。

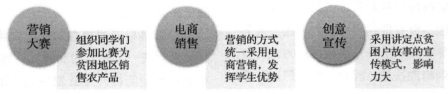

图 3-4　创新农产品营销方式

3 产品与服务

3.1 产品

由于农户自身缺乏资源，团队将充当中介与平台，通过企业认购的模式，将农户与企业对接起来，减少中间环节成本，从而在销售价格上保证农产品物有所值。

团队结合社会实践团的实践成果，与实践基地共同建立及完善农产品认购机制，提高农户收益率，并通过组建社会实践团等方式深入发掘产品。多年来，团队通过对社会实践团的指导与后续帮扶策略的实施，已经帮助多地的农户化解了农产品销售危机。

团队帮扶需结合时事，基于疫情背景下农产品销售衍生出的新问题。2020 年，团队组织社会实践团利用大学生的优势，以直播的形式为农产品滞销、农村经济低迷等问题找寻新的出路。

3.1.1 产品内容

1. 认购苹果

2016 年 7 月，孟子居创业团队前往甘肃省秦安县进行社会实践。为响应国家政策号召，并结合大学生自身特点，团队前往秦安县进行电商扶贫。团队在秦安县联络当地政府，在当地进行扶贫调研，举办电商知识讲座，向农民传播先进的电商理念，解决农民销售困难、中间商收取差价等问题。团队还在当地与物流企业合作，搭建物流平台，让农民能真正实现靠自己辛勤的双手去创造自己的财富。

在秦安县，团队深入挖掘果树认购的扶贫方式，利用当地优质苹果资源，配合当代的互联网科技，这样既能帮助当地农户销售农产品，也能借助网络传媒让客户

了解所购买产品的帮扶对象，极大地增加了产品的公益价值。在果树认购层面，也做到积极响应国家精准扶贫政策的号召，精准扶贫到户，让贫困农民能真正得到扶贫的实惠，在果树认购上将农户收益率从 20% 提高到 50% 以上。

为了增加苹果的商业价值，更好地帮助农户销售农产品，团队策划了苹果 DIY 图案定制服务，客户可以在果树成熟期之前，定制苹果上的图案，团队会在苹果套袋之后，用黑色纸贴贴在果树上，苹果被遮挡的部分会显现黄色，其他有阳光照射的部位呈现红色。

梁家河苹果 DIY 产品效果图

DIY 图案不会对苹果本身产生任何污染，适用于公司及个人。DIY 自制拥有专属的苹果图案，可以在公司举办的各色活动中作为奖品。

2. 认购茶树

2018 ~ 2019 年，孟子居创业团队组织实践团先后前往福建省霞浦县助力当地茶产业的产业振兴，致力于为当地质优价廉的茶产品进行品牌建设和宣传推广。霞浦茶业由于扶持力度不足、龙头企业缺失

等，一直以来只能作为福鼎等地的"茶叶天然加工厂"，大部分茶叶的收购价格低于市面同等品质的茶叶。

团队与当地茶企合作，推出福建茶树认购服务，孟子居可把茶叶代加工成饼干茶、什锦茶等礼包，作为自用或馈赠好友的首选佳品。

茶树认购以其优美的自然环境，上乘的茶叶品质，相对低的成本优势，采茶、制茶和品茶一体的过程体验，已经具备了巨大的发展优势。运用认购模式将大大提高当地茶农的收入。

霞浦县茶产品设计实物图

3. 认购干果

2017 年 4 月和 7 月，孟子居创业团队前往延安参加青年红色筑梦之旅活动。在延安当地学习红色精神，走访梁家河，参观延安革命纪念馆，并在当地签订落地合同。团队发现了当地的优质大枣和核桃资源，每天食用对身体非常有好处。回到学校后，团队策划了"五枣俩核桃"营销推广计划，受到了中央电视台《新闻联播》的报道采访。

此外，孟子居创业团队还前往多个贫困地区与革命老区，就薏米、猕猴桃、沃柑、糍粑、水蜜桃、黑白木耳、蜂蜜、樱桃、铁棍山药等农产品进行了营销方案设计和推广销售。

3.1.2 产品策划

1. 特色农产品设计

为了帮助更多人脱贫致富，响应国家乡村振兴、智慧农业的号召，孟子居创业团队已经研发了多代生态产品，因地制宜地帮助山东、甘肃、福建、贵州等地农户销售农产品。

团队根据不同农产品的特点与产地的具体情况，结合电商营销的思路，对产品进行设计、加工与包装，赋予农产品更加鲜活的吸引力，进一步为农产品增值。比如甘肃省秦安县的苹果，团队可提供个性化定制服务，在苹果树上刻上认购者认购的图样；产自福建省霞浦县的茶叶，团队可代加工成饼干茶、什锦茶等礼包形式，辅以团队设计的包装与产品规格，使产品更加人性化；产自延安的红枣、核桃，团队可代加工成枣夹核桃等产品，丰富产品呈现形式；产自贵州的薏米，团队可代加工成礼品包装。这些产品由认购企业销售给客户，用于日常食用与馈赠好友。

2. 认购流程策划

团队的认购计划以电商平台的开拓为思路，遵循 C2B 模式，即从个人到企业的模式。消费者可以从线上主动参与产品从生长、成熟到加工成型的全过程中，彰显消费者的个性化需求。

团队作为中介，通过社会实践活动等形式，前往各贫困地展开调研，为当地特色农产品搭建平台。在了解当地基本情况后，团队主动联系适合帮扶的农户，致力于解决其销售问题，与当地的乡村振兴接轨。团队向农户宣传和普及电商知识，让微信商城、直播推广等形式走入这些家庭和乡村。团队通过各种宣传手段，已经与多家金融机构、企业达成长期针对贫困地区的合作认购协议，形成长期帮扶对接关系。农产品成熟后，团队将通过物流网络将农产品发给客户。

3.1.3 产品发掘

孟子居创业团队五年来不断开拓新思路，紧扣国家电商扶贫、乡村振兴与智慧农业的主题，将知识、技术、消费三种扶贫模式有机结合，在全国建立社会实践基地 20 余处，帮扶农民超过 100 余家，帮助对接客户 1 万余次。团队致力于为更多的乡村、农户带来发展新希望，将深入发掘可利用认购模式发展的特色农产品。团队将继续利用组建社会实践团的形式，让更多的大学生走进贫困地区，锻炼大学生的品质和意志力，发挥大学生的创新思维，让更多的特色农产品进入用户的视线，将扶贫同"扶智""扶志"相结合。

另外，团队将每年组织认购人员前往贫困地区实地体验，推动金融机构、企业参与开发贫困地区其他项目。做到不仅发挥农产品的食用价值，还将关注其提供的后续延伸价值。

3.2 服务

3.2.1 质量监管

1. 产品原产地质量保障

秦安属于黄土高原，昼夜温差大，有利于养分的转化和水果糖分的积累，因此秦安的水果品质优良，尤其是苹果和桃子更是特色产品，桃子也被称为"离太阳最近的桃子"。此外，秦安位于非工业区，其地理环境也为绿色健康的水果提供了保障。延安等地气候干燥少雨，昼夜温差大，日照时间长，因处于黄河特殊的地理位置，气候环境是作物的理想适生区。我们拥有绿色人文理念优势，当地农户祖祖辈辈一直秉承绿色环保的发展理念，无论在作物种植上，还是日常生活，都保留着淳朴的生态气息。无论地理环境还是人文理念，都足以说明我们在产品品质上占据很大的优势，相比于市场上同类产品，本产品具有很大的核心竞争力。

2. 产品生产环节

市面上的很多营销渠道，比如农产品直销店等，都无法做到对农产品生产过程进行监控，而认购模式本身可以实现企业对农产品过程的监管，同时，我们的理念是发展智慧农业，产品产地有北京科技大学社会实践基地，通过质量管控模型保证质量。团队为农户提供技术支持，用高新技术解决农产品生产问题。目前团队拥有专利技术 4 项，正在申请 8 项，专利主要形式为农业器械创新，减少生产成本，提高农民的生产效率。针对农产品质量问题，社会实践团队与当地农民、种植合作社签订社会实践基地建设协议，对农产品质量有严格把控管理机制，并配套书面合同进行管理。

3. 物流对接产品运输环节

由于孟子居在国内建立了 20 多个社会实践基地，可直接与当地物流机构联系，保证物流的速度与质量。

4. 售后服务

孟子居团队有良好完整的售后服务，

在农产品到达公司和消费者手中后，售后会及时进行客户反馈信息的收集整理，并及时制定解决顾客诉求的个性化方案，满足各类市场需求；同时对客户需求记录登记在案，并对产品进行改善与调整，根据各个农产品的销售量给农户提出如何调整农产品种植比例和范围的建议，以此来提升生产效率，提高土地利用率。

3.2.2　物流对接

为避免农产品运输过程中的一些非必要的损伤，我们优化了产品包装。比如在产品包装中合理利用非产品资源（树叶、果壳等自然资源），既可以提升产品的新鲜度与维持产品的水分，同时也能更大程度地利用自然资源，做到绿色环保。在物流运输方面，孟子居在五年实践当中，在全国范围内建立社会实践基地20多个，可与当地的物流公司保持联系，对物流流程实施监督与管理，保障物流畅通。

3.2.3　日常指导

1. 电商思维培训

由于农民分散经营，缺乏促销意识，且个体经营能力有限，缺少畅通的售货信息渠道，很容易造成农产品销售渠道阻塞。而在农产品电商化下，农民可突破封闭的生产经营方式，根据自己的需求向全国各地发布信息，也可以了解各地市场情况，根据市场信息和用户需求合理选择分销渠道。

2. 实用技能指导

培养互联网思维的同时，孟子居团队会利用大学生的优势传输一些电商小技巧与实用功能，既节省人力成本，又增强大学生社会实践能力，还能将课本所学应用到实际中来。同时，在种植方面，团队可

以在智慧农业和乡村振兴等方面进行知识普及，教授农户科学种植。

3. 劳动成果转化

孟子居团队会传授劳动成果转化方面的知识经验。通过孟子居平台可以为农产品解决销售渠道问题，此外孟子居平台根据市场营销理论，帮助农户建立品牌意识，提升产品质量。团队还可以教授农户如何通过直播带货，直接销售农产品，让农民能真正享受到一分耕耘、一分收获。

3.2.4　衍生公益

1. 带动教育

百年大计，教育为先。自2014年起，孟子居创业团队以北京科技大学社会实践为契机，向全国众多具有特色的农产品的贫困县派出社会实践团。在各地的调查中，孟子居创业团队发现外出务工几乎是贫困地区年轻人对赚钱的唯一认知。贫困地区青少年普遍教育程度不高，多数人接受完九年义务教育就选择外出务工，能够接受高等教育的人非常少，就算培养出了大学生，毕业后也往往不会选择回到家乡工作。因此，贫困地区对于外界的信息相对闭塞，生活观念几乎定型。

孟子居团队尽力改变这一现状，为当地注入新的思想和带去新的信息。社会实践正值全国中小学暑假期间，在外学习的孩子们都会回到家里帮助农作。在每一次社会实践和走访农户的过程中，孟子居创业团队的成员们都会对采访的农民进行家庭状况评估，并体验农作活动和向农户普及电商知识。在沟通交流的过程中，家庭中的青少年们也会积极参与。孩子们优于成人的学习能力与理解能力不仅能提高走

访沟通的效率，更会为孩子们带去大城市先进的思想和信息。孩子们"我以后要努力学习像哥哥姐姐们懂得一样多"的小小心愿，令团队感动与欣慰。教育的本质是教化人、引导人，孟子居团队在孩子们心里埋下的希望种子总有一天会生根发芽，在祖国大地茁壮成长。

此外，一些公司和组织在购买农产品的同时也能了解当地的生产和生活状况，有机会对当地的居民进行直接资助。比如在孟子居组织举办的校园营销大赛中，就有一位购买过贫困地区农产品的企业主，在认购果树后，从主办方那里了解到贫困地区的实际情况，直接资助了当地的一名贫困户儿童。孟子居项目的公益价值既让农户获得了更多的经济收益，又帮助有责任和爱心的公司组织参与到贫困地区帮扶中来。

2．带动旅游

生态主题旅游近几年来成为旅游产业的新热点，孟子居创业团队正将生态旅游带到贫困地区。孟子居项目在果树开花期或收获期，将会组织认购果树企业进行产地旅游观光，认购公司可以为员工发放参观休假的福利。对农户来说，可以帮助拉动消费，提高第三产业收入，宣传当地自然景观与人文景观，提高知名度与服务业水平，加强与外界的联系，带动农业与旅游业互动。

苹果产地甘肃省秦安县生态环境

3.2.5 应急事故处理

相关风险识别与处理措施，如表 3-1 所示。

表 3-1　相关风险识别与处理措施

序号	风险识别	处理措施
1	食用产品后，消费者产生身体不适	获知具体事件后，孟子居将及时组建团队及时送消费者就医，持续关注消费者状况，立即停止同类产品销售，消费者稳定后向源头追责并改正
2	物流事故造成产品丢失	确认消费者接收到快递公司人员发来的取件通知、网上的物流消息以及商品的名称、价格。确认快递是如何丢失的，并将短信、物流消息及商品信息反映给快递公司的工作人员，让他们进一步确定，并等待答复

（续）

序号	风险识别	处理措施
3	货源产生如植物疫病等风险	终止产品的生产与销售，立即邀请相关部门对涉及的果树等相关植物进行疫情分析，评估对产品的影响情况。对已生产产品进行检测，若产品不符合销售要求，则立即合理处理这些产品
4	气候突变等不可抗力因素导致农产品减产	对产量影响的情况做出分析，及时通知客户事态的发展情况
5	因政策原因，农产品价格涨幅较大	与消费者对政策调整进行友善沟通，并请相关专业人士做指导分析

3.2.6　售后服务反馈

1. 反馈信息获得

孟子居项目获取反馈信息的分为主动式反馈与被动式反馈。对于主动式反馈，孟子居团队会给签约的企业客户发放问卷，让企业员工填写，并用问卷红包的方式提高积极性。另外，由于问卷调查的局限性，孟子居团队也会和企业进行交流，就问卷调查反馈信息、自身服务和企业进一步需求进行沟通。对于被动式反馈，孟子居团队将在官方公众号、微博等自媒体平台开通反馈服务通道，随时保持与客户的沟通交流。

2. 反馈处理

在接受顾客反馈意见后，针对问题对产品与服务进行改良升级。此外，将根据顾客反馈信息，引进新品种果树。目前，秦安县种植的苹果以花牛和红富士为主，计划将在第二年为秦安引进红星、嘎啦果等种类的果树，丰富秦安的果品种类，满足不同客户需求。

4　市场战略

4.1　市场定位

4.1.1　C2B 模式

C2B 模式是孟子居项目提出的符合认购产品思路的销售模式。C2B 模式，即从消费者到企业的销售模式，属于互联网时代新的商业模式，目前在乡村振兴方面，运用该模式的企业非常少。孟子居项目运用独特的 C2B 消费扶贫模式，联系公司、社会团体等组织积极认购贫困户的农产品，形成长期帮扶对接关系，最终达到贫困户和消费者的自主对接目标，真正做到授人以渔，如图 3-5 所示。

图 3-5　C2B 模式的运用思路

4.1.2　目标客户

孟子居项目的目标客户主要为金融机构、企业，即公司与社会团体等。这些群体人数众多、发展空间大、社交圈广、购买力强，与之合作可以共同宣传，形成双赢。

4.1.3　客户消费心理

根据客户的消费心态，可以分为公益心态、好奇心态和满足心态。其中公益心态为重要的消费心态。在当今社会，正能量往往能获得广泛传播，公益产品可以吸引大量客户团体的注意和采购。好奇心态主要体现在农产品来源于西北边塞、东南沿海欠发达地区，人们对于这些地方充满好奇。此外，项目可以运用西北人民的奋斗故事吸引顾客消费，同时激发同情心。满足心态主要是指项目选择高品质农产品引起的质价比让客户产生满足感。

4.2　PEST 分析

项目 PEST 分析，如图 3-6 所示。

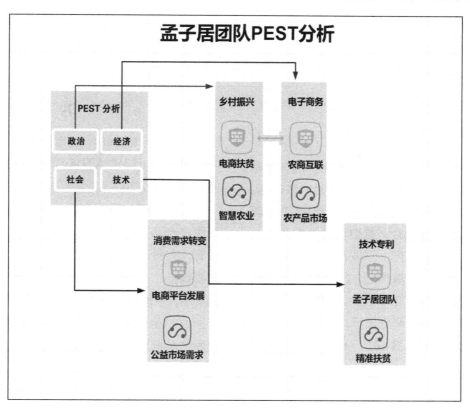

图 3-6　项目 PEST 分析

4.2.1　政策背景

十九大报告指出，农业农村农民问题是关系国计民生的根本性问题，必须始终把解决好"三农"问题作为全党工作的重中之重，实施乡村振兴战略。2018 年 1 月 2 日，国务院公布了 2018 年中央一号文件，即《中共中央　国务院关于实施乡村振兴战略的意见》。2018 年 3 月，国务院出台《政府工作报告》中讲到，大力实施乡村振兴战略。2018 年 5 月，中共中央政治局召开会议，审议《乡村振兴战略规划（2018—2022 年）》。2018 年 9 月，中共中央、国务院印发了《乡村振兴战略规划（2018—2022 年）》，并发出通知，要求各地区各部门结合实际认真贯彻落实。孟子居团队深刻落实乡村振兴思想，紧跟时事政策，采取电商方式，推进智慧农业的发展。相关政策背景如图 3-7 所示。

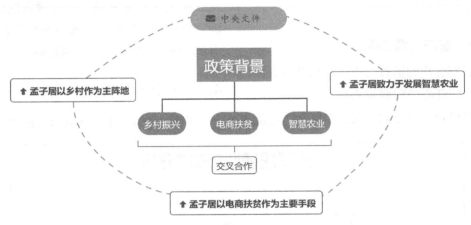

图 3-7　相关政策背景

4.2.2　经济背景

2016 年 2 月，商务部指出，商务部将会同农业部开展农商互联，通过"联产品、联设施、联标准、联数据、联市场"，实现线上线下深度融合，打造以电子商务企业为主体，上联生产、下联消费的新型农产品供应链。在此基础上，2018 年农产品电商交易额突破 2 200 亿元。国家统计局电子商务交易平台调查显示，2019 年全国电子商务交易额为 34.81 万亿元，比上年增长 6.7%。

据商务部信息，为方便电商企业联产品、联设施，商务部开发建设了全国农商互联地理信息平台，汇总收集了 3 000 多家农产品流通、电商企业、第三方物流企业和冷库的信息，免费供企业查询，提高了企业对接效率和物流设施整合利用效率。2018 年"双 11"期间，京东整合线下物流设施，为全国 243 个城市提供全程冷链生鲜农产品上门送达服务，农产品销售额同比增长超过 200%。

另据介绍，2018 年起，我国明确了公益性农产品市场建设的目标、任务和保障措施，完善顶层设计，推动市场建设由点到面铺开，从批发环节向批发、零售全覆盖发展，争取到 2020 年，初步建立起覆盖全国农产品重要流通节点，以跨区域公益性农产品批发市场为龙头、区域公益性农产品批发市场为骨干、公益性农产品零售市场和田头市场为基础的全国公益性农产品市场体系。

4.2.3　社会背景

1. 消费需求的转变

随着经济快速发展，客户在消费中不仅仅只关注于产品的基础属性，而是开始越来越注重产品在满足自己物质需求之外能带给自己的附加体验。产品的精神体验不仅包含产品功能层面的要素，更包含产品中文化、尊严、个性、记忆等精神层面的要素。据相关调查显示，客户期待产品具有文化特色的用户比例高达82.3%。这样的市场需求方向引导着产品市场向着高端化、多元化、个性化、特殊化的方向发展。区别于普通农产品销售平台千篇一律的品质、新鲜度和价格，公益农产品电商平台更加注重客户精神方面的满足，通过公益消费以及关于农产品和农民们的故事，满足消费者的精神追求。公益农产品电商平台正是适应这种消费需求变化的产品，通过文化资源深厚的推动力、导向力、凝聚力、鼓舞力赋予电商平台更深层次的内涵，形成和反映一种积极、健康、快乐的生活方式和生活态度，使消费者在消费体验的过程中，形成强烈的思想共鸣和精神满足，并通过充分享受消费带来的乐趣，进而对自身生活方式形成一种满足与肯定的积极心态。

2. 电商平台的发展

2020年，全面小康目标完成日期也越来越近，为了实现全面脱贫，解决西部地区的部分贫困农村问题，国务院、农业部、商务部等多个部门颁布了大量关于"互联网+农村"的文件，促进电商平台的发展，特别是解决了西北农村信息闭塞，无法有效宣传农产品的问题。发展电商平台能有效帮助农户解决销售渠道问题，让农民能将农产品及时卖出去，又能让消费者快速低价格地获得新鲜农产品。因此，建立公益农产品电商平台拥有很广阔的市场，能为国家带来经济、文化和社会多重效益。

3. 公益的市场需求

随着社会主义核心价值观的提出，"正能量"越来越引发人们的注意，企业非常愿意投入公益事业，如蚂蚁森林等。公益能为企业树立良好的公益形象，而孟子居项目正好可以将电商平台和公益结合，做到经济效益和社会效益相统一，同时结合秦安奋斗精神和农民的奋斗故事，可以起到事半功倍的效果。

4.2.4 技术背景

1. 互联网技术趋于成熟

随着智能手机的普及，4G、5G技术的快速发展，互联网的影响越来越大，给各行各业都带来了不同程度的影响。孟子居团队基于"互联网+"，通过电商落地服务乡村振兴，智慧农业，达到精准扶贫的目标。

2. 团队技术

团队成员多为在校大学生，具有研发和创新能力。目前，团队已经开发了电商平台，并应用于实践。在农产品生产方面，团队拥有专利技术4项，正在申请8项，专利内容主要是用高新技术解决农产品生产问题，减少生产成本，增加农民的生产效率。此外，农产品不像工业产品那样结实，所以就需要一个好的包装来防止农产品因磕碰而导致的损坏，影响客户对品牌的印象，而公司提供的技术支持，能减少农产品外形因受外力导致损坏的意外发生。

4.3 波特五力模型

波特五力模型如图3-8所示。

4.3.1 供应商讨价还价

目前，孟子居公益扶贫团队电商平台

的主要供应商为甘肃省秦安县、陕西省延安市、福建省霞浦县的龙头企业和农户。这些农产品供应商主要由政府牵线搭桥。

由于有当地政府的宏观调控和农产品销售难问题，供应商议价能力低。

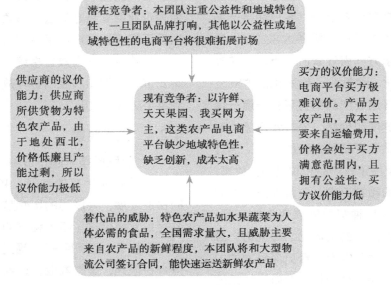

图 3-8　波特五力模型

4.3.2　购买者讨价还价

目标顾客主要是公司、社会团体等。由于产品带有公益性，买方议价能力低。产品为农产品，成本主要来自运输费用，价格会处于买方心理价位范围内，应用电商平台使得议价行为很难做到，必要时可以利用折扣等方式促进消费者购买。

4.3.3　潜在进入者威胁

目前的电商平台主要是以便捷、种类齐全来吸引顾客，市场已经处于饱和状态，消费者面对于大量的电商平台不知如何选择，也不知道选择什么样的农产品。孟子居团队开创性的利用公益和地域特色，通过讲述西北人民的奋斗历程与帮助农村脱贫致富的公益事业来吸引消费者。公益具有很难模仿的特性，一旦团队以公

益特征打开市场，将会获取独特的竞争优势。

另外，进入速度也是至关重要的因素。目前团队已经联系上线了甘肃、陕西、福建等地的几个著名农产品县的知名产品，与其他电商平台相比已经拥有了前期进入优势。

4.3.4　替代品威胁

农产品主要指农业生产出的粮食、植物油、水果、蔬菜，这些都是人类生活必需的产品，需求量大，市场难以饱和，特别是水果，其替代品只能为水果本身，而是否被替代的关键因素主要是新鲜程度与营养程度。本团队已经与大型物流公司签订合同，多数产品直接进行空运，保证新鲜和营养不流失。此外，因为现有产品供

应地的昼夜温差大，日照充足，水果甜度足，营养成分高，所以替代品威胁程度低。

4.3.5 同行业竞争

优秀农产品电商平台对比分析，如表 3-2 所示。

表 3-2 优秀农产品电商平台对比分析

项目	我买网	天天果园	沱沱工社	许鲜	本平台
品牌影响	好	一般	一般	好	预计较好
产品价格	贵	较贵	较贵	较便宜	便宜
产品种类	极其丰富	一般	丰富	一般	一般
平台特色	种类丰富	无亮点	品类多	方便快捷	公益
受欢迎程度	好	一般	一般	好	预计较好

5 运营模式

团队采用集知识扶贫、技术扶贫和消费扶贫三点于一体，整合学生、高校、企业、政府和研究所五个功能主体的"三点五维"运营模式，通过充分激发团队学生群体的主观能动性，发挥高校的多元化平台作用，提升企业的需求和购买力，利用政府部门的合作纽带机制与研究所机构的理论技术指导，从知识传播、技术培训和助力营销的角度开展扶贫工作，如图 3-9 所示。

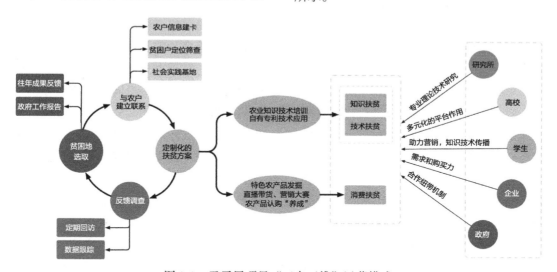

图 3-9 孟子居项目"三点五维"运营模式

大学生在该运营模式中发挥着核心作用。一方面，学生组建实践团队对贫困地区进行前期调研，精心选择贫困地区作为实践基地和选取当地特色农产品资源，自主设计包装和制定营销方案，利用淘宝、微店等电商平台帮助当地贫困户开设网店，并联系物流公司构建物流网络，将电商、直播带货等新兴模式带入贫困地区；另一方面，作为具有创新活力的大学生群体，可以将先进的农业生产理论、生产工具和专利技术带入贫困地区并开展相关培训，从知识扶贫和技术扶贫等角度开展工作。

高校在运营模式中发挥着多元化的平台作用。在团队成员招募和管理方面，团队借助北京科技大学团委和社会实践平台发布社会实践计划和招募信息，对各学院学生进行项目宣讲和成员遴选，以此实现团队的人员补充和长效运行。通过高校平台，团队可及时了解其他高校的扶贫创业动态，并定期举办交流分享活动，达到见贤思齐、优势互补的良好效果。

企业在该运营模式中发挥着以拉动需求发展经济进而带动脱贫的重要作用。作为拉动地方经济发展、缓解就业压力的主体，促进当地企业与贫困户的对接，可以有效疏通销售渠道，降低成本，在惠及贫困户的同时保证农产品的收购，并树立良好的口碑。此外，企业在该模式下的团建活动、公益活动和文化建设也能进一步推动消费扶贫，比如孟子居项目目前开展的DIY苹果和果树认购活动就属于这种模式。

政府在该运营模式中承担合作纽带的中间角色，可以通过营造良好的营商环境，为企业、农户等不同经济主体降低信息的不对称，更好地搭建合作平台。一方面，政府为生产方寻找优质的农产品，推动当地农业发展，打造地方农产品特色名片；另一方面，政府为当地贫困户寻找有需求的客户，可以在给予贫困户适当补贴的前提下，促进农户生产积极性。此外，政府还可以通过相关部门控制农产品的质量，为当地农产品品牌建设奠定基础。

研究所在该运营模式框架中发挥着理论和技术指导的作用。孟子居团队依托北京科技大学等高校相关实验室和科研团队，立足"导师－研究生－本科生"的立体化培养模式，以本科生为主的实践团队成员负责前往贫困地进行一手资料和数据采集，研究生将在这些数据资料进行分析归纳，最后在导师指导下发表学术论文、申请专利，后期会将这些研究成果进一步反哺到贫困地区。

团队运营依托北京科技大学暑期学生社会实践平台对运营模式进行细化，主要分为前期调研、社会实践、知识普及、产品营销和公益传承五个部分。

在前期调研中，团队将广泛搜集和阅读贫困地区相关资料与往年实践团队调查反馈材料，选定实践地点并与当地建立联系，在对当地实际情况有初步了解后，组建实践调研团，并对成员进行专业性培训；在社会实践中，实践调研团队将前往目的地开展信息采集工作，在充分挖掘当地特色农产品等资源的基础上制订特色化公益扶贫计划，实现对贫困户的精准帮扶；在知识普及中，团队将协同当地政府等相关部门开展农业生产的专业性知识普及与技术培训，使农户具备产品质量意识，并学习和了解农产品电子商务、农业科技等新兴农业发展模式。团队将根据当地实际情况利用自主研发的技术或器械帮助农户提升农业生产效率，并通过对接物流公司和建立农产品电商服务站点等方式为农产品打开销路；在产品营销中，团队将着力对实践地区的特色农产品进行推广。通过制定产品营销方案，开展公益性宣传，举办校园营销大赛以及相关创意性活动提高特色农产品知名度，为农户创造经济收益。在公益传承中，团队致力于打造学生帮助农民、农民回馈社会、社会影响高校、高校鼓励学生的良性循环，充分发挥当代大学生的知识和技术优势，用亲身行动来认识农村，参与扶贫，收获成长。

5.1 运营流程

5.1.1 贫困户的选取

我国农村人口基数大，贫困人口统计也会因数量庞大而难以进行，进而造成贫困定位不准确的难题。针对这一常见问题，团队采用实地走访调研和当地贫困人口信息获取相结合的方式进行贫困户的确认和选取，确保扶贫工作落实到位。团队通过查阅大量相关资料，并结合国务院扶贫开发领导小组和政府扶贫工作办公室下发的相关信息，在全国范围内寻找适合通过农产品电商来开展扶贫工作的实践地。确定目的地后，团队将在正式前往扶贫地区前与当地扶贫办取得联系，在获得当地贫困信息名册后，根据名册挨家挨户进行信息采集和贫困情况确认。

孟子居团队已经发动大学生 500 余人，走访中国 20 多个省的贫困县，调研 400 户贫困户，并从中选出 246 户贫困户进行帮扶，如表 3-3 所示。

表 3-3　贫困户调查筛选

地区名称	调查贫困户数量（个）	帮扶贫困户数量（个）
甘肃秦安县	39	24
山东邹城市	90	45
……	……	……
总计	×××	×××

依据采集到信息，团队编制了《孟子居贫困户信息采集表》，主要记录贫困户的家庭基本信息、家庭收入状况、收入来源、各个农产品种植情况种植比例等，为精准定位贫困户做进一步的调查，并将搜集到的数据进行进一步整理分析，初步总结出贫困的主要原因，并提出扶助建议。

根据孟子居的贫困评估模型，利用采集到的贫困户各项信息，对贫困户进行评估，从中选出适合孟子居创业团队帮扶的贫困户。评估模型中将贫困户的主要确定因素分为家庭结构、家庭经济情况两个方面。运用层次分析法，给出各个因素对贫困程度影响的权重。将相应的贫困程度影响乘以各自的权重再求和，即得总体对贫困程度的影响。

家庭结构方面。$F=\{F1, F2, F3, F4, F5\}$。其中，$F1$ 为家庭人口，$F2$ 为单亲与否，$F3$ 为离异与否，$F4$ 为家庭长期患病 / 上学人口，$F5$ 为劳动比例人口。对家庭结构进行量化分析：家庭结构的描述为离散型的数据，因此可以对不同的数据给出相应的贫困程度。对于家庭人口，只有当家庭人口超过某个值时，才与贫困有相关性；对于家庭单亲、离异的情况，当这部分因素状态为"是"的时候会增加贫困的概率；对于家庭长期患病和上学人口，随着数量的增加会直接影响贫困程度；而对于家庭劳动人口比例，这与贫困程度呈负相关。

家庭经济状况方面。$E=\{E1, E2, E3, E4\}$。其中，$E1$ 为家庭年总收入，$E2$ 为家庭人均收入，$E3$ 为家庭总资产，$E4$ 为特困户等户型。对经济状况进行量化分析：在贫困户认定过程中尤其是家庭资产方面，应全面考虑家庭所在地域自然条件等具体情况，可将遭受自然灾害的不同严重程度设置不同权重。

综合性评价：设 p 表示贫困程度，如上所述，选取各个因素对贫困影响的函数关系。

5.1.2 基地的建立

考虑到公益扶贫的长期性和持续性特征，团队将与当地政府主管部门建立长期合作关系，建立社会实践基地进行贫困户信息建档管理和跟进。从技术扶贫、知识扶贫等角度出发，通过建立培训中心与当地扶贫部门共同对农户开展农业生产培训

工作。

5.1.3 长期签约与合作

孟子居团队扶贫前期调研工作进行完毕后，为保证日后扶贫工作顺利进行，孟子居团队与当地政府部门进行正式签约，随后筛选符合资质的企业单位，并与其签订正式合同。

下面是部分签约单位和签约项目案例，如图 3-10 所示。

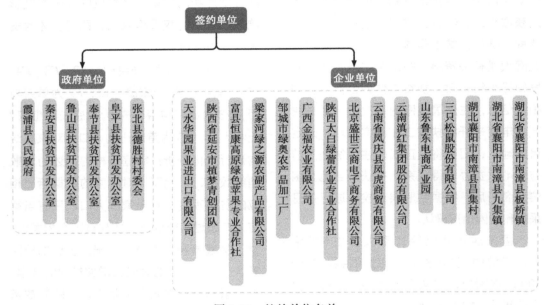

图 3-10 签约单位名单

1. 甘肃秦安签约项目

签约项目包括以下部分内容：

一、签约双方

甲方：秦安当地农产品合作社、当地企业，秦安县扶贫开发办公室

乙方：孟子居创业团队

二、合作项目

针对秦安地区贫困户情况，对农产品生产销售现状进行调查研究，详细调查当地贫困户情况，深度挖掘当地农特产，帮

助当地规划销售，发展线上电商销路，响应国家精准扶贫政策。

三、合作成果

（1）详细考察了解了当地的风土人情、气候特征，以及贫困户的经济、资源和短板等情况，发现当地多山地丘陵，气候具有光照充足、降水量少、昼夜温差大的大陆性气候特征，经济结构以农业为主，其中林果业占比最为突出，当地蜜桃、苹果、花椒等农作物产量大且质量很高，劳动力

成本较低，对比国内其他瓜果作物产区具备明显的产品质量和成本优势。然而受限于交通的不便和电商经济的不发达，当地所产的该类瓜果作物销售以往均通过"农户—小规模收购商—大规模收购商—市场"渠道实现，团队据此为当地制定了扶贫具体实施方案。

（2）团队帮助当地果农策划并协助实施农产品销售渠道的改良方案。团队提供并建设线上平台和销售渠道，借助淘宝、微店等电商平台，将电商模式规模化地引入当地农产品销售，减少中间收购商的过程，并提高农户本身的利润空间。据团队跟踪调研数据统计，改善销售渠道后，农户的利润相较于改善前提升了40%。

（3）团队帮助当地贫困户果农策划并实施了销售方案。与北京科技大学经济管理学院合作策划了"秦安·华园果业杯"校园公益营销大赛，并结合"129"运动等契机开展了"我有一棵树，足以来扶贫"系列果树认购活动，以苹果"养成"的方式让客户参与到果树的生长结果全过程中，以"苹果期货"的方式减轻了贫困户果农在种植过程中前期投入大、资金回笼不确定性的压力。该系列营销累计销售额达到110余万元。

2. 陕西延安签约项目

签约项目包括以下部分内容：

一、签约双方

甲方：延安当地农产品合作社、当地企业

乙方：孟子居创业团队

二、合作项目

针对延安的农产品生产销售现状进行调查研究，深度挖掘当地农特产，帮助当地规划销售，发展线上电商销路，响应国家精准扶贫政策。直接采购延安当地红枣、核桃农产品，进行加工包装售卖。

三、合作成果——"五枣俩核桃"营养计划

（1）2017年4月和7月，团队两次前往革命圣地延安参加青年红色筑梦之旅活动。团队成员在延安学习了红色革命精神，走访至梁家河，参观了延安革命纪念馆，并且与当地签订"社会实践落地长期协议"。

（2）团队发现了富有当地特色的优质农产品资源——红枣和核桃，红枣和核桃的营养成分丰富，每天食用将对人体大有裨益。基于此项优势，团队策划了"五枣俩核桃"营养计划，通过搭建电商平台、直播宣传等新形式为当地的红枣和核桃产品打开了销路。该项活动受到了中央电视台《新闻联播》节目的采访和报道。为了使计划顺利落地，将理想变为现实，团队先后多次前往延安市，为当地贫困农户和企业的对接搭建了桥梁和纽带，将当地贫困户手中优质的红枣和核桃批量销售给企业客户。

（3）团队联系到当地枣夹核桃加工的产业基地，与当地企业签订合约，放到孟子居创业团队电商平台进行销售。团队成员还对产品进行了特色化的包装设计，提升产品定位，更加符合目前市场化的需求。

四、合作成果——苹果DIY定制

（1）本次活动所产苹果均来自延安本地的贫困户，通过制定苹果DIY定制方案，为当地贫困户的苹果销售打开了一条新的销路。该方案中，客户可以把自己想要的图案（如商标等）印到苹果上，苹果本身可作为食品，同时刻字的苹果可以作为礼品，比较于普通苹果更加有意义。苹果的印字原理是因为部分遮挡使苹果光合作用上色的过程中发生变化，所以对人体健康无任何危害。

（2）实现了认购的个性化。客户认购完苹果树之后，该苹果树会挂上企业的牌子。例如，当企业大量认购苹果时，可以将该片区果园设置为企业的苹果认购基地，进行挂牌宣传。

（3）苹果DIY制作为纯自然生长过程，伴随着较长的生长周期，因此需要预定，先付款再定做，该机制有效缓解了贫困户在果树培育过程中的资金支出压力。

其他相关案例，由于篇幅原因在此省略。

5.2 知识扶贫

5.2.1 知识获取

习近平总书记强调："扶贫既要扶智，又要扶志，一个是智慧，一个是志气，不光是输血，还要建立造血机制，脱贫后生活还要不断芝麻开花节节高。"为响应习近平总书记的号召，孟子居公益助农创业团队秉承扶贫同"扶智""扶志"相结合的宗旨对贫困户进行知识扶贫，以增强农民产品质量意识，具有互联网思维，激发其通过新渠道、新方法来发家致富的志气，为未来谋发展之路。

孟子居团队针对贫困评估模型中符合条件的80多户农产品种植贫困户，对其进行基本电商知识培训，帮助其与企业、物流公司对接，着重增强农民的电商意识和质量意识，使其了解、掌握整个互联网产品的销售流程，具备独立与客户沟通的能

力。此外，团队与贫困户建立了长期的对接机制，可以随时帮助他们解决销售农产品时出现的各种问题。

培训模式采用"深入农户家中＋召集贫困户一起＋远程对接"的方式。团队深入农户家中，与其近距离交流，更好地根据各家各户实际情况进行有针对性的培训。同时，利用召集贫困户一起学习的形式进行电商知识、质量意识与客户管理培训，帮助当地的农民理解电商平台的运作原理和掌握基本操作技巧。向农民介绍电商基本原理、相关名词、优势与发展现状，提高农民发展电子商务的能力，为他们线上销售农产品打下基础。

5.2.2 知识传播

培训内容主要针对农民缺少的三部分知识展开：电商知识、质量意识以及客户管理。电商知识培训是农村开展电商帮扶的基础，只有农民足够了解电商知识，才能自行在电商平台上进行销售。孟子居创业团队在帮扶地组织农民培训，邀请大学电子商务教授与农民对接教授课程，向80余户农民介绍电商基本原理、网络入门知识、电商经典案例等，提高农民发展电子商务的能力，为他们线上销售农产品打下基础。授人以鱼不如授人以渔，电商知识培训的最终目的是让农民学会自己进行基本的平台操作，如微信应用、网络实操、数据汇总、远程指导等。孟子居团队在电商知识培训之余还有意识地培养农民的电商意识，比如流程设计、网店管理等课程培训。电商意识不同于电商知识，这要求当地的农户拥有现代化的、信息化的眼界与思维，利用现代的技术手段和营销方案去进行现代化的推广和销售，让他们在日

常劳作的同时思考如何将现有农产品通过电商渠道进行销售。

5.2.3 知识应用

孟子居创业团队在北京科技大学组织学生参加营销大赛为贫困地区销售农产品，旨在助力贫困农民精准扶贫，帮助贫困地区实现脱贫。贫困农民通过电商平台的营销模式与客户进行交易，并保持与客户的联系。孟子居创业团队和大型物流公司签订合同，快递公司每天定时前来取走地区内所有待发货订单，既能保证新鲜农产品的及时配送，又能高效统一地解决物流问题，实现物流与农户的对接。

消费者在"孟子居"公众平台认购产品并下单支付，团队会将认购产品与认购资金分派给对接贫困户，最终产品会通过物流按要求发送给客户。这要求农民具有包装产品的能力及迎合市场的思维与知识，熟练掌握如何在网络平台销售产品。农产品电商化能让农民突破封闭的生存经营方式与环境，让农民可以根据自己的需求向全国各地发布农产品信息，平台也可以了解各地市场情况，根据市场信息和用户需求合理选择分销渠道。因此，运用电商渠道能极大促进农产品的销售，带动当地产业发展，带动贫困地区家庭脱贫致富。

5.3 技术扶贫

5.3.1 技术获取

孟子居团队与北京科技大学、北京林业大学、中国农业大学等高校联合研发新型技术，目前已研发出花生分级筛选机、多功能花生摘果机、青皮核桃脱皮机、红枣去核装置和花生脱壳机提料装置，并已

获得相关专利认证。这些技术与设备能有效提高农民的生产效率，增加农民的收益。团队与山东省花生研究所合作，改良农户的花生种植技术，建立博士后工作站，致力于花生培育、种植等技术研发。

团队内部采用"高校教师－研究生－本科生"的立体化调研模式，由本科生前往贫困地区实地调研并获取一手数据材料，研究生负责科研攻关和技术研发，教师负责统筹规划和研究指导。同时，团队注重知识产权的保护，将及时开展科研成果转化与专利申请工作。

5.3.2 技术传播

孟子居团队将在扶贫地开设培训中心，为不同行业的人群提供相应的专业知识培训。培训中心将为农民开设公益课堂，包括林业电子政务、农产品养殖、森林经营技术等课程，让农民能在科学的指导下开展果树种植、培育等工作，一方面不断提高果品产量，降低成本；另一方面也能提高果品的质量，保证果品绿色健康，口感优质。

为及时将最新的研究成果和相关技术传授给农户，团队每年将选派人员组成实践团队前往相应贫困地区或实践地开展新型技术宣讲活动，以此保持技术的更新迭代和持续性的成果普惠。

5.3.3 技术应用

团队目前研发出的多功能花生摘果机可应用于花生种植的果实收获；花生分级筛选机可应用于对收获到的花生果实进行分级筛选，按等级出售花生以实现产品收益最大化；花生脱壳机提料装置可应用于对花生农产品的进一步加工处理。以上三

项发明专利均针对花生产品的生产全过程提出，可有效帮助农民提高花生种植和利用效率。研发的青皮核桃脱皮机和红枣去核装置可用于对核桃、红枣等农产品的深加工处理，有利于团队在甘肃省秦安县扶

贫项目中"五枣俩核桃"营养计划的相关产品生产。团队与山东省花生研究所合作研究的花生培育与种植技术也将按照因地制宜的原则在各实践地应用。

孟子居团队已获部分专利证书

5.4 消费扶贫

5.4.1 客户获取

可靠的客户来源是维持项目不断良性运作的基本前提。由于本项目采用 C2B 运营模式，客户的获取方式可以概括为四种途径。

（1）基于电商平台的客户获取。

（2）基于传统线下模式的客户获取。

（3）基于线上大型信息分享平台直播的客户获取。

（4）原有客户的进一步挖掘。

5.4.2 产品推广

产品推广是项目向前进行的重要环节，推广的重心将致力于用较低的成本换取最大的推广效果。现有产品推广的途径有以下五种形式。

（1）通过大型信息平台发布产品信息。

（2）组织营销宣传大赛进行产品推广。

（3）通过短视频等社交平台进行产品推广。

（4）帮助农户利用"合作社 + 贫困户"

模式进行产品推广。

（5）利用已有各类资源进行产品推广。

5.4.3 交易流程

首先，孟子居创业团队实地走访调研贫困农户，了解当地贫困户的详细信息，撰写调研报告，筛选出适合本项目扶贫模式的农户以及果树的产品信息。然后团队将和贫困农户一起进一步改良产品，为贫困户进行相应的电商培训。团队将和贫困户一起进行日常的果树例行巡视检查，帮助农户搭建物流运输体系和不断完善服务框架与流程。

其次，在上述工作完成后，孟子居创业团队将向金融机构、企业、社会团队、个人推广农户的果树认领扶贫助农项目。目前已经与数十家金融机构、企业达成长期合作协议，来认购和帮扶贫困地区的农产品销售。

最后，在果树认购后帮助贫困户完善售后服务，增加认领商户、企业、团体对果树认购的满意度，以此继续推动和挖掘新老客户继续认领果树，如图 3-11 所示。

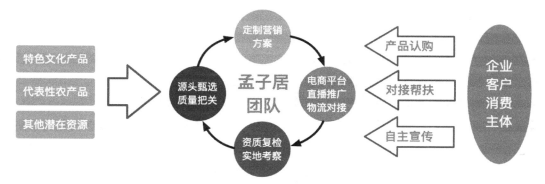

图 3-11　孟子居扶贫产品交易流程

5.4.4　售后服务

售后服务是项目不断推进的重要保障。果树认领项目的售后服务体系建设，包括以下基本内容。

（1）每年带领认购企业和人员前往贫困地区实地体验。若认购果树的相应单位、团体和个人有实地体验采摘果实的意愿，团队将帮扶农户提供果树探视、果实采摘等服务。

（2）果树生长情况服务。若认领方有意了解果树生长情况，可以告知果树提供方定期反馈果树生长状况（包括果树实时的生长图片、果树的结果率、是否遭遇虫害等）。

（3）果实寄送服务。果树的认领方是果树果实的所有者，果树认领方可以要求果树提供方帮助采摘果实，并且通过相应物流送往果树认领方的指定地点。

（4）果树照看服务。果树认领方认领果树后，果树提供方负责帮忙照看果树，包括给果树施肥、除虫除草等相应服务，保证果树的健康苗壮成长。

（5）果实销售服务。若果树认领方所得果实大于认领方的需求量，果树提供方可以帮助销售果实，保障认领方的果实资源不浪费、不损失。

5.5　团队自主打造消费扶贫模式

5.5.1　举办校园营销大赛

孟子居是由青年大学生组成的创业团体，可以利用学生身份的优势与学校及学生会等组织进行合作，开展校园营销大赛，打开信息发布渠道。通过组建学生销售团队、农产品认购等方式面向校园推广贫困地特色农产品，在获得经济收入的同时扩大公益影响力，形成良性的循环。在与北京科技大学合作举办的"秦安·华园果业杯公益"营销大赛系列活动中，同学们积极推广项目产品，辐射面十分可观，大赛也能让信息充分传播到有需求的企业。经过连续的赛事举办，销售额达到 110 余万元。

5.5.2　直播带货

近年来，直播带货逐渐发展成为一种重要的销售方式，特别是在本次疫情期间，直播带货发挥了重要作用。直播带货能拓宽贫困地区农户的增收渠道，同时也让消费者知道并且享受贫困地区的绿色优质农产品。孟子居团队顺应直播带货的时代风口，积极响应国家乡村振兴战略，围绕各地产业发展重点，推动优质农产品走出大山。目前，孟子居团队与多方合作，在直播间推出了湖北南漳茶叶、平谷水蜜桃、湖南衡阳糍粑、宁夏玫瑰八宝茶、山西高平木耳、湘潭蜂蜜等优质农产品，观看直播量达10万余人次，销售额达50余万元。

5.5.3　农产品 DIY 服务

团队在实地了解不同地区农产品特色后，创新地为特色农产品进行设计、包装、加工等一系列的定制策划，提供新颖且符合热点的营销方案。通过 DIY 设计服务延长农产品价值链，增加农产品价值。团队已经成功策划实施的农产品 DIY 服务如下：

1.　秦安苹果定制

为了增加秦安苹果的商业价值，更好地帮助当地农户销售农产品，团队策划了苹果 DIY 定制服务。客户购买苹果后可与团队进行前期对接，提出定制苹果的要求，由团队为客户提供定制苹果的解决方案。比如，客户可以在果树成熟期之前，向团队定制在苹果上的图案，随后团队会指导农户在苹果套袋之后，用黑色纸贴贴在果树上，苹果被遮挡的部分会显现黄色，其他有阳光照射的部位呈现红色。该方法可以提供客户需要的图案定制样式，并且保证苹果的质量。

团队持续三年进行北京科技大学平安果活动，设计北京科技大学专属包装袋，在特定节日进行售卖，借助节日效应推广秦安苹果。同时，结合校园特色场景和四季变换，精心设计了包装盒，增大秦安苹果在校园内的影响力。

2.　茶叶盲盒

为了迎合当代年轻人的消费理念，创新销售方式，团队与霞浦地方茶产品公司对接，依据茶叶特性进行筛选，制作茶叶盲盒，通过自动贩卖机进行贩卖，打破销售地点的局限性。

3.　枣夹核桃

团队连续5年前往延安农村进行考察，通过与合作社讨论，决定针对延安特产红枣和核桃进行农产品深加工。目前，团队可代加工做成枣夹核桃等产品，丰富产品呈现形式。

4.　农产品礼包

团队可将相关农产品代加工成饼干茶、什锦茶、枣夹核桃等礼包，辅以团队设计的包装，帮助农民增加产品商业价值。

5.5.4　C2B 模式

孟子居团队通过实地考察了解贫困地实际情况，并积极与当地农产品企业进行合作。经过几年的探索实践，最终确立企业与农户之间固定的帮扶模式，团队在 C2B 模式中起到纽带作用，帮助农户和企业双方形成匹配，确立固定的三方合作体系（见图 3-12）。

（1）调研先行，助力模式建立。孟子居团队作为中介，通过社会实践活动等形式前往各贫困地区开展调研，为当地特色农产品销售搭建多方平台奠定基础。

（2）宣传配套，促成销售增长。团队通过各种宣传手段，直接为农户联系公司、社会团体等，积极认购贫困户的农产品，形成长期帮扶对接关系。农产品成熟后，团队将通过物流网络将农产品发给客户。

（3）持续追踪，完善整体流程。团队将持续跟踪整个帮扶流程，调查农民与客户对接、农民与企业对接情况，反馈存在

的问题与不足。每年对模式持续进行调查和研究，不断完善整个 C2B 体系，为农户

增加收入，提升客户体验。

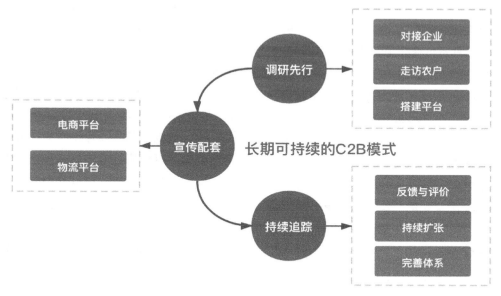

图 3-12　C2B 模式提供帮扶保障

5.5.5　全流程交互体验模式

在客户与果农签订完农产品认购协议后，果农会向认购方提供果树的实时生长状况，比如，果树健康状态反馈、果树农药喷洒情况、果树结果率、果树果实质量反馈等。如果客户希望对果实进行定制，团队将帮扶果农提供果实 DIY 服务，在果实上印上顾客指定的图案，并全程实现果农与认养者的信息交互，构建新型的全流程交互体验模式。

6　财务分析

6.1　基本财务假设

孟子居"一棵树"公益扶贫项目的基本财务假设包括会计主体、持续经营、会计分期、货币计量四个方面，具体内容如下。

1. 会计主体假设

"一棵树"公益扶贫项目的资金运作、品牌代言、合同签订等活动均是由山东省邹城市孟子居生态农业有限公司，团队正在申请"北京市孟子居农业实践发展协会"以替代目前孟子居生态农业有限公司的工作，方便公益扶贫项目的运行。

考虑到会计主体应为企业独立于其所有者及其他企业之外的个体，且表现为独立核算的单位，孟子居"一棵树"公益项目的会计主体为山东省邹城市孟子居生态农业有限公司。

2. 持续经营假设

根据孟子居公益扶贫项目的战略规划，团队未来将继续致力于农产品电商扶贫工作，产品将趋向多元化，包括果树认购、生态零食、"五枣俩核桃"、梁家河苹果定

制等，提供物流、质量控制、公益体验等服务。同时，除孟子居生态农业有限公司外，孟子居农业实践发展协会和北京孟子居发展有限公司也在申办中，经营规模不断扩大，具备可持续经营的条件假设。

3. 会计分期假设

孟子居公益扶贫项目以农业和电商销售为载体，产品挖掘、协议签订、产品预售、产品交割等活动的运营周期需要与农业生产周期一致，即以年为单位，部分商品一年可进行多次运营。该扶贫项目目前已经持续运营 4 年，在以年为单位的跨度上具有纵向可比性，所以会计分期假设以日历年为单位。

4. 货币计量假设

目前，"一棵树"项目开发的供应链、销售渠道、顾客群体都属于国内市场，因此交易使用货币均为人民币，作为会计计量的货币基础同为人民币，单位为元。

6.2 资金来源及运用

6.2.1 启动资金

1. 启动资金来源

"一棵树"公益扶贫项目启动资金为 ×× 万元，其中，自有资金 ×× 万元，银行借款总额 ×× 万元。

2. 初始投资项目

孟子居"一棵树"公益扶贫项目是一个以电商农产品扶贫为主要目标的项目，目前扶贫成果显著，吸引资金可以更好地扩大项目规模，服务更广大贫困地区的农民。团队投资估算范围包括：固定资产投资估算（计算机等办公设备、仓库建设费用、公用工程项目、服务性工程、配套费用、其他费用）和铺底流动资金、总投资的估算。

孟子居"一棵树"公益扶贫项目的初始投资估算依据：

（1）国家、行业和地方政府的有关规定。

（2）工程勘察与设计文件，图示计量或有关专业提供的主要工程量与主要设备清单。

（3）行业部门、项目所在地工程造价管理机构或行业协会等编制的投资估算指标、概算指标（定额）、工程建设其他费用定额（规定）、综合单价、价格指数和有关造价文件等。

（4）类似工程的各种技术经济指标和参数。

（5）工程所在地的同期的工、料、机市场价格，建筑、工艺及附属设备的市场价格和有关费用等。

（6）政府有关部门、金融机构等部门发布的价格指数、利率、汇率、税率等有关参数。

（7）委托人提供的其他技术经济资料。

（8）其他费用的计取。

①建设单位管理费依据《工程建设费用定额管理办法》计列。

②生产准备费用包括提前进厂费和培训费。

③项目开办费按工程建设投资（固定资产投资）和项目总投资规模确定。

④项目不可预见费按规定计取。

⑤项目基本预备费按规定计取。

⑥项目建设材料涨价预备费按规定计取。

3. 投资具体金额

孟子居"一棵树"公益扶贫项目按照

投资区域分为租用仓库进行库存准备与自建库存仓库。租用仓库进行库存准备，包括设备购置费用、预备费和租金费用，其中，仓库装修及设备购置费用 ×× 万元，预备费用 ×× 万元，租金费用 ×× 万元。

孟子居初始投资总资产 ×× 万元，固定资产投入 ×× 万元，无形资产总价值 ×× 万元（主要包括四项发明专利）。

6.2.2　融资计划

孟子居目前融资来源主要是银行的短期流动资金借款和商业信用，公司预计在 3 年内以银行贷款的方式融资 ×× 万元。

6.2.3　资金使用计划

融资资金主要用于未来工作场所的租借、办公设备的更新、生产基地的建立，担保方为公司。

6.3　资产负债表

具体财务表格省略。

6.4　现金流量表

具体财务表格省略。

6.5　利润表

具体财务表格省略。

6.6　经济评价

6.6.1　经济评价的依据与范围

孟子居"一棵树"公益扶贫项目经济效益的评价方法主要是根据我国现行项目经济评价标准《建设项目经济评价方法与参数》（第二版）。规定的建设项目经济评价包括：财务效益、国民经济效益。财务评价是从项目财务效果的微观角度来分析，国民经济评价是从国民经济角度分析项目可行性。所谓投资项目的宏观经济评价指标，是试图区别于长期以来在项目经济评价方法中采用的消费效益这一福利经济学标准，从宏观经济角度评价项目的贡献。

6.6.2　基础数据与参数选取

（1）根据《建设项目经济评价方法与参数》以及国家产业政策、市场需求及资金时间价值等因素确定：所得税及税后财务基准收益率分别确定为 12% 和 10%；项目资金税后财务收益率为 13%。

（2）根据《建设项目经济评价方法与参数》确定项目资产负债率合理区间为 40%～60%。

（3）孟子居"一棵树"公益扶贫项目税金及附加包括增值税、城市建设维护税和教育费附加。增值税率为 13%，城市建设维护税率按增值税的 7%、教育费附加按增值税的 3% 分别计算。

（4）孟子居"一棵树"公益扶贫项目所得税按应纳税所得额的 25% 计算；法定盈余公积金按净利润的 10% 计取。

6.6.3　财务效益与费用估计

孟子居"一棵树"公益扶贫项目产品成本费用构成包括：外购原材料及辅助材料、外购燃料及动力、工资及福利费、折旧费、管理费用、销售费用。孟子居"一棵树"公益扶贫项目的主导产品是特色农产品系列产品，又可分为多种类型，因此，测算孟子居"一棵树"公益扶贫项目的年总成本是指各类产品的综合总成本。具体财务表格省略。

6.6.4 现金流量与投资分析

1. 经营现金流

最近三年，经营活动产生的现金流量净额均为正数，并呈现逐年快速上升的良好态势，公司盈利的质量较高，经营活动现金流情况具体财务表格省略。

2. 投资分析

孟子居"一棵树"公益扶贫项目从财务净现值、财务内部收益率、投资回收期3个方面进行投资分析。

具体财务表格省略。

6.6.5 资产负债表与盈利能力分析

1. 资产结构分析

具体财务表格省略。

2. 盈利能力分析

孟子居"一棵树"公益扶贫项目的盈利模式是：公司预订农户的苹果树，进行广告宣传与营销策划工作，寻找消费者收取预收款项，在交易期间内提供产品配套相关服务（参观旅游、信息反馈、果树挂牌等），在果实成熟时将苹果售予消费者。结算方式是按照合同的约定进行结算，收取部分预收款后进行代理采购，待产品发出后，根据买方的验收合格单，发行人按合同约定的期限收取部分或全部货款。收入确认时点和具体原则为在产品发出交付客户，并在客户验收合格后，该合同约定的产品所有权上的主要风险与报酬已转移，既没有保留通常与所有权相联系的对产品的继续管理权，也没有对已售出的产品实施有效控制，并取得收取货款的权利，故发行人在获得客户验收合格单据后再确认产品销售收入。

主要盈利指标的计算公式及结果如下：

$$毛利率 = \frac{销售收入 - 销售成本}{销售收入} \times 100\%$$

$$销售净利率 = \frac{净利润}{销售收入} \times 100\%$$

$$总资产报酬率 = \frac{利润总额}{平均总资产} \times 100\%$$

$$净资产报酬率 = \frac{净利润}{平均净资产} \times 100\%$$

具体财务表格省略。

7 组织架构

7.1 团队介绍

7.1.1 孟子居创业团队简介

孟子居创业团队成立于2015年3月，团队扎根于北京科技大学，通过建立可持续的农产品电商扶贫运营模式，在经济和知识两方面帮扶贫困地区。

团队成立至今，已经举办过"孟子居生态零食杯"校园营销大赛、秦安公益营销大赛、延安"五枣俩核桃"扶贫计划、延安"梁家河"果树 DIY 等扶贫策划案，取得了热烈反响。团队累计帮助贫困地区农民销售农产品达300万余元。在6年里，共组织20多个实践团，发动大学生500余人，走访中国20多个省的贫困县，走访了400多户贫困户，获得过30余项校国家级、省部级奖项。2017年4月和7月，孟子居创业团队参加教育部组织的"青年红色筑梦之旅"实践活动，团队负责人杨国庆作为执笔人之一给习近平总书记写信，很荣幸收到了习近平总书记回信，受到了中央电视台《新闻联播》、人民日报等媒体的采访报道。

团队坚持发挥大学生的优势，将三大扶贫模式相结合，从"扶智"与"扶志"实施知识扶贫，增强农民产品质量意识，让农民具备互联网思维；积极技术扶贫，推广小型专利技术为农户增加农产品作业效率与促进农产品产业链的多元化，提升创收；实行独特的 C2B 消费扶贫，指导农产品与社会团体认购对接，形成长期帮扶关系。

作为全国最早的实践扶贫创业团队，奉行"用志气改变民生、用智慧消灭贫困"，孟子居创业团队不断践行精准扶贫，助力我国全面建成小康社会，为中国新农村建设贡献了当代青年的力量。

7.1.2 团队成员简介

某某，总经理。2015 年至今积极投身创业扶贫活动，组建了孟子居创业团队。5 年里，累计组织 40 多个实践团 500 多名大学生前往 20 余省市进行贫困帮扶，累计帮助销售农产品 400 余万元。其曾作为执笔人之一给习近平总书记写信，并收到回信。其创业扶贫事迹三次受到中央电视台《新闻联播》报道，两次人民日报报道。2019 年，带领孟子居创业团队组织 6 个实践团开展扶贫工作，与山东农户一起建立了孟子居花生博士科研工作站，申请成为山东省农商互联建设项目试点企业。曾获得山东省乡村好青年、济宁市青年五四奖章，其创建的孟子居创业团队获评第十二届中国青年志愿者优秀组织奖。

某某，商务总监。2015 年加入孟子居创业团队，积极投身创业扶贫活动。2015 年暑假期间参加电商调研实践团，前往北京、安徽、山东实地调研电商的发展状况。2016 年 12 月，团队在学校的支持下发起助力甘肃省秦安县精准扶贫的 129 公益接力计划，销售秦安县的果树认购权。比赛期间共计售出 950 棵果树，销售额近 20 万元，切实帮助到与比赛对接的贫困果农。

某某，运营总监。2019 年加入孟子居创业团队，积极参与团队创业扶贫工作，参与了在山东等地的社会实践调研。其热心公益，曾参与中国网球公开赛、北京马拉松等活动的志愿服务，参加社团到北京中小学海洋知识科普志愿工作，曾担任北京献血车、海淀文明小屋、同济大学深海探索馆的志愿者，参加了联合国儿童基金会"月捐为儿童"计划。

某某，项目总监。2015 年作为队员加入孟子居创业团队，投身于创业扶贫工作，积极组织和参加校园营销大赛与秦安贫困地区果树认购系列活动。目前就读于北京科技大学经济管理学院金融学专业，致力于人工神经网络与深度学习领域的研究，其有 5 年在校创业经历，多次主持国家级大学生创新创业类项目，有着丰富的创业经验和项目经验。

其他更多人员介绍鉴于篇幅省略。

7.1.3 团队架构

2020 年，孟子居创业团队核心成员发展为 15 人，下设营销团队、调研团队、社会实践团队、SRTP 团队，分管四大类日常事务，财务分管部门独立旁支。建成直属于首席执行官的"两心一署"体系架构，分管产品运营、技术研发及发展规划，如图 3-13 所示。

7.1.4 团队历史

孟子居创业团队成立于 2015 年，"孟子居"名字取自孟子故里山东省邹城市，成立之初励志帮助家乡贫困农民脱贫。

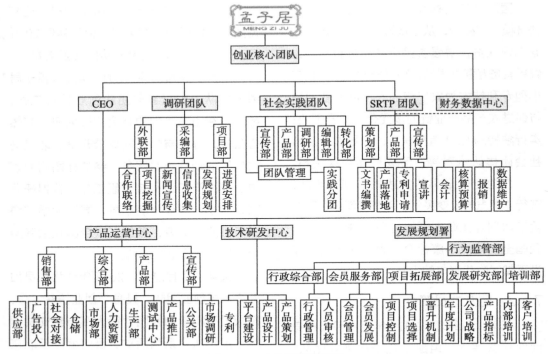

图 3-13 孟子居团队框架

团队成立之初虽然只有 3 名成员，但是同学们的朝气逐渐吸引了许多大学生参与到精准扶贫中来。为了帮助家乡农户销售农产品，团队在 2015 年前往电商龙头企业"三只松鼠"公司进行调研考察，此次考察也为今后数年的产品帮扶提供了非常重要的指导作用。

2016 年暑假，在了解到北京科技大学对口扶贫单位秦安县的现状后，孟子居团队当即组建"北京科技大学甘肃省秦安县农产品电商扶贫实践团"，带队前往秦安进行为期两周的社会实践。在实践中，团队看到了秦安果农辛勤的劳作，每天凌晨 4 点起来摘果子。看着大爷大妈全是茧子的双手和满脸无奈的表情，同学们决定要帮助他们。回到学校后，团队成员马不停蹄地开始帮助他们策划销售农产品，提出了认购苹果树的想法。同年 12 月，团队发起"北科大·秦安精准扶贫 129 公益接力计划""苹果树之恋"活动。在这个事件的背景下，号召全校 129 个团支部认购了秦安贫困户的 129 棵果树。之后，在团队的不懈努力下，促成了北京科技大学管理协会与甘肃省秦安县华园果业公司举办公益营销大赛，帮助秦安县地区销售贫困户的苹果，共有 60 余支团队 300 多人参加，销售额达 20 余万元，成功帮助当地 8 户贫困果农脱贫。

2017 年，孟子居在前两年运营的基础上，策划了第 3 年的社会实践活动。孟子居组建了 8 个社会实践团队做电商扶贫类实践项目，分别前往陕西延安、河南鲁山等地进行社会实践调研，针对当地特色农产品进行考察，帮助当地贫困农民销售农产品。同时，为了加强对贫困农户的了解，孟子居团队策划"千村万户"调查计划，此次 8 个实践团共搜集了 20 多户贫困户的详细信息，针对个别贫困户进行详细调研，以便详细了解贫困户普遍信息，方便日后进行具体的帮扶策划。

2017 年 4 月和 7 月，孟子居创业团队来到革命圣地延安参加了教育部主办的"青年红色筑梦之旅"活动。团队了解到了习近平总书记当年"捅开陕西第一口沼气池""扛两百斤麦子，十里山路不换肩"的事迹，十分震撼与感动。活动结束后团队创始人杨国庆作为执笔人之一给习近平总书记写信汇报了在延安的学习心得，并很荣幸收到了习近平总书记的回信。2017 年 8 月和 10 月，中央电视台《新闻联播》两次报道了孟子居创业团队的创业扶贫事迹。

2018 年，孟子居创业团队继续组建北京科技大学 10 个社会实践团前往全国各地进行社会实践，以农产品电商扶贫为主题，涵盖科技支农、教育等领域，在全国范围内开展"青年红色筑梦之旅"活动，活动地点包括陕西延安、福建古田、河北阜平等一批与孟子居创业团队签约的单位，以及其他社会实践地总共 10 个县市。实践持续两周，一些团队成员与当地农户同吃住，一些团队成员连续两天跟踪调查农民的生产活动。同学们在实践过程中学到了课堂里所教授不了的国情和民情知识，利用自己所学知识，积极对接当地农户，向当地农民传送电商知识，积极帮助当地农民销售农产品，用自己的力量为贫困地区做出了力所能及的帮助。

2019 年，孟子居创业团队继续组建北京科技大学 6 个社会实践团前往全国各地进行为期两周的社会实践，以农产品电商扶贫为主题，在全国范围内开展"青年红色筑梦之旅"活动，活动地点包括陕西延安、甘肃秦安、福建霞浦、山东邹城、北京平谷等一批与孟子居创业团队签约的单位。在实践活动中，团队成员积极与当地政府、企业、农户互动，走访贫困户，积极运用所学知识解决调研中碰到的实际问题，根据当地情况，团队制作宣传图册、培训教材，并形成调查报告、论文等调研材料。

2020 年，孟子居创业团队继续组建北京科技大学 17 个社会实践团前往全国各地进行为期两周的社会实践，在全国范围内开展暑期社会实践活动，活动地点包括陕西延安、甘肃秦安、福建霞浦、山东邹城、北京平谷等一批与孟子居创业团队签约的单位。在实践期间，团队成员通过抖音直播、下乡调研、程序开发、下乡支教等各种方式开展实践活动。

6 年来，孟子居累计组织 40 多个实践团 500 余名同学，前往中国 20 多个省份 35 个贫困县调研数百贫困户，孟子居创业团队与多处实践地建立了良好的实践关系，策划了"孟子居生态零食""秦安公益营销大赛""五枣俩核桃公益扶贫计划""延安梁家河果树 DIY 计划""简茶官""孟子居花生博士工作站"等一系列农产品实体策划案，直接帮助 80 余户贫困户、间接帮助 300 余户贫困户解决脱贫问题，销售农产品 400 余万元。

7.1.5　团队荣誉

团队所获奖励如表 3-4 所示。

表 3-4 所获奖励列表

获奖时间	获奖名称	授予单位
2015 年 12 月	北京科技大学第十七届"摇篮杯"大学生课外学术科技作品竞赛一等奖	共青团北京科技大学委员会
2016 年 5 月	第二届中国"互联网+"大学生创新创业大赛（北京赛区）二等奖	中华人民共和国教育部
2016 年 5 月	第十三届"北京科技大学科技园杯"学生创业竞赛铜奖	共青团北京科技大学委员会
2016 年 6 月	2016 年"创青春"首都大学生创业大赛铜奖	北京市教育委员会
2016 年 7 月	2016 年"众创未来 圆梦吴江"创新创业大赛一等奖	共青团苏州市吴江区委员会
2016 年 11 月	2016 北京地区高校大学生优秀创业团队	北京市教育委员会
2016 年 12 月	北京科技大学 2016 年暑期社会实践精品成果特等奖	共青团北京科技大学委员会
2016 年 12 月	北京科技大学 2016 年暑期社会实践金奖团队	共青团北京科技大学委员会
2017 年 5 月	北京科技大学青年五四奖章	共青团北京科技大学委员会
2017 年 5 月	北京科技大学第十八届"摇篮杯"大学生课外学术科技作品竞赛二等奖	共青团北京科技大学委员会
2017 年 9 月	第三届中国"互联网+"大学生创新创业大赛北京赛区银奖	北京市教育委员会
2017 年 9 月	北京科技大学 2016 年暑期社会实践金奖团队	共青团北京科技大学委员会
2018 年 1 月	2017 年度首都大中专社会实践百强团队	共青团北京市委员会
2018 年 1 月	2017 "青年服务国家"首都大中专社会实践一等奖	共青团北京市委员会
2018 年 2 月	"我们这五年学业进步篇"成果展一等奖	中国大学生在线
2018 年 4 月	第十三届中国大学生年度人物候选人杨国庆	教育部
2018 年 4 月	2017 年度"感动北科"新闻人物	北京科技大学
2018 年 4 月	北京科技大学第十九届"摇篮杯"创业竞赛公益赛组金奖	共青团北京科技大学委员会
2018 年 12 月	2018 年大学生公益创业行动成果发布会 公益创业 20 佳项目	共青团中央
2019 年 1 月	第四届中国"互联网+"大学生创新创业大赛红旅赛道铜奖	教育部高等教育司
2019 年 10 月	第十二届全国大学生创新创业年会"最佳创业项目"	教育部高等教育司
2019 年 11 月	北京科技大学 2019 年暑期社会实践金奖团队	共青团北京科技大学委员会
2019 年 12 月	2019 "四个 100"最佳志愿服务组织	共青团中央
2019 年 12 月	第十二届中国青年志愿者优秀组织奖	共青团中央
2019 年 12 月	北京科技大学 2019 年"道德风尚奖"	北京科技大学
2020 年 4 月	2019 年度"感动北科"新闻人物——北科大秦安扶贫团队	北京科技大学

7.1.6 媒体报道

孟子居团队接受的媒体报道如表 3-5 所示。

表 3-5 孟子居团队接收媒体报道列表

时间	报道栏目	报道内容
2015 年 12 月	中央电视台《晚间新闻》	杨国庆谈论孟子居创业团队的创业愿景与使命
2015 年 12 月	光明日报	孟子居创业团队销售生态零食创业项目
2016 年 12 月	中国青年网	129 苹果树之恋活动，号召 129 个团支部认购 129 棵果树助力扶贫
2017 年 7 月	中国教育新闻网	"大创"扶贫，从延安出发
2017 年 8 月	中央电视台《新闻联播》	孟子居负责人杨国庆作为执笔人之一给习近平总书记写信，受到《新闻联播》报道

（续）

时间	报道栏目	报道内容
2017 年 8 月	人民日报	孟子居负责人杨国庆作为执笔人之一给习近平总书记写信，并收到习近平总书记的回信
2017 年 8 月	中国青年报	孟子居负责人杨国庆作为执笔人之一给习近平总书记写信，并收到习近平总书记的回信
2017 年 9 月	中国大学生在线	大学生：创新创业生力军｜我们这五年·学业进步篇
2017 年 9 月	《大学》生杂志	孟子居社会实践团 2017 年前往陕西延安、云南凤庆、河南鲁山等地进行暑期社会实践过程
2017 年 10 月	《大学生》杂志	电商扶贫的泥土智慧——北科大"孟子居"电商扶贫团的实践探索
2017 年 10 月	中央电视台《新闻联播》	孟子居负责人杨国庆作为学生代表在《新闻联播》结合党的十九大报告谈论自己的创业扶贫实践
2018 年 2 月	人民日报	去往陕西延安对接"五枣俩核桃"项目
2018 年 3 月	北京日报	杨国庆创建孟子居团队的经历及相关扶贫历程
2018 年 3 月	北京日报	孟子居——在帮果农"吆喝"中创业
2018 年 3 月	中央电视台《新闻联播》	孟子居负责人杨国庆在《新闻联播》中介绍果树认购项目
2018 年 10 月	中国教育新闻网	书写新时代的青春之歌——习近平总书记给"青年红色筑梦之旅"大学生回信一年回眸
2018 年 12 月	中国青年报	杨国庆：电商扶贫很"烧脑"
2019 年 4 月	网易新闻	"青年创业先锋事迹"杨国庆
2019 年 9 月	中国教育报	在立体扶贫中夯实立德树人——北科大学生走进秦安开展教育扶贫
2020 年 2 月	中央教育电视台	《领航青春》40 分钟长篇报道

7.2　人员管理

7.2.1　人员招募

孟子居创业团队每年进行一次人员招募，拥有一套清晰且严格的招募流程。孟子居创业团队下设暑期社会实践团和项目课题研究组，人员都是通过这两个部门锻炼和培养。

每年 4～5 月，孟子居团队会面向全校大学生进行社会实践团队的人员招募，由前一年实践团队核心成员对报名者进行面试审核，选拔出加入社会实践团队的队员及各个小分队的队长，培训后进行暑期社会实践。同年 11 月左右，项目课题研究团队将面向社会实践团队的成员进行新一轮招募，筛选出实践活动中表现优异的成员组成各个研究小组，由综合测评优秀的成员担任队长，对实践过程的相关成果进行深度项目研究。次年 4～5 月，孟子居创业团队将直接从课题研究团队的队长中进一步选拔出优秀成员加入孟子居创业团队的各个部门中，成为正式创业团队的一员。

7.2.2　人员考核

孟子居创业团队的人员培训和考核主要在三个阶段进行，即社会实践阶段、项目课题研究阶段、创业团队阶段。

进行社会实践之前，通过申请表的审核以及面试对想要加入孟子居实践团队的人员进行考核，主要对其个人基础技能进行考核。通过面试的成员将统一接受摄影、宣传、组织等相关培训。在社会实践结束之后，通过对团队成果展示以及对每个成员在活动中的表现和综合能力进行再次测评。

课题研究阶段，由各个实践队的队长参考队员的能力及意愿，向课题研究团队进行成员推荐。这部分成员将依据对课题的认识以及创新的想法，从写作能力、组织能力、团队精神、创新想法几个方面进行考核，通过综合评价，从中选拔出最优秀的人担任课题小组的队长。

创业团队成员考核阶段将对课题研究中的所有队长进行选拔，通过个人面试与集体面试的形式，从思想水平、运营管理能力、策划组织能力、创新能力、团队协作能力几个方面进行考察，最终根据评价结果选入创业团队的相关部门。

7.2.3　人员晋升

孟子居创业团队中的成员拥有广阔的发展平台和良好的发展机会。需要成员从最基础的社会实践团队做起，一步一步接触孟子居的业务，表现优异者才能得到机会进入项目研究团队，参与课题研究。在进一步考核后才有机会得到进一步晋升，加入孟子居创业团队之中。

成员一般逐级晋升，即通过参与社会实践、课题研究，创业团队一级一级实现晋升，成员晋升既要考核其业务能力，也要注重其思想道德水平。

7.2.4　人员更替

孟子居团队人员更替周期为一年，每年进行一次社会实践团队的人员招募、一次课题研究团队的人员选拔、一次创业团队的人员更新，及时补充新的力量，为团队注入新的血液，使团队充满活力。

孟子居团队会为每年的社会实践团队

配备上年进行这项活动的成员，由其直接对本年的团队实践活动进行经验传递和相关技能传授，并全程进行辅助指导。每届人员都会从上届人员身上学习积累并总结经验，之后再接替上届成员，去引导下届成员开展活动，实现项目的传承与发展。

通过考核的前50%成员将接替上届的课题研究团队继续进行项目开发和研究。由孟子居创业团队成员对课题研究的申请、开发、研究等相关培训进行全程指导，研究结果将继续与下届成员进行分享与交流。

进入孟子居创业团队的成员将由各个部门的主管分别负责，以一带多的方式帮助新成员熟悉并完成工作，逐渐引导其加深对于孟子居项目的认知，而后将由新成员中的优秀成员取代原有部门主管，成为新的主管，接替整个部门的任务，带领全新团队进行创业项目开发。

8　发展策略

8.1　概述

孟子居创业团队扎根农村，深耕公益，不断拓展区域和扩大辐射面，造福更多农民。团队现阶段已基本形成知识扶贫、消费扶贫、科技扶贫三维运营模式，通过三大扶贫模式相互结合，三管齐下，助力扶贫，同时着手将该模式在各高校之间进行推广，拓展大学生市场，逐步增强团队实力与影响力。团队计划以现有的大学生市场为跳板，向外部市场进军，逐步增加以公司为代表的客户数量，扩大社会效益，将团队打造成北京市最具影响力的大学生公益创业扶贫团队。

8.2 发展规划

8.2.1 实践调研发展规划

社会实践作为团队运营过程中承上启下的关键环节，将随着团队的发展不断完善。2019 年，孟子居创业团队组织多个实践团，分别前往福建、甘肃、山东、陕西、京郊等地进行扶贫实践。为祖国 70 华诞献上青年大学生的力量。在 2020 年的暑期实践中，团队延续往年的思路，将所有团队按照职责、实践地点分类，而后根据每支队伍的特点，以及负责范围的不同，把实践任务进行细分，并且将队伍在实践期间进行有机的融合，落实并巩固信息共享，分工合作。这种模式经过两年时间的运营

改进，其高效率以及高宽容度已经得到验证。团队已经将这种模式向北京各高校传播，加强了孟子居与北京各高校暑期实践团的合作。目前团队已与附近多所高校达成合作关系，并与中国地质大学，清华大学等高校共同组织社会实践团前往贫困县。在未来，团队将继续扩大在北京各高校的影响力，在 2 年内计划同周边 10 所高校取得合作，组建 40 支社会实践团队。在 3 年内，同北京 15 所高校取得合作，组建共计 70 支社会实践团队前往全国各地（见图 3-14）。以北京科技大学为中心，让社会实践团成为北京高校大学生融入国家扶贫战略中的领头军。

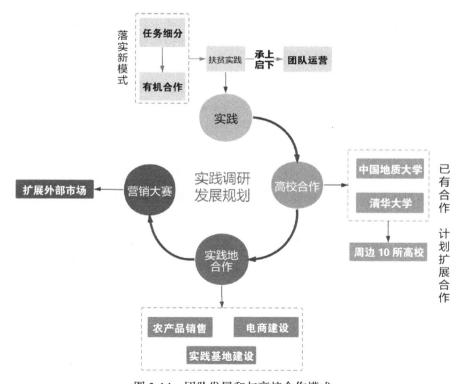

图 3-14 团队发展和与高校合作模式

团队也与实践地的果农、果商达成了紧密合作，并在近两年逐步加深合作关系，

扩展合作范围。团队将积极扩大校园营销大赛规模，完善大赛机制。在最近三届公

益营销大赛中，近千名师生为贫困地区果农提高收入做出了巨大贡献，培养了团队精神与公益服务精神。此外，团队还将通过与周边高校合作，不断提升营销大赛影响力。

8.2.2 扶贫扶志发展规划

扶贫扶志，知识先行，授人以鱼不如授人以渔。坚持知识扶贫是践行"授之以渔"精准扶贫理念的集中表现，也是真正高效扶贫的重要手段。一方面，要优化现有的人力资源配置，通过技能培训、知识讲座和远程视频教育等"知识扶贫"的方式与手段，优先在农村培育一批文化素质相对较高的电商人才，使这部分农民成为农村发展电子商务的中坚力量，加速推进农村电子商务建设工作；另一方面，要充分发动大学生和高校社会实践团队的作用，引进具有一定文化素质的电子商务人才，丰富并补充农村电子商务人才梯队，为解决农村贫困问题提供强有力的知识支撑。

8.2.3 市场扩展规划

孟子居团队将对校内校外两个市场制定市场发展战略规划。在校外市场，团队将采取"一个中心，两个方向"的市场扩张模式；在校内，团队仍将秉持继续发展社会实践的初衷，采取以校园营销大赛为载体，其他衍生活动为辅的多层次全方位活动体系。

在校内部分，团队将与各大高校合作建立社会实践团队，进一步发掘扶贫扶志目标地，开发当地农产品及其他资源进行产品推广。团队预计在两年内进入北京各大高校市场，以公益产品为卖点，拓展大学生市场。在日常活动中，团队将定期举办校园营销大赛，力求在两年内扩大校园营销大赛规模，提高校园营销大赛知名度与影响力。在四年内，将校园营销大赛发展成在北京市高校内具有一定影响力的市级大赛。对如今的大学生而言，市场瞬息万变，教科书上的内容已经不能解决所有问题，而大赛恰好搭建了一个理论与实践紧密结合的平台。现阶段，公司产品主要销售对象为在校大学生，营销大赛为团队提供了便捷的宣传渠道。营销大赛通过其新颖性和公益性，让更多的大学生参与到团队中来。同时，团队还将结合大学生的生活需求以及特定节日等情况，举办诸如"秦安平安果"等衍生活动。这些限定活动既能进一步加大孟子居团队的校园影响力，更能结合节日特色满足同学需求。团队还考虑通过校园活动赞助等方式，在大学生市场打响学生扶贫品牌的口碑。

在校外市场，团队将从大学生市场进一步延伸，以扩大品牌知名度为中心，以大学生相关群体和企业员工福利这两个方向进一步摸索团队的市场发展模式。积极开展的校园营销大赛，是孟子居向校园外部市场扩展的跳板，也是对大学生相关人群这一市场的尝试。近年来，孟子居创业团队通过举办的校园公益营销大赛，出售秦安果树给果农带去收益，每年大赛都有十几万元扶贫收入。营销大赛的形式能够充分发挥参赛学生的影响力以及家长、老师、校友等相关人群的购买力，打破大学生市场的限制，让更多社会人士了解团队的产品。市场扩展的另一方向就是公司员工福利这一特定需求，通过与公司进行合作，将团队产品以福利方式进行发放。这种合作可以保证需求量大，且具有一定的稳定性。团队也将根据节日等特定需求，进行礼盒包装等形式扩充，满足公司需求。团队计划 2020 年实现 1 000 万人次的宣传、300 户贫困户脱贫、150 万元销售；2021 年实现 2 000 万人次宣传，500 户贫困户脱贫、300 万元销售；5 年内实现 2 亿人次宣传、1 000 户贫困户脱贫、1 200 万元销售。

8.2.4　乡村振兴发展规划

科学技术是第一生产力，乡村振兴离不开科学技术，尤其离不开农业种植技术。孟子居团队在后续工作的开展过程中，将积极推动农业技术的应用，助力乡村振兴发展。

应用农业技术解决贫困地区的生态环境问题，在加快农业技术成果转变的同时，利用科学的农业技术增加土壤的肥力。针对贫困山区一些水土流失较为严重的地区，要合理利用农业技术开展滴灌、喷灌等，在提高水资源利用率的同时，有效防止水土流失，进一步促进农村地区的发展。随着精准扶贫工作的广泛开展，除了要广泛应用农业技术，孟子居团队将及时更新思想观念，在广泛应用农业技术的同时积极鼓励农业技术研发。针对品种改良，团队与山东省花生研究所合作，改良农户的花生种植技术，建立博士后工作站，做到应用与研究并重，理论与实践结合，帮助贫困户脱贫摘帽。

8.3　扶贫发展战略

8.3.1　短期发展战略（2020 年）

2020 年，孟子居团队会继承以往积累的扶贫经验，继续重视实践团队的发展，校园营销大赛的开展和其他相关活动，进一步扩大孟子居创业团队的知名度，为长期发展打好基础。

社会实践方面，将以过去五年社会实践的经验为基础，进一步与各地政府扶贫办，电商中心进行深度合作，推动贫困地电商普及。实践广度也将进一步提升，发展实践团去往全国更多的贫困县，对接贫困户，发现并推广当地特色农产品，在 2020 年计划帮扶更多的贫困县。

市场宣传与产品方面，团队将通过校园营销大赛等活动继续提高影响力。计划将校园营销大赛扩展为更具影响力的多校联合、统一评审的扶贫产品营销实践活动，帮助更多的贫困果农实现脱贫。

扶贫扶志方面，坚持"授人以鱼不如授人以渔"，逐步完成对电商知识的一系列科普教学视频录制，增加技能培训的形式，充分发动农村大学生，努力打造标准化整体知识扶贫的流程。

乡村振兴方面，希望发挥学校不同学院的专长，对农产品种植、套袋、收割等技术进行继续研发，将理论与实践结合，帮助贫困户提高生产效率。

8.3.2　中期发展战略（2021～2022 年）

团队运营稳步发展，计划继续扩大扶贫范围，巩固与中国地质大学、清华大学等高校建立起来的合作关系，并逐步扩大合作网络，预计在中期内共同组建 70 支社会实践团，前往贫困县进行社会实践工作，完善电商销售渠道，同时吸收各高校表现优异的同学进入创业团队。以北京科技大学为中心，让社会实践团成为北京高校大学生融入国家扶贫战略中的"领头羊"，建立起社会信任基础，不断扩大校园营销大赛的影响力，团队将以校园营销大赛为跳板，提高公益规模，扩大社会效益，向校园外部市场进军。从历年的营销经验中可以发现，企业是扶贫的突出贡献者，社会上有许多的成功企业都愿意为全面实现小康出一份力，他们的参与能让我们更有力地帮助更多贫困果农。2021～2022年，我们计划将与7家企业达成短期扶贫意向，3家企业达成长期扶贫合作关系，实现4 000万人次的宣传覆盖以及400万元的销售额。

8.3.3 长期发展战略（2023～2025年）

在长期发展阶段，团队将继续扩大扶贫范围，争取达到60个贫困县。在各类比赛和活动中不断扩大团队影响力，号召更多的高校参与公益扶贫项目。在规模上，将营销大赛的举办范围扩大至北京20所高校、100支实践团队、参与公益在校生达800人，让实践团成为首都高校最大的实践基地。在产品创新上，继续对产品进行深度设计，增加枣片、枣糕、苹果脆等新产品，扩大产品线，持续增大市场吸引力和竞争力。在营销上，利用更加全面系统的营销知识，通过网络直播和网红的影响力来为贫困果农销售农产品。在运营模式上，将不断优化知识、消费、技术对扶贫的影响。

9 风险规避

9.1 农产品质量风险

9.1.1 风险识别

1. 农产品源头性污染

农药、植物疫病等是直接影响植物源食品安全的因素，是全程质量控制中的源头环节。因杀虫剂、除草剂和植物生长调节剂等不科学、不合理使用而导致的农产品中农药残留超标，会直接影响农产品质量安全与消费者的健康。此外，土壤环境的各种污染会引起农产品质量下降，是影响农产品质量的重要来源。没有洁净的土壤，就没有洁净的食品、水体和清新的空气。

2. 农产品质量安全技术储备不足

长期以来，农业科技主要是围绕解决农产品的产量问题，较少关注农产品质量安全，目前还没有广泛应用的农产品质量安全风险评估技术、农作物食源性危害关键检测技术、清洁生产技术和产地环境净化技术等关键技术。

3. 农产品质量安全体系不健全

现阶段，农户小规模生产方式与消费者对农产品质量安全的要求不相适应。在生产环节，农户规模小，经营分散，农产品分级和包装技术水平低，溯源管理困难；在加工环节和流通过程中，存在设施条件差和管理不善等问题，容易造成农产品的二次污染；农产品质量安全体系存在基础支撑薄弱，标准和检测手段滞后，监管制度和机制不健全等问题。

9.1.2 规避策略

社会实践团队在实践调研期间，与当地农民、种植合作社等签订社会实践基地建设协议，对农产品质量等问题进行合同式管理，规避策略包括以下四项：第一，在农药残留控制上，实践团在实践调研期间与食品安全部门联系，就农产品中农药残留与环境污染等问题进行研究，采用化学农药与生物农药相结合的方式，避免农药残留等问题。第二，建立农产品质量安全标准和检测制度。积极设立快速、精准、多目标的检测制度，尤其是针对植物食源性危害的检测。第三，建立农产品质量安全风险评估和预警制度。第四，运用新型的食品保鲜和运输技术，减少食品保鲜剂的使用。

9.2　实践团队安全风险

社会实践活动持续时间较长，参与人员众多，活动涉及地域广，接触群众多，而大学生社会阅历不足，因此安全问题会特别突出。具体风险识别与规避措施如表 3-6 所示。

表 3-6　实践团队安全风险

序号	风险识别	规避措施
1	水土不服、晕厥、突发疾病、蚊虫叮咬等问题	外出活动时，实践成员应掌握基本的生理卫生常识和相应的急救知识。成员应随身携带常用应急药物，保持冷静并进行适当的处理，如果情况严重，则及时送往医院诊治
2	盗窃等财产安全问题	增强实践成员的安全自卫意识，提高警惕，保管好个人的贵重财物。在实践中尽量避免单独活动和夜间活动，及时向团队报告活动行程，不去陌生或荒僻的地方。如遭遇偷窃、抢劫或其他意外伤害，应保持冷静，灵活应对，在保证自身安全的前提下，寻找合适的时机报案
3	交通等人身安全问题	加强实践成员的交通安全意识。如果有交通事故发生，应尽快将伤者送往医院，并注意保护现场，及时向相关交通部门报告。活动期间尽量远离危险设施或危险地段
3	团队成员与社会人员发生纠纷问题	在公共场合注意自身言行举止要得体，尽量避免与人争执，采取包容的态度。如与社会人员发生争吵甚至斗殴，现场同学应在迅速联系公安部门之后，在保障自身安全的情况下采取适当的措施，防止事态恶化
4	人员失联问题	团队实践成员应留有最新和最方便快捷的联系方式，与校团委办公室保持信息沟通渠道的通畅，与实践地建立良好的合作关系
5	火灾、台风、暴风雨、山洪暴发、泥石流、气候等突发事件	掌握基本安全常识，若发生火灾等灾害，及时组织人员疏散逃生，同时通知相关部门。活动中时刻关注天气变化，随时向实践地气象台咨询天气情况，在天气情况恶劣时应及时取消或延期活动

9.3　农产品销售滞留风险

9.3.1　风险识别

1. 生产缺乏正确引导

大多数贫困地区农产品生产仍然采用"什么涨价生产什么，什么便宜减产什么"的经营思路，导致"涨价 – 扩产 – 滞销 – 减产"的恶性循环。农产品价格高，引起大量社会资源流向农产品的生产和销售，导致农民盲目扩产，产生供大于求的局面，进而导致销路不畅，农产品丰收而无供应商收购的情况，最终导致农产品的滞销。

2. 农产品供销信息不对称

农民不能及时掌握市场需求信息。市场要求农产品生产趋于多样化和个性化，而我国农产品生产绝大部分都为小农经济，小农户对大市场，技术达不到，产品质量也达不到，因而无法顺畅衔接。

3. 农产品流通环节不顺畅，运输体系建设不完善

我国物流系统 80% 以上为公路运输，铁路运输不到 2%，油价高，导致运输成本高，因而菜价高。

9.3.2 规避措施

孟子居团队从培养农产品经纪人与加强媒体宣传等方面制定农产品滞销问题的解决对策。

1. 培育高质量的农民经纪人

帮助建立专业的农民经纪人培训机构，培育高素质的农民经纪人，使农村专业合作社更好地发挥农户与大学生市场的纽带作用。

2. 利用媒体宣传

利用现有的媒体技术，改善供给与市场信息不对称造成的农产品滞销问题。利用各地报纸、网络、电台等新闻平台及时播报农产品滞销现状，让农户及时了解信息，利用微博、微信公众号平台帮助农户开设"农产品专卖"平台，即时更新消息。

9.4 公益性质疑公关风险

9.4.1 风险识别

1. 项目的目标

孟子居项目围绕"电商助力公益扶贫"目标开展，从而涉及媒体传播、大学生消费市场、学校形象等多方面的问题。扶贫项目可以增强在校大学生的社会责任感和使命感，可以加强学校与定点扶贫区的合作，帮助贫困县实现脱贫也能提升学校形象。但是，当社会责任履行中的信任度遭到破坏时，"突发性"地发起慈善义举很容易被误认为是危机公关的一种方式。

2. 项目的可持续性

作为大学生创业团队，孟子居团队核心人员较少，开办时间短，容易受到农户和消费者对项目持续性的质疑。

9.4.2 规避措施

1. 学校公信力支撑

作为北京科技大学公益扶贫团队，在秦安进行扶贫工作时，得到了学校的充分支持，学校赋予了团队一定的公信力。在公益扶贫项目持续发展的过程中，团队也能获取农户和消费者的信任，以实际行动回应外部对团队公益性的质疑。

2. 建立健全信息公开制度

孟子居团队将建立财务管理、内部控制、审计公开和监督检查制度。团队定期聘请第三方机构，对农产品销售收入和资金使用情况进行审计，将审计结果向农户、种植合作社和社会进行报告，从而获取社会各界的信任，提升社会公信力。

10 附录（具体内容略）

附录包括以下内容：

（1）负责人接受中央电视台《新闻联播》报道图片证明。

（2）《人民日报》报道孟子居创业团队证明。

（3）孟子居创业团队向领导人介绍项目图片证明。

（4）孟子居与延安企业签约证明。

（8）孟子居与秦安企业签约证明。

（11）孟子居项目多类产品展示证明。

（12）营业执照。

（13）多个专利证书。

禾欣公益

从小爱到大爱

创始人　王　靖

王靖，女，1990 年出生，北京科技大学自动化学院控制科学与工程专业 2014 级硕士研究生。现任苏州工业园区东禾少儿服务与发展中心理事长，北京科技大学机械工程学院本科生辅导员、讲师、就业指导老师。

2011 年，王靖作为禾欣公益项目的创始人，带领禾欣实践团的第一代大学生成员们来到了苏州工业园区，通过开展青少年暑期夏令营，团队与当地的孩子们一起种下了梦的种子。当时，作为一名大学生的王靖，通过自己的成长经历和对社会的观察，发现青少年成长问题不仅仅出现在偏远山区，城市孩子们同样需要关怀和引导，特别是城市中双职工家庭子女，在假期中存在着缺乏陪伴与教育的难题。针对存在着的这个社会难题，禾欣团队通过开展"禾欣青少年公益服务项目"，建立了高校、社区与家庭三方联动的服务机制，选拔培养青年大学生，开展"禾欣夏令营"公益活动，为城市双职工家庭解决假期子女陪伴与教育问题。

禾欣的七彩夏令营

王靖创办禾欣青少年公益服务项目既在预料之外，又在情理之中。在 2010 年，王靖还是一名二年级大学生时，她参与了辅导员组织的"墨金"煤炭行业调研暑期社会实践项目，对社会实践有了初步的认知，该项目让团队获得由学校评选的奖项"金奖实践团队"和"十佳标兵"。在大三时，王靖参加了学校的"2+2"工作保研面试，她希望在担任辅导员时能为学生提供一个有意义、有情怀的暑期社会实践项目。通过对社会调查、科技服务、社区服务等多个项目的调研后，她发现在城市中双职工家庭的孩子虽然物质生活丰富，但是精神生活匮乏。最终，他们决定与苏州工业园区街道合作，为暑期失陪儿童提供"禾欣夏令营"活动，让孩子们开阔眼界、增长见识，塑造城市社区儿童的责任和担当，满足城市中"失陪儿童"的情感需求。

10 年间，禾欣青少年公益服务团队已经在苏州工业园区注册成为民办非企业单位"苏州工业园区湖东禾欣少儿服务与发展中心"，并逐步探索出举办大型公益夏令营的实践经验。王靖通过各种媒体平台广泛宣传，吸引青年大学生报名参加，再通过严格的选拔面试和充实的专项培训，组建每一期"禾欣青少年公益服务项目"团队，进行"禾欣夏令营"的活动策划与实施。目前，夏令营活动项目依据青少年的喜好以"红橙黄绿青蓝紫"命名（该项目又被称为"七彩夏令营"，具体项目内容可见本章商业计划书案例），分别对应爱国主义教育、团队能力培养、法律意识强化、公益环保宣传、动手实践学习、心理素质锻炼、自然体验活动、才艺特长展示等多个方面，活动性质覆盖"公益服务、文体艺术、社会实践、心理健康"四大领域。每年还将依据党中央、国务院文件和当地政府未成年人德育工作重点设计不同内容的夏令营活动。目前已打造出"模拟法庭""一日生存""爱心义卖""科技实验/作品展""艺术展演"等精品项目，并逐年进行项目内容创新与优化。

育禾于心

"在第三届夏令营闭幕式上，很多小朋友问大学生哥哥姐姐：'你们明年还会来吗？'让人听着有些心疼。"在暑期社会实践项目推进过程中，禾欣青少年公益服务团队逐步意识到夏令营的社会价值，发掘公益理念，将社会实践精品化。

"我的童年，包括我学生的童年，都有过类似的经历。"大都市快节奏的工作与生活给人们带来了生存压力，也会给子女教育带来各式各样的困难。双职工父母为了给孩子提供更好的物质生活条件，每天起早贪黑地在工作岗位上打拼，在子女陪伴上难免会有些力不从心。条件好一点的家庭，会有老一辈帮忙带孩子，或是参加兴趣班和辅导班，但是孩子成长之路除了无微不至的看护与照顾外，还需要有朋辈交往与良好的性格塑造。王靖团队希望禾欣项目能在老百姓满足物质生活需求后，帮助他们在精神层面上过得幸福。"禾欣能做的事情，说大不大，但我们希望用青年学生的榜样力量，让孩子们的童年更快乐，也能在他们心中播下一颗积极向上的种子！"

在禾欣项目的公益价值探索上，禾欣青少年公益服务团队始终认为，每个孩子的梦想都值得去守护，每个孩子的童年都值得去渲染。"育禾于心"是禾欣的理念，更是禾欣多年来的坚守。禾欣青少年公益服务项目着重培养未成年人的公益服务理念、创新思维意识、实践动手能力和社会责任担当，充实儿童的暑期生活，陪伴、引导他们健康成长。此外，致力于"高校、社区、家庭"的三方联动合作，也是禾欣项目的另一个独特价值。将大学生服务社会的热情与失陪儿童的需要相结合，凝聚社区的各类资源，利用优秀大学生的知识和三观去影响儿童，禾欣项目能够实现多方互动，拉近校区与社区的距离。对大学生培养来说，以社会实践这个契机，通过专项技能培训和校友导师计划，让青年学生逐步形成职业规划意识，从专业技术、活动创新、团队精神、共情感恩、社会责任五个方面提升职业发展能力，并为参与项目的高校、社区与企业培养和输送高质量毕业生，塑造新型就业群体。

禾欣团队在创新创业大赛上所取得的荣誉

自 2011 年创办以来，禾欣青少年公益服务团队从未停歇，不断散发光和热。截至 2019 年，禾欣青少年公益服务团队已累计举办 182 场公益活动，服务 5 万余人次，募集 2 万余元爱心善款，为 2 500 多户家庭提供公益服务，获得《中国日报》《新华日报》、人民网等国家、省部级媒体报道 170 余次，网络媒体报道 1 500 余篇。这些客观数据的背后是禾欣青少年公益服务团队的日夜付出，是禾欣团队的接续传递。一次又一次的付出使他们获得了一个又一个的荣誉。

2011～2017 年北京科技大学学生暑期社会实践金奖团队。

2011～2015 年首都大学生暑期社会实践优秀团队。

2014 年北京科技大学"科技园杯"公益挑战赛银奖。

2015 年第六届北京科技大学青年五四奖章。

2015 年全国百强暑期实践团队。

2016 年教育部高校辅导员工作精品项目。

2017 年北京科技大学"摇篮杯"大学生创新创业竞赛公益创业赛金奖。

2017 年中国"互联网＋"大学生创新创业大赛（北京市）初创组三等奖。

2017 年首都大中专学生暑期社会实践优秀团队。

2017 年阿克苏"诺贝尔全国大学生公益赛"银奖。

2018 年"创青春"首都大学生创业大赛公益创业赛金奖。

2018 年"创青春"全国大学生创业大赛公益创业赛全国总决赛银奖。

禾欣公益项目多届成员合影

禾欣的"创意—创新—创业"三步走

禾欣发展的关键节点

公益创业虽然不以营利为目标，但它的发展历程和普通创业企业一样需要进行产品创新、资金筹集和市场推广。纵观禾欣公益项目发展的 10 年，它经历了社会实践初步尝试、成立民办非企业组织、公益创业模式不断完善和拓展等阶段。由于禾欣公益项目主要是在暑期进行，因此发展过程非常清晰和有序，每届禾欣夏令营都是一次抽丝剥茧的过程，对社会和高校公益组织来说是一个非常值得借鉴和学习的真实案例。

2011 年第一届禾欣夏令营，6 人组团"闯"苏州，禾欣夏令营正式启航。2011 年 8 月，以王靖为首的 6 位北京科技大学大学生来到江苏省苏州市工业园区津梁街第五元素社区，为 50 余名当地小朋友举办第一届禾欣夏令营。

2012 年第二届禾欣夏令营，扩大服务范围，开启模拟法庭。10 名大学生为苏州工业园区 80 余名小朋友开展第二届夏令营活动。夏令营首次进行模拟法庭活动，增强青少年法制教育。

2013 年第三届禾欣夏令营，签署社会实践基地，保证活动持续开展。首次将夏令营主场放在方洲民众联络所，利用社区联动机制，让周围 10 个社区的小朋友参加到禾欣活动中，并尝试 1 名大学生带领 10 名小朋友的"一对多"新模式。北京科技大学与湖东社区工作委员会签署社会实践基地协议，为禾欣持续开展活动建立了保障。

2014年第四届禾欣夏令营，探索公益之路，进行微电影纪实故事。首次在湖东地区两个片区开展夏令营活动。独创"小学生面试大学生"的无领导小组面试。禾欣团队还将自己的故事拍摄成青春励志微电影《缘梦》，呼吁关注"失陪儿童"。

2015年第五届禾欣夏令营，公益模式确立，成立正式的公益组织。撰写公益夏令营指导手册，实现了夏令营在苏州工业园区湖东管辖社区全覆盖。禾欣公益项目被注册成为民办非企业组织"苏州工业园区湖东禾欣少儿服务与发展中心"，设立禾欣理事会指导禾欣公益项目的未来发展规划。

2016年第六届禾欣夏令营，开辟东沙湖分营，爱心义卖筹款。拓展新社区，设立了东沙湖分营。禾欣团队举办两次爱心义卖活动为青海玉树山区儿童募捐。2016年10月，湖东"禾欣夏令营"入选2016年全国高校辅导员工作精品项目名单，成为全国36个入选的精品项目之一。

2017年第七届禾欣夏令营，签署新实践基地，开始与苏州大学合作。北京科技大学与东沙湖社工委签署社会实践基地协议，建立新的社会实践基地，出版整理教育部辅导员工作精品项目"育禾于心，代代相承"。该项目随后参与各类创新创业大赛，扩大影响和拓展市场。

2018年第八届禾欣夏令营，开辟南宁分营，扩大服务地域范围。"核心模式"开始向外输出，先后前往苏州唯亭街道的湖滨、怡邻，广西南宁开展夏令营活动。该项目继续参与各类创新创业大赛，获得"创青春"首都大学生创业大赛公益创业赛金奖、"创青春"全国大学生创业大赛公益创业赛全国总决赛银奖。

2019年第九届禾欣夏令营，细分市场，分年龄段开展活动。禾欣项目升级活动形式，为不同年龄段的孩子们开展不同活动，关注每一位青少年儿童的心理需求。活动注入"兴趣岛""霍兰德生涯发展规划"等相关理念，帮助孩子进行自我意识挖掘。

2020年，由于疫情原因，禾欣夏令营逾期进行。

牛刀小试，模式初创阶段

2011年，"二孩时代"到来，中国特色城镇化快速发展，忙碌的工作和快节奏的生活导致双职工家庭在陪伴子女和子女教育上精力匮乏，影响着儿童的健康成长。当时还在北京科技大学求学的王靖了解到城市儿童陪护问题突出，尤其是暑假期间很多儿童无人看护，心系社会的她一直希望自己能为这些孩子做些什么。当年5月，苏州工业园区湖东社区第五元素小区与北京科技大学取得联系，策划在建党90周年之际举办共建活动，以增强当地未成年人的爱党爱国意识。王靖通过网上了解到湖东社区具有良好的基础设施，但缺乏合适的暑期活动来缓解家长们看护孩子的问题，于是希望前往该地开展暑期社会实践活动，进行暑期未成年人教育。北京科技大学等相关方面非常重视这次提议，于是由王靖带队的第一届禾欣实践团正式成行。

1. 第一届禾欣夏令营

2011 年 6 月，北京科技大学禾欣少儿服务实践团正式创建。8 月，以王靖为首的 6 位北京科技大学大学生来到江苏省苏州工业园区第五元素小区，为 50 余名小朋友举办了第一届禾欣夏令营，并开创了"七彩夏令营"活动形式。夏令营以"红橙黄绿蓝青紫"七色为主题，分别对应爱国主义教育、团队能力培养、法律意识强化、公益环保宣传、动手实践学习、心理素质锻炼、自然体验活动，一天一个主题，共持续 7 天。基于第一次夏令营活动，禾欣实践团撰写了调研论文《社区未成年人教育方法调研与探索》。

第一届禾欣夏令营开幕式

2. 第二届禾欣夏令营

在第一届禾欣夏令营获得圆满成功后，更多的大学生与小朋友加入第二届夏令营活动，10 人的大学生团队服务了 80 名小朋友。禾欣团队首次在夏令营中进行了模拟法庭活动，增强青少年法制教育。在实践的同时，项目组成员深入 5 个社区开展座谈会，进行社团活动调研，他们撰写的调研报告《调研社区社团、共建幸福社区》被当地政府采纳，并衍生出湖东地区"321"社团培育工程。

3. 第三届禾欣夏令营

禾欣团队通过前期工作，建立了社区联动机制，让周围 10 个社区的小朋友都能参加到禾欣夏令营活动中。由于前两届夏令营的成功举办，已经在当地家长中建立了良好口碑，10 名大学生服务了 133 名小朋友。项目团队开始尝试 1 名大学生负责 10 名小朋友活动，建立起北京与苏州的情感纽带。北京科技大学与湖东社工委还签署了社会实践基地协议，为禾欣公益项目持续开展活动提供了保障。

创业企业发展初期，都需要应对各种挑战，不断完善自己的商业模式，特别是在商机选择、资源整合和团队构建等方面需要不断探索。禾欣团队在市场调研与分析的基础上，找准了城市社区双职工家庭子女暑期失陪这个"痛点"问题，通过"七彩夏令营"模式进行暑期青少年教育，解决了双职工家庭在暑期子女陪伴与教育的问题。公益项目如何整合各类社会资源是个难点问题，禾欣公益项目在创立初期整合了高校资源和城市社区资源，并有效地建立了高校、社区与家庭三方联动服务机制，为"痛点"问题解决建立了多方资源联系纽带。在初创企业中，特别是公益企业，创始人的情怀会决定项目行进的方向和动力。禾欣团队创始人王靖是一个有爱心、有情怀的大学生，她的情怀与坚持让团队接续传递，在项目推进中不断探索禾欣青少年公益服务的发展模式。

成立组织，模式完善阶段

2013 年禾欣夏令营结束后，禾欣创业团队曾经为未来发展规划问题一度迷茫，青年大学生为失陪儿童做贡献，需要更多的动力和保障，如何才能获取更多的社会资源与支持呢？他们在与苏州工业园区当地居委会主任交流时，获得了一个好建议："仅是学校的共建协议是不够的，在社会上还是站不住脚，如果要想获取更多的资源和支持，可以注册成立一个正式的社会公益组织，这样就能更好地在苏州当地服务。"于是禾欣团队从 2014 年开始，成立正式公益组织，不断完善现有模式成为禾欣公益项目的下一阶段奋斗目标。

1. 第四届禾欣夏令营

禾欣团队的规模进一步扩大，第四届禾欣暑期实践团拥有了 18 名队员和两名志愿者，首次在苏州开设了两个片区，为 255 名小朋友开展夏令营活动。在招募形式上也不断创新，实践团员招募独创"小学生面试大学生"的无领导小组面试。禾欣团队还将自己的故事拍摄成青春励志微电影《缘梦》，呼吁关注"失陪儿童"，在社会中产生了巨大的反响。

2. 第五届禾欣夏令营

2015 年，禾欣公益项目首次实现了苏州工业园区湖东地区的全覆盖，大学生志愿者和营员数量大大增加，36 人的大学生和志愿团队服务了 335 名小朋友，报名参与的营员当中甚至有广州、武汉、天津等地区慕名而来的小朋友。禾欣团队撰写了公益夏令营指导手册，并荣获全国百强暑期社会实践团队。在这一年里，禾欣公益项目在各方面都取得长足进步，已经不能简单地用"实践团"标准去衡量它，禾欣已经是苏州工业园区湖东地区的一张名片，也是北京科技大学与苏州工业园区的一条情感纽带，是一种独一无二的公益模式。禾欣公益项目模式应该得到延续，走上正规化、专业化的道路。在这一年，团队正式注册成为民办非企业单位（苏州工业园区湖东禾欣少儿服务与发展中心）。湖东社区工作委员会向该中心购买公益服务，委托其开办公益夏令营，这也成为禾欣公益项目的主要业务与资金来源。在此之前，禾欣公益项目仍是一个社会实践团，每年的资金、人员和服务内容都不固定。成立正式组织之后，禾欣公益项目也将会得到更多人的关注和监督。

3. 第六届禾欣夏令营

禾欣团队在成立公益组织后，禾欣夏令营取得了快速的发展。2016 年开设了 6 个分营，66 人的大学生与志愿者团队服务了 540 名小朋友。禾欣团队在 14 天里开展了 31 场大型活动，每场活动均在新浪微博上进行直播，单次直播最高点击量超过 3 万。禾欣团队还密切关注社会热点，举办两次爱心义卖活动，为青海玉树山区儿童募捐 5 341.4 元。2016 年 10 月，湖东"禾欣夏令营"入选 2016 年全国高校辅导员工作精品项目名单，成为全国 36 个入选的精品项目之一。

模式创新，全国拓展阶段

在经过前 6 期的禾欣夏令营实践之后，禾欣团队一直在反思与创新自己的项目内容和推广模式。每个孩子的需求不一样，每个年龄层次的孩子对于夏令营的需求也不一样，如何考虑不同需求为他们量身设计新产品成为这一阶段需要解决的重点问题。

1. 第七届禾欣夏令营

禾欣团队开始与苏州大学体育学院和北京科技大学多个学院合作，将禾欣夏令营分为小龄组（5～8 岁）和大龄组（9～12 岁），小龄组依旧以七彩活动为主，而大龄组将采用全新设计的科技和运动为核心内容。2017 年，71 人的大学生和志愿团队服务了 632 名小朋友。北京科技大学与东沙湖社工委签署社会实践基地协议，建立新的社会实践基地，与湖东社工委续订社会实践基地。出版和整理了教育部辅导员工作精品项目"育禾于心，代代相承"。此外，为了拓展融资渠道和推广禾欣公益创业项目，团队成员还积极参加各类创新创业大赛，在北京科技大学"摇篮杯"大学生创新创业竞赛、中国"互联网＋"大学生创新创业大赛、阿克苏"诺贝尔全国大学生公益赛"等竞赛中屡屡获奖。

2. 第八届禾欣夏令营

由于前七届夏令营的成功和获得社会的广泛认可，禾欣团队有了"走出去"的想法与底气。2018 年开始，"禾欣模式"开始向外输出，100 人的大学生和志愿团队服务了 549 名小朋友。首先，在苏州当地继续扩张，与苏州唯亭街道的湖滨、怡邻开展夏令营活动。其次，与当地高校合作，前往广西南宁开展夏令营活动。在扩大覆盖面的同时，禾欣公益项目还着重提高了夏令营质量，采取"一带五"的形式，减少每个大学生所带的孩童数量，保证夏令营的高质量；分大、小龄组展开活动，给孩子更好的教育；开展模拟政协会议，使孩子们对"课业减负"的议案被苏州园区采纳。此外，禾欣公益项目还在这一年获得了"创青春"首都大学生创业大赛公益创业赛金奖和"创青春"全国大学生创业大赛公益创业赛银奖。

第八届禾欣夏令营开幕式活动

3. 第九届禾欣夏令营

2019 年，经过前两期分组举办夏令营的产品验证，禾欣团队确立了运动专题、科技专题两个新专题，与 4 个社区分团一道奔赴各地，82 人的大学生和志愿团队服务了 470 名小朋友。划分大龄组与小龄组后，结合少儿心理与生理发展阶段，活动更加细化和有针对性，小龄组侧重兴趣挖掘，大龄组侧重兴趣培养。运动专题继续与苏州大学体育学院合作，专业的内容极大地提升了体验度，科技营继续与北京科技大学相关学院合作，开展了包括"人工智能模拟议会"等一系列科技创新活动。

原本在 2020 年要举办第十届禾欣夏令营，由于疫情原因，没有如期出行。禾欣公益项目团队目前正在回顾禾欣九年的发展历程，总结禾欣经验，并计划将该经验继续推广与深化。预计在下一个"五年计划"中，禾欣公益项目将不仅仅以服务儿童为主要目标，还会承担更多的社会责任，提升社会组织参与社会治理的能力。

禾欣创业中的机遇和挑战应对

爱心传递，公益创业者的情怀与坚守

虽然每年禾欣夏令营只有短短两周时间，但这并不影响禾欣团队将爱心传递给青少年儿童，真情不会为时间所改变，而是会用时间去改变每一个人。

每年夏令营时，禾欣团队都会与汤妈妈公益慈善中心合作举办跳蚤市场活动，和普通的交易市场一样，小朋友可以在这个市场去售卖自制饼干、书籍和玩具等物品，每次活动收入都募集给需要帮助的人，以此来培养儿童的爱心和奉献精神。2015年，在了解到山东烟台有个患骨肉瘤需要截肢的小朋友急需帮助后，禾欣夏令营就借助跳蚤市场，为这个小朋友进行爱心募捐4 020.7元，最终帮助小朋友勇敢地面对截肢手术，战胜了病魔。之后，在禾欣团队的邀请和帮助下，2016年，这位接收爱心捐款的小朋友顺利带上假肢前往苏州全程参与了第六届禾欣夏令营活动，并参与跳蚤市场活动。这位小朋友在参加活动时非常积极，他的手工非常好，用气球编织了大量的帽子和蜻蜓参与义卖，并将所筹得的2 341.4元全部捐献给青海玉树孩子购买净水桶。帮助其他小朋友，将美好的事情传递下去，这就是禾欣公益项目的初心和宗旨。而爱不仅可以传递，还可以感染他人，让更多的人加入爱的传递中。九年前参加夏令营的小朋友，如今都已长大成人，许多人又重新加入禾欣夏令营中担任志愿者。从在苏州开展第一届禾欣夏令营起，就有一位小朋友非常喜欢夏令营活动，几乎全勤参与了第一届夏令营所有活动，后来这位小朋友在上初中前又多次参与夏令营活动。2018年禾欣夏令营8周岁生日时，禾欣团队邀请他与参与前八届禾欣夏令营的志愿者共同聚餐，并约定转变他的身份，从"小营员"成长为"志愿者"。相信在未来，会有越来越多的小朋友加入禾欣志愿者队伍中来传承和坚守这份爱。

不断迭代，通过产品创新增加满意度

公益创业项目和其他创业项目一样，也需要随着时代发展和环境变化不断进行产品迭代和内容创新。在产品设计方面，禾欣团队投入了大量精力来进行内容创新。在课程研发过程中，团队会根据每年用户的调查结果，结合历年来的经验，不断完善自己的项目内容，力图提高用户的体验感和满意度。禾欣团队中一直有个课程研发部门，在这个部门有个不成文的规定，每年的活动和产品不能和之前一样，究其原因，竟是因为有个8年夏令营经历的"元老"学生，产品如果年年一样，他就不会再来参与。产品年年迭代，可以让许多小朋友连续参加三四届夏令营，获取最好的体验。为此，从第一到第九届禾欣夏令营，禾欣团队共计研发了63个活动项目，各种尝试和创新让团队与项目永远保持活力和竞争力。

在前六届禾欣夏令营中，禾欣项目提出的主题是"红橙黄绿青蓝紫"七彩活动，

每个颜色会设计不同的主题活动。比如，红色是关于爱国主义的内容，橙色与运动类相关，黄色与安全和法治教育相关，绿色代表公益环保，青色有科技的寓意，蓝色代表会做手工，紫色表示文艺汇演等收尾工作。依托主题活动，禾欣团队不断创新内容，打造了"模拟法庭""一日生存""爱心义卖""科技实验作品展""艺术展演"等精品项目。在这一阶段的教学模式主要是由多对多模式（多位大学生对多位小朋友）转变为一对多模式。由于每个年龄层次的孩子需求不一样，从第七届开始，禾欣团队对现有产品模式逐步进行改变，由原来七彩活动转型为分组活动。遵循小龄组侧重兴趣挖掘和大龄组侧重兴趣培养的理念，在与北京科技大学和苏州大学部分学院合作的基础上，分别为大龄组开发了科技主题和运动主题，为小龄组开发了地球之旅等主题活动。目前，禾欣项目拥有两个最新的产品包，即对 5～8 岁、9～12 岁孩子进行分组产品设计，其中 5～8 岁小龄组产品包括红色开幕式破冰活动、橙色素质拓展活动、黄色自我意识与模拟政协活动、绿色环保活动、青年科技活动、蓝色手工梦想活动、紫色闭幕式离别活动，9～12 岁大龄组产品包括红色开幕式破冰活动、橙色定向越野活动、黄色模拟政协活动、绿色节能机器人活动、青色科技智能车活动、蓝色生涯兴趣岛活动、紫色闭幕式离别活动。

重视选拔，精选最合适的人加入团队

9 年来，禾欣团队非常重视团队成员招募，在第一期大学生暑期实践团成员招募时就提出了"公益情怀、沟通能力以及人职匹配度"等多个评价标准，在不断尝试中创新出多种招募模式。

2014 年 4 月，第五届禾欣实践团队员的招募启示发布后，立刻吸引了很多大学生的关注，经过首轮报名材料筛选后，上百名大学生进入面试环节。面试过程中采用了无领导小组讨论的面试形式。无领导小组讨论原本只会出现在工商管理硕士（MBA）课堂或某些培训课程里，在这里被禾欣团队设计成面试的重要组成部分。以前禾欣暑期实践团的新成员招募都是由上一届成员进行面试选拔，从 2014 年开始不再采用传统的单独面试方法，而是用全新的招募模式，由苏州工业园区社区工作者和小学生共同参与，所有面试者的综合打分都将参考苏州小学生的意见，最终确定入选名单。具体面试的程序包括：

- 每人 30 秒的自我介绍。
- 大屏幕出题，小组进行破题，20 分钟无领导小组讨论，过程中可以向社区工作人员、小学生询问苏州的场地、资源等情况，形成完整的活动主题、意义、方案。
- 推选一名汇报人进行汇报，组员补充，时间限定 5 分钟。
- 提问环节和总结环节。

参加面试的面试官们包括来自苏州的两位社区工作人员、曾经参加过禾欣夏令营

的小朋友（苏州当地小学生）、往届禾欣暑期实践团优秀队员和禾欣创始人王靖。这场招募面试活动最有特色的是两位"小小面试官"，他们在面试现场提出了很多有趣的问题。比如，有正统的提问："如果活动过程中有人要放弃怎么办？""现场非常混乱，场面失控，你会怎么做？"有刁钻的提问："两名小朋友在打架，请不要重复耐心劝说这样的回答，有更新颖的办法吗？"有无厘头的提问："你喜欢吃青椒吗？"

在禾欣夏令营活动开始之前，就融入社区元素，考虑服务对象的需求，保证招募的成员更加适合项目开展。这是禾欣团队在创业道路上的又一标志性创新成果。

创业者王靖的
反思与经验分享

禾欣公益项目创始人王靖，她对于自己的公益事业有非常多的认知和反思。比如，她经常提到"做公益需要有情怀和坚守""我们照亮了孩子童年的梦，他们点燃了我们心中的灯"等。以下内容就是她分享给公益创业者的一些认知和反思，希望这些反思能为公益类创业项目发展提供借鉴和参考。

做公益需要情怀和坚守

"我们照亮了孩子童年的梦，他们点燃了我们心中的灯。"一段奇妙的相遇，让彼此的梦有了交错，让我们的天空充满了色彩。做公益，首先要有的便是情怀，我作为北京科技大学学子，秉承学校"学风严谨，崇尚实践"的优良传统，积极参与每一次社会实践。大三时，我为将来的学生开创了社会实践的精品项目，在与苏州工业园区当地社区的密切联系中，我了解到当地孩子的物质生活虽然丰富，但精神世界因失去父母陪伴而匮乏。就此，一颗公益情怀的种子在我的心中悄然萌发。

创业容易守业难，情怀可贵，更难得的是对情怀的不懈坚持。禾欣历经九年，我不仅是禾欣青少年发展中心的创始人，更是209名大三学生的辅导员，还是负责指导640名毕业生的就业指导教师，禾欣日渐做大的同时，也给我带来了许多的压力。禾欣坚守至今，更多的是为了给大学生和当地的孩子们带来更多的体验与温暖，时过境迁，不变的是当初的情怀，仰望星空的同时更要脚踏实地，有了情怀，更要有去实现情怀的实践。经验积累的重要性对一名公益创业者来说不言而喻，禾欣也是在做了多年实践团的基础上才完成了蜕变，这段时光给禾欣团队寻找到了属于自己的发展模式，一步一个脚印地踏出来，禾欣的上层建筑才能屹立不倒。任何创业都不是一蹴而就的事，公益创业也不例外，作为一名创业者，你要做好吃苦的准备，你可能缺乏得力的助手，可能要自己一家家的去拉赞助，可能会不被认可和理解，但是，如果有情怀，又何惧苦涩，要善于反思和抓住机会。禾欣也曾经有过低迷期，但是当从曲折中找到出路时，破茧成蝶，你会对自己和自己的公益项目有更加清醒的认知。

任何一次创业，都无法脱离创新，就如禾欣曾经创新性地错峰开展东沙湖分营活动，创新是禾欣得以持续发展的源头活水，只有通过创新，才得以有区别于同类型社会企业甚至商业企业的独特优势，才会有人更加认可我们的服务模式和活动内容，才能有给更多人提供优质服务的机会。创建团队，同样更需要"慧眼识人"，我们开展一个新项目，拓展新业务，专业人才必不可少，创业不可能是一个人的事，或者说一个完善的组织机构和监督机制是必要的助力。

我们不一定能为社会做多大贡献，但我们希望给小孩子和大学生提供更多的人生体验，作为一名社会组织的创业者，时刻都不能忘记服务社会的初心。中国公益之路还有很长的路要走，有些事情不是能用金钱来衡量的，需要有情怀和坚守。不忘初心，方得始终。

创业导师
点评与总结

"一个执着的团队，一群坚强的身影，一段奋斗的历程。用爱心传递温暖，以真情创造美丽，四载岁月，他们坚定地耕耘在关爱未成年人成长的路途上，他们用持之以恒的无私与奉献……奏响希冀中最闪亮的乐章！"以上这段话是禾欣青少年公益项目获得2015年北京科技大学"青年五四奖章"的颁奖词，也是禾欣团队奋斗历程的真实写照。

作为曾经参与指导过禾欣公益项目的教师，我想更多地总结一下禾欣公益项目对大学生成长的帮助。一说到公益，大家都会快速联想到比尔和梅琳达·盖茨基金，想到李连杰的"壹基金"。从需求层次理论来说，当人们解决了生理、安全等需求问题之后才会去考虑帮助他人，但是王靖和她的团队颠覆了这种认知。当他们还是一群茁壮成长的大学生，正需要接受他人的帮助和支持时，他们却在繁忙的学习之余去帮助他人，向社会传递爱。为什么会有这样的现象？我想最主要的原因是王靖团队一直在不断创造和传递"禾欣精神"，这种精神中包括了他们称之为大学生成长的"禾欣杠杆效应"。禾欣团队提出了"以生命影响生命，以情怀助力人生"的人才培养模式和杠杆效应，从专业技术、活动创新、团队精神、共情能力、社会责任五个方面提升大学生的综合素质能力，让大学生在实践活动中进行反思与自我提升。在与公益团队交流时，很多团队成员向我表达，参与这个实践活动是一次生活历程，也是一次人生启迪，活动改变了他们对人生的一些看法，帮助他们树立了关爱他人和服务社会的人生观和价值观。

总之，禾欣青少年公益项目的产生和延续，主要是因为有一群像王靖这样充满情怀大学生的坚守，也受益于国家推行的素质教育为他们营造了公益沃土。素质教育的目标就是培养成功的人格，特别是要在当代大学生心中埋下一个勇于担当、勇于服务社会和国家的种子。

——邓立治
北京科技大学经济管理学院教师、创新创业研究中心负责人

☞ 获奖案例

禾欣青少年公益项目商业计划书

本商业计划书案例为禾欣青少年公益项目获得 2018 年"创青春"全国大学生创业大赛公益创业赛全国总决赛银奖作品（部分内容酌情修改）。

案例目录

案例正文

1　执行总结

1.1　项目介绍

1.1.1　项目背景

随着"十三五"规划建议的发布，我国国民经济正保持中高速稳步增长，在提高发展平衡性、包容性、可持续性的基础上不断推进中国特色城镇化发展。而在促进城市发展的进程中，越来越多的外来人口（包括农民工及高新技术人才）涌入一二线城市，为了创造更好的物质生活条件，很多家庭存在"双职工父母"现象，即父母双方同时上班工作，由家中老人帮忙照顾年幼子女，父母能给予子女的陪伴与关爱大幅降低，这群长期得不到父母陪伴、缺少这份亲情与关爱的孩子被称为"失陪儿童"。而随着外来人口的涌入，外来人口原籍出现大量"留守儿童"。孩子生养脱离的现象直接导致孩子亲情缺失，性格固执、叛逆、孤僻、冷漠、自卑，缺乏爱心，严重影响孩子的情绪管理能力，威胁着他们的身心健康成长。因为"失陪"而导致"失教"，严重阻碍了孩子各方面能力的发展（包括传统教育中所涉及的科技创新能力、表达能力、学习能力、管理能力、艺术鉴赏能力等），这些社会问题都随着城镇化进程加快而日益浮现。这些儿童正承受着时代发展带来的忽视，很多孩子难以得到来自正确价值观的熏陶与综合能力的培养。于是，我们为高校大学生和失陪儿童搭建"一期一会"的平台，在精心设计的游戏与活动中让大学生和小朋友得到双向成长。

1.1.2　项目内容

禾欣青少年公益服务项目旨在通过高校、社区与家庭的三方联动服务机制，选拔并培养优秀青年学生，结合城市社区与乡镇特点策划、组织开展"禾欣夏令营"少儿公益活动，以社区资源为依托，以陪伴为核心，在陪伴过程中进行自我意识培养，在 8 年的活动积累下，有针对性地结合一系列活动方案（"STEAM"教育计划），着重培养青少年的沟通能力、合作能力、管理能力、创新能力、动手能力、鉴赏能力、自我保护能力、社会认知和自主学习的能力，充实社区少儿的暑期生活，陪伴、引导他们健康成长。

与此同时，通过公益活动的开展与情感陪伴的交织，激发参与本项目的青年学生内在成长动力，"以心参心，以情悟情"，实现知恩感恩教育；依据"为生之道、为人之道、为学之道"的教育理念设计夏令营活动，由理论到设计实践，由实践到传递理念，多层次、全方位提升学生实践与创新能力；鼓励学生通过夏令营的积极影响与评价反馈实现人生价值，激发学生社会责任感。

营销方面，本项目通过政府购买、企业赞助、公益组织互惠合作等方式获取资金、技术支持，未来计划增加有偿课业辅导方式，保持稳定发展态势，积极与各大企业公共关系部门合作取得赞助；同时将开展项目的成熟经验进行凝练，组建专业的选拔与培训策划团队，对外有偿承接公益活动志愿者招募方案设计与实施、全方位活动培训课程、公益夏令营开展指导讲座等项目。在未来，本项目还将通过培训大学生，以低于市价的费用为北京市社区青少年进行课业辅导，实现社会组织"自造血"。

本项目创始于 2011 年，于 2015 年 10 月注册成为民办非企业单位并开始创业初创期探索，9 年间获得国家级、省部级等多项荣誉，在苏州当地具有广泛社会影响力，未来将会在提升项目质量的同时，扩大人员和资金规模，提升服务专业化程度，为更多城镇乡村开展未成年人陪伴与引导服务。

1.2 组织介绍

1.2.1 组织名称与服务

苏州工业园区湖东禾欣少儿服务与发展中心，于 2015 年 10 月正式注册为民办非企业单位。本组织的宗旨是构建高校、社区与家庭的三方服务机制，通过创新选拔方式招募综合素质与能力突出的青年学生，使其经过培训能结合社区背景独立策划、组织开展"禾欣夏令营"活动。活动覆盖"团队合作、自我管理、科技创新、手工实践、艺术展示、自我保护、社会认知"八个方面，分别锻炼少儿的沟通能力、合作能力、管理能力、创新能力、动手能力、鉴赏能力、自我保护能力和社会认知能力，着重培养未成年人公益服务理念、创新思维意识、实践动手能力和社会责任担当，充实儿童的暑期生活，陪伴、引导他们健康成长。

1.2.2 组织管理

禾欣青少年公益服务项目，依托于禾欣少儿服务与发展中心，在禾欣理事会的指导下，各成员充分发挥自身优势与特长，助力组织稳步发展。下设项目部、宣传部、办公室、财务部、智权部 5 个部门，各部门各司其职，实现良性运转。

1.3 公益性分析

通过公益创业的形式，力图在保证组织不偏离公益性的同时，借助商业手段，引进商业模式来实现非营利组织的"造血功能"，将禾欣产生的社会价值和经济价值相融合，最大限度地整合社会资源，以一个社会场景解决多个社会痛点。

1. 少儿受益

禾欣青少年公益服务项目通过优秀大学生带领青少年开展夏令营的方式，让未成年人在暑假期间能得到大学生的陪伴，并得到不同于家庭、朋辈的人文关怀与成长陪伴。项目通过丰富有益的活动提升青少年的综合能力，使其得到正确价值观的熏陶与综合能力的提升。同时，项目具有优于市场中绝大多数夏令营机构的明显特征，朝气蓬勃的优秀青年学生可以比家长更亲近地将正确的思想和能量传递给孩子，给他们带来启迪和正确的榜样效应。

2. 青年学生受益

大学生通过本项目的培训与实践，在"硬实力"上丰富了专业技术知识与工作特长技能，在"软实力"上提升了活动创新能力与团队协作精神，在参与活动的过程中培养了爱心与耐心。同时，大学生也能在这些孩子们身上看到曾经的自己，小朋友的纯真和可爱都能引发他们思考自己的初心，在他们未来发展的道路上，树立关爱他人和服务社会的人生观与价值观有着极其重要的参考价值。

3. 社会影响

随着城镇化的快速发展，双职工家庭日益增长，父母能悉心教育陪伴孩子的时间越来越短，禾欣青少年公益服务项目与街道社区、村委会合作，开展促进未成年人健康成长的"第二课堂"，承担起助力儿童全面健康发展的社会责任。

本公益服务项目利用各方赞助和购买的资金支持，给贫困地区的青少年带去同等质量的陪伴和服务，并在此基础上不断扩大服务的范围，有效地调配了社会资源，促进了社会和谐发展。

1.4 实践性分析

禾欣青少年公益服务项目依托高校与社区建立了社会实践基地，开展长期共建合作，已经累计开展 182 场公益活动，服务 5 ~ 12 岁儿童 5 万余人次，近 2 500 户家庭受益。2018 年，禾欣将服务范围从苏州工业园区湖东社区扩大至唯亭街道及广西贫困地区，为那里的青少年开展暑期夏令营活动。高校方面，除了长期的合作方北京科技大学外，苏州大学也参与到本项目中。此外，本项目与政府、企业及社会组织建立了健康、长期的合作关系，如广西爱心蚂蚁公益组织、汤妈妈爱心慈善组织、思倍特管理咨询公司、向阳生涯等，所获资金支持与扶持力度逐年增加。

截至 2018 年，禾欣青少年公益服务项目获得"苏州工业园区年度最具活力青年社会组织"和各类公益创业竞赛和评比等多个奖项。此外，禾欣项目曾被人民网、《中国日报》《新华日报》、国际在线、中国青年网、凤凰网等国家级、省部级媒体报道 100 余次，网络媒体报道逾 1 200 篇，受到社会各界的广泛好评。

1.5 创业性分析

1.5.1 发展与推广

发展战略分为三个阶段：

（1）2011 ~ 2015 年，第一阶段积淀期。探索大学生与失陪、留守儿童的陪伴模式，完善活动框架，形成体系，以优秀大学生的陪伴和高质量的活动立足苏州。

（2）2015 ~ 2019 年，第二阶段发展期。以苏州工业园湖东社区为基础，扩展服务地域、服务人数、增加服务项目、完善活动方案、增加课程项目的科学性，从而提高家长的认可度；完善大学生培养计划，全方位、多层次的培养体系；深化与社区的合作，通过政府购买项目、企业合作、基金会捐赠等多样化渠道获得资源支持；总结禾欣模式，在广西尝试推广，并逐渐在广西建立禾欣服务基地。

（3）2019～2023年，第三阶段成熟期，以苏州、北京、南宁和西安4个城市为中心，东西资源互济，南北人才共享，实现可持续发展，建立禾欣校友基金会与禾欣志愿者联盟。

禾欣青少年公益服务项目要"线上线下，双管齐下"。线下方面，禾欣将会在组织内部选出有思想、有能力、有情怀的骨干成员，派往其他城乡地区，建立试点根据地，获得政府关注和企业赞助，结合当地高校与社区站稳市场，以自身优势和服务方向吸引资金投入，未来禾欣会以研学班的形式进行"自造血"，拓展服务范围并结合地域特色设计不同种类活动。同时，项目也会招募小朋友和大学生志愿者，采用禾欣模式，组织禾欣夏令营活动。在做好线下服务的同时，禾欣内部团队进行课程研发，研发出适合孩子心理发展的课程，吸引企业与家长的兴趣，而家长和企业购买产品的资金主要用于日常运营以及禾欣夏令营。对企业以及组织禾欣可以有偿进行招募方案设计与实施、课程活动培训和夏令营开展指导讲座等，获取资金用于组织自身生存以及扩大规模，实现社会组织"自造血"。

线上方面，禾欣青少年公益服务项目会通过微信公众号、在线网站等多种媒体形式搭建自己的互联网线上平台，组织青年志愿者和儿童进行线上报名和活动策划宣传，线上发布活动信息以及听取活动反馈，利用多媒体及互联网线上平台进行跨平台宣传发展，吸引企业、慈善组织以及政府的关注和帮助。值得一提的是，禾欣创新探索夏令营小营员的选拔是通过微信平台报名的方式来进行的，每个家庭通过线下社区志愿服务赚取线上公益积分，用积分为孩子报名禾欣夏令营，以活动促志愿，爱心积分将持续激励居民关注社区事务、推动居民自治工程。我们将通过互联网各种平台开发及维护提高社会关注度，打响禾欣公益品牌。

1.5.2　市场与竞争

禾欣青少年公益服务项目主要针对儿童的健康全面发展设立。少儿服务主要针对5～12岁的"失陪儿童""留守儿童"，其中包括城市双职工子女和乡镇农村儿童，主要活动区域包括现代化城市、工业园区的社区以及城镇乡村。青年志愿者主要面向全国各高校的青年学生（17～26岁）。

目前社会上有较多的教育公益组织从事助学、支教，但是大多对于儿童精神需求关注甚少，尤其是在如何有效帮助失陪儿童全面健康成长、发展更好的健全人格、培养各方面的综合能力以及自我意识的组织机构更是少之又少。另外，针对留守儿童，多为支教类和助学类服务组织，多方面关注儿童的公益组织也非常稀少，市场前景十分广阔。此外，近年来国家也逐渐在政策层面帮助"留守儿童"和"失陪儿童"成长。

1.5.3　财务计划

本项目资金来源包括捐赠收入、提供服务收入、政府补助与其他收入。捐赠收入包括企业赞助的公益资金、场地使用费、学校和个人捐赠所得，以及禾欣夏令营跳蚤市场爱心捐赠收入；提供服务收入包括将禾欣夏令营经验模式向外推广过程中各单位支付的劳务补贴；在北京社区辅导孩子课业的收入；政府出资购买禾欣夏令营的费用；其他收入为各类荣誉称号、竞赛获奖的奖金，以及上一年的结余等。

本项目通过固定渠道实现政府购买服务，5 000 元可供 8 名青年学生为 50 名儿童开展 8 天的夏令营活动，并在保持政府购买服务质量的基础上，设计集聚型和发散型两套服务方案以实现"自造血"功能。

本项目资金使用方向分别为业务活动成本、管理费用及其他支出。业务活动成本为举办禾欣夏令营所有花销，包括场地使用费、跳蚤市场爱心捐赠的定向捐出；管理费用包括工资福利支出、行政办公支出以及给大学生投入的培训费用；其他支出为苏州当地工作人员赴京参与青年学生面试的交通费与住宿费，以及上一年的超支费用等。

禾欣少儿服务与发展中心作为民办非企业单位，享受多种政府对社会组织的优惠政策，包括注册为民办非企业单位最低开办资金为 500 元，每年活动结束后财务审计时账面结余不得超过 500 元；可通过社会组织联盟购买专业的财务托管服务；每月资金流入不超过 3 万元、每季度资金流入不超过 9 万元，享受免税政策。

2 项目概述

2.1 项目名称

禾欣青少年公益服务项目依托苏州工业园区湖东禾欣少儿服务与发展中心开展禾欣夏令营等相关活动。

组织中文名称：苏州工业园区湖东禾欣少儿服务与发展中心

组织英文名称：Hexin Children's Service & Development Center of Suzhou Industrial Park Hudong

禾欣少儿服务与发展中心 Logo

名称及 Logo 释义："禾欣"寓意"禾苗欣欣向荣"。Logo 中左侧小禾苗代表小朋友，右侧大禾苗代表青年学生，他们为"小禾苗"撑起一片蓝天，沐浴在"红橙黄绿青蓝紫"的七彩阳光下，与禾欣夏令营的七彩活动相呼应。整体 Logo 呈太阳的造型，寓意青年学生和小朋友在禾欣阳光的关怀下共同成长。

2.2 项目背景

本项目发源于 2011 年，于 2015 年 10 月注册成为民办非企业单位开始创业初创期探索，八年间获得国家级、省部级等多项荣誉，项目在苏州当地具有广泛社会影响力，未来将会在提升课程质量的同时，扩大人员和资金的规模及专业化程度，为更多城镇乡村开展未成年人陪伴与引导服务。

家庭是孩子最早接受教育的场所，父母是孩子最早接受教育的教师。家庭教育在孩子的成长中起着奠基的作用。对儿童来说，人生第一位老师的陪伴缺失会对孩子产生影响。此外，失陪儿童的主要年龄层为小学生，而这个群体又处于奠定学习基础和各项素养能力形成的关键阶段，但对双职工父母来说，早出晚归，经常出差，对孩子的陪伴少之又少，对孩子在能力培养方面也时常忽略，这对孩子的未来发展是一个损失。在双休日、寒暑假，孩子在没有家长现场管护的情况下，或者关在屋里看电视、玩电脑，对身体和眼睛造成巨大伤害，或者私进黑网吧打游戏，久而久之就变成网瘾少年。存在以上问题的家庭，在前期调查中占总数的42.7%，其中的一半家长渴望让孩子在假期做一些有意义有价值的活动。

在中国特色城镇化进程中，儿童由于父母双双工作而缺少陪伴和关爱的现象愈发严重，这会影响孩子们的情感与归属需求，甚至会影响当代青少年更高层次的人生需求。

2.3 项目内容

2.3.1 项目概述

苏州工业园区禾欣少儿服务与发展中心是以法定代表人为理事长、利用非国有资产成立的非营利性社会组织，于2015年10月在苏州工业园区注册为民办非企业单位。通过构建高校、社区（居委会、村委会）与家庭的三方服务机制，根据国家及政府相关文件要求，设计"禾欣青少年公益服务项目"与"禾欣夏令营"，搭建"一期一会"的青年学生与未成年人共同成长平台，打造引导与服务相结合的精品少儿公益活动。通过创新选拔方式招募综合素质与能力突出的青年学生，使他们经过专项培训后能独立策划、组织开展"禾欣夏令营"活动，活动以"红橙黄绿青蓝紫"命名，并针对5～8岁、9～12岁儿童的不同特点进行活动分组，课程内容覆盖"团队合作、自我管理、科技创新、手工实践、艺术展示、自我保护、职业认识"等多个主题，分别锻炼少儿的沟通能力、合作能力、管理能力、创新能力、动手能力、鉴赏能力、自我保护能力和职业认识的能力，着重培养未成年人公益服务理念、创新思维意识、实践动手能力和社会责任担当，充实儿童的暑期生活，陪伴、引导他们健康成长。团队成员在八年的活动中积累了大量丰富的实践经验，在第八届的禾欣夏令营高度的归纳总结下结合了"STEAM"教育计划的理念，包含上述能力的培养，旨在为儿童的全面发展指明方向。

自组织注册以来，在苏州市工业园区、唯亭地区和广西贫困地区开展禾欣夏令营活动，活动对象覆盖了城市中缺少父母陪伴的双职工子女以及部分山区留守儿童。同时，未来将以这三个点作为基地，逐年向周围辐射，期待能在未来的成熟期时覆盖华北、华南、东部沿海地区，最后惠及我国的大部分地区。

项目前期，通过互联网平台招募青年学生以及参加夏令营的小营员，同时在平台上发布活动信息、招募赞助商，为活动筹集资金支持和场地援助。在校青年学生可通过禾欣少儿服务与发展中心网站进行线上报名，通过理事会初审后参加小组面试，通过选拔的青年学生需要参与人事部组织的集中培训，包括线上技能培训、安全知识学习、线下团队合作与夏令营实际操作培训，随后根据青年学生的录取岗位及特长分别开展前期筹备工作，包括夏令营活动策划、物资准备、财务预算、成果设计和人事信息更新。针对小营员招募，本项目采取网上志愿积分兑换方式，通过在微信平台上发布志愿活动以及志愿积分奖励，参与者在完成这些志愿活动后获得相应爱心积分，最后积分符合禾欣夏令营报名积分的参与者可兑换小营员名额，这种方法不仅促进了公益循环，而且带动当地社区居民自治工程及社区建设的和谐发展。

项目中期，策划与当地合作方一同开展夏令营活动，结合每次活动的主题及时进行媒体宣传、微信和微博的推送，同时在禾欣官方网站上发布活动精彩照片及视频，加大宣传力度。以上活动和宣传也为项目招募更多优秀青年学生以及获取可靠商家支持提供了保障。

项目后期，通过线下开展禾欣创新论坛，进行每一期禾欣青少年公益服务项目的总结回顾，并研讨下次活动创新模式，同时开展网页平台的维护与新模块开发，以及活动成果转化。项目团队不仅仅会在网站平台上总结活动内容，制作微电影、感人瞬间、禾欣大事记、小故事暖人心等，而且会在微信平台上推送每位青年学生和志愿者的感悟。

2.3.2　项目类型

2.3.2.1　禾欣青少年公益服务项目

1. 项目人员招募

禾欣青少年公益组织每年4月在大学校园以校园媒体、网络宣传、展板海报、现场活动、公益讲座等方式对在校青年学生发起禾欣青少年公益服务项目的人员招募。

招募面试分为两轮：第一轮，线上收集报名者简历，由人事部组织禾欣理事会成员进行初步审核，召开理事会会议讨论第二轮面试名单并进行线上公示；第二轮，采用具有禾欣特色的无领导小组讨论面试。

具体每场的程序设定为：

（1）每人30秒的自我介绍。

（2）大屏幕出题，小组进行破题，20分钟无领导小组讨论，过程中可以向社区工作人员、小学生询问苏州的场地、资源等情况，形成完整的活动主题、意义、方案。

（3）推选一名汇报人进行汇报，组员补充，时间限定5分钟。

（4）提问环节。

（5）总结环节。

采用全新的方式，邀请活动开展地区的社区工作者和小朋友共同参与。在活动开始之前，融入社区元素并综合考虑小朋友的需求，从而保证成员更加符合项目开展的需求。

全部面试结束后，由面试官打分，参考社区工作人员和小朋友的建议，最终确定入选名单。根据志愿者个人实际情况，确立其所在分团和服务地区。根据志愿者的简历意愿和面试表现，确定执行经理、运营经理、各项目专员等职务。

招募结果公示，面试者可通过禾欣官方网站、微信平台以及手机短信得知面试结果。

2. 专项培训（共22学时）

专项培训采取线上慕课学习与线下集中培训的方式，对少儿陪伴服务与公益活动方面进行强化指导，并结合各岗位需求开展技能培训。具体课程内容如下。

● 团队建设与破冰（8学时，2学时/

次，共计4次）。

- 第一讲（1学时）：公益服务综述与禾欣愿景【慕课】。
- 第二讲（2学时）：未成年人心理健康与沟通技巧【慕课】。
- 第三讲（3学时）：夏令营活动策划与实际开展（含财务与物资管理）。
- 第四讲（2学时）：社会实践安全教育与成果转化【慕课】。
- 第五讲（3学时）：微信平台建设与新闻媒体宣传。
- 第六讲（3学时）：视频制作技巧。

3. 项目运营

（1）前期活动准备，具体如下：

①禾欣夏令营七彩活动准备。由执行经理、运营经理带领执行专员、运营专员负责各项活动设计工作，根据往年具体活动内容的基础上进行自主创新，撰写夏令营活动策划。各颜色活动负责人（专员）与服务地区社工委进行联系，了解情况并撰写具体策划内容，上交禾欣策划部及活动部审批，结合反馈意见不断进行修改完善。各颜色活动负责人（专员）形成完整策划后，由执行专员与运营专员组织大家对活动所需内容进行排练，对所需物品进行统计和购买。

②禾欣公益特辑活动准备。心灵关怀小课堂：选出相应小主题对参与禾欣夏令营小朋友进行问卷调查，选出小朋友喜爱的几个内容，提前进行故事撰写，演讲准备。

一对一帮扶：每年单独招募经济条件有限的青年学生，与"汤妈妈公益慈善中心"合作定向资助其参与本项目；人事专员整理报名参与禾欣夏令营的小朋友的基本资料，并与社工委方面联系，在征得小朋友本人及父母同意后准备资料，为对其进行一对一辅导做准备工作。

③项目宣传准备。各项目推广专员召开小会议，共同讨论宣传策略并进行前期分工准备。

各个活动进行分块处理，所有专员都提早进行活动准备，为后期活动奠定坚实基础。让活动更加完整化、规范化，做到"每个人都有任务，每件事都有人做"。

（2）中期活动开展。到达服务地区后，项目所有成员需要提前到达活动场地进行场地布置和节目排练。

活动开始后，所有成员需要带领分配给自己的小朋友参与活动，在活动中与其交流感情，加强联系。活动结束后，所有成员为小朋友们在禾欣明信片上写下美好祝愿，相互道别。

（3）后期活动总结。禾欣夏令营闭营后召开当届禾欣创新论坛，进行团队内部互评，以便后期总结表彰。

①所有成员上交活动感想总结存档，并进行团队内部互评打分。

②青年学生代表在主持人引导下分享活动经验和收获成长。

③项目专员为禾欣青少年公益服务项目提出问题，并共同探讨解决问题。例如：禾欣夏令营的规模问题、活动的组织与开展问题、安全问题、突破创新问题、经费问题、与社区的对接问题。

④禾欣理事会为青年学生颁发实习证明及荣誉证书。

⑤禾欣理事会理事长总结发言。

2.3.2.2 禾欣夏令营

依据"霍兰德六边形"的兴趣量表，

设计沟通协作、团队合作、自我管理、科技创新、手工实践、自我保护、艺术鉴赏、职业认识等精品课程，分别锻炼少儿的沟通能力、合作能力、管理能力、创新能力、动手能力、鉴赏能力、自我保护能力和职业认识能力，涉及社会型、艺术型、现实型、传统型、研究型、企业型等多个维度，打造模拟法庭、一日生存、科技实践等精品项目，并逐年进行项目创新与优化。

禾欣夏令营活动主要依托七彩主题开展，每个色彩主题内容如下所示：

1. 红色主题

红色活动作为禾欣夏令营的第一项集体性大型活动，为 8 天的七彩活动拉开序幕。通过充满仪式感的开幕式引入夏令营主题，为小朋友和家长展现青年优秀学子的风采；通过愉快的团队破冰的活动，为青年学生和小朋友们建立良好的关系奠定基础。以往的红色活动以大学生亮相和主题情景剧表演为主，在 2018 年进行了调整，将小朋友们分为大龄组和小龄组分别进行破冰游戏，取得了良好的效果。

禾欣夏令营红色开幕式活动图集

2. 橙色主题

橙色代表着青春活力。橙色活动是一次户外实践，通过定向越野的形式，让孩子们以团队为单位，齐心协力渡过不同的关卡，从而更好地学会合作、认识自我，也让孩子们认识到户外活动的重要性。活动内容根据之前活动的不同颜色游戏进行相应的设置。活动难易结合，多为团队挑战协作类的游戏形式，比较容易引起小孩子的兴趣。活动中突出了竞争的元素，有助于活动顺利紧凑的进行，同时难度的设置也更加适合 9 ～ 12 岁年龄段的孩子。

禾欣夏令营橙色活动图集

禾欣夏令营橙色活动图集（续）

3. 黄色主题

9～12岁的孩子正处于形成人生观、世界观、价值观的重要阶段。在这一阶段孩子们的社会责任感逐渐增强，公民意识也日益提高，而社会中所存在的问题也会对他们产生一定的影响。因此，引导孩子们如何初步融入社会就显得尤为重要，最直接的方法就是引导孩子们积极参与社区建设。基于以上考虑，黄色活动大龄组采用模拟政协的活动形式，针对社区存在的问题，由孩子们提出可行的建议和对策。采用模拟政协的活动形式既可以培养孩子们发现、思考及解决问题的能力，又有助于锻炼孩子们交流沟通、团队协作和总结表达的能力。对于小龄组的孩子，这一阶段正处于培养良好性格的关键时期，因此在小龄组开展情绪管理的相关活动，帮助不同年龄阶段的孩子们更好地认识自己。

禾欣夏令营黄色活动图集

4. 绿色主题

绿色活动致力于促进孩子们与自然界进行接触和了解，活动过程中将引导孩子们积极探索绿色环保的意义。在往届的活动中，大多是带领孩子们去果园体验一日生存的活动，第八届夏令营则将环保节能的元素融入其中。普及绿色环保意识，既可以向孩子们直观的介绍世界面临的环境和能源供应不足问题，也可以让孩子们通过自我动手实践活动，了解绿色环保能源的好处与切实体会动手实践的乐趣。此外，结合项目成员的讲解，让小朋友们提升环保意识，培养社会责任感，在一定程度上正确认识人与自然的关系。值得一提的是，包含在绿色活动中的跳蚤市场，组织筹办跳蚤市场旨在让孩子们切身投入到商品互换、爱心义卖、公益募捐的实践和体验中，培养孩子们的节俭、爱心、奉献和自主自立的意识，通过买卖交易对商品价值进行初步认识，体会商品流通的奥秘，通过爱心义卖锻炼提升孩子们的沟通交流能力，通过公益募捐培养孩子们的公益理念，从而帮助孩子们树立正确的价值观、人生观，同时也让他们从义卖中体会到帮扶互助、创造价值的乐趣。

禾欣夏令营绿色农村活动与跳蚤市场活动图集

5. 青色主题

现代社会的发展离不开科技的进步，从小开始培养小朋友的科学意识显得尤为重要。北京科技大学是以科技见长的理工类院校，校内大学生具备相应的科学素养，可以为小朋友们提供多种科技为主题的活动形式。青色活动旨在让孩子们能亲自动手，近距离感受科学创造，增强科学素养。活动内容包括学习安装无线遥控车，在此过程中让他们使用简单的工具，学习一些电路、机械等知识，给孩子们提供一个近距离接触科技的机会，帮助孩子们开拓创新思维。

禾欣夏令营青色活动图集

6. 蓝色主题

禾欣夏令营的蓝色活动分为小龄组的手工制作和大龄组的生涯规划。手工制作活动中设计了手工编织帽子的主题，小朋友们在大学生们的悉心指导下学会使用工具，并成功制作出自己喜欢的帽子。生涯规划可以帮助孩子们确定最佳的职业奋斗目标，在现代社会中"预则立，不预则废"，生涯规划显得十分重要。对于小学生、初中生、高中生、大学生来说，生涯规划将对其一生产生重大影响，蓝色活动可以帮助孩子初步形成生涯规划的意识。活动以游戏"兴趣岛"和"拍卖会"的方式展开，在大学生们的循循善诱下，让孩子以更加生动有趣的方式探索自己的兴趣所在，从小树立人生的目标。

禾欣夏令营蓝色活动图集

7. 紫色主题

紫色活动强调艺术展示，锻炼孩子的艺术鉴赏能力，旨在延续禾欣公益梦想情怀。紫色活动作为禾欣令营闭幕式活动，通常会选择在学校礼堂内以才艺展示和温情告白的方式让青年学生与小朋友们进行告别。禾欣见证着每一个孩子的成长，紫色活动别出心裁，不仅让参加这次夏令营的小朋友展示了个人才艺，还通过各种互动加深了小朋友与大学生之间的感情，给孩子们带去爱的思考、爱的感悟和爱的理解。紫色活动是禾欣夏令营精品活动之一，大学生和小朋友通过表演节目展示自我，从而促进小朋友们认识自我，认识他人；颁奖仪式和告别仪式体现的是对小朋友本人在夏令营中的表现评价，所有的流程都紧扣禾欣"自我认知"的主题。

注：以上各种颜色活动内容和形式可根据项目创新情况进行调整和更换。

禾欣夏令营紫色文艺汇演暨闭幕式活动图集

8. 七彩研学班（筹备中）

七彩研学班指向研究型和传统型，强调学习兴趣、学习习惯、学习能力的培养，锻炼孩子们自主学习、自主规划的能力。在每日七彩活动结束后，项目组将为孩子们开展七彩研学班。优秀青年大学生将带领孩子们挖掘学习兴趣，培养良好的学习习惯，引导孩子进行时间规划，有计划地高效完成自己的学习任务，并拥有主动学习意识。与此同时，大学生也将随时针对其学习上产生的问题进行辅导。

在夏令营期间还会组织一些特别活动。

（1）心灵关怀小课堂。我们会根据小朋友和大学生志愿者们自己的意愿和情况，让大学生为需要的小朋友开展不同主题的心灵关怀小课堂，以小范围讲座和自由提问形式，通过生动有趣的小故事和真实案例，对有需要的小朋友进行心灵关怀。

（2）一对一帮扶。对想参与禾欣青少年公益服务项目但经济条件有限的青年学生，由"汤妈妈公益慈善中心"为其提供路费和住宿费。对心理或生理需要特殊关怀的小朋友，由大学生志愿者为其提供一对一专门辅导和帮助。

2.4 项目管理

2.4.1 组织经营

2.4.1.1 组织结构

禾欣少儿服务与发展中心采取矩阵型

的组织结构，在理事会的领导下，各成员充分发挥其优势和特长，助力组织的成长与壮大。下设项目部、宣传部、办公室、财务部、智权部等部门。

2.4.1.2 部门使命及职能划分

1. 禾欣理事会

理事长的职责包括密切注意市场动态，准确进行组织的经营策划，掌握组织发展目标及方向。具体职责包括主持组织的各项工作，组织实施理事会决议，组织实施年度组织计划和方案，制订组织发展目标，确定组织发展方向，进行组织策划，审批组织的重大事项，按时组织召开例会、月总结会、半年总结会和年终总结会。

会长的职责包括主持组织全面工作，协助理事长完成对内、对外联系，负责组织年度、季度工作安排，负责财务计划制订，监督财务审批及资产整理工作，组织人事招募和管理工作，具体指导人事部、公关部、财务部。

执行理事长的职责包括协助理事长工作，必要时代替理事长执行理事长职能，负责文书处理、宣传报道等工作，统筹协调所有部门的工作，根据理事会意见进行本单位整体方针政策的制定，指导宣传部、项目部、智权部工作。

2. 项目部

项目部的主要职能如下：

（1）进行未成年人自我意识培养及教育启蒙方面的课程研发设计，根据现有课程基础加深课程意义，创新活动形式，涵盖理论背景、活动意义、活动形式、反馈设计等方面。

（2）进行市场调研分析的工作，根据每届禾欣夏令营及禾欣青少年公益服务项目，设计针对不同群体的满意度调查，形成调研报告（针对大学生/家长的满意度调查），辅助禾欣理事会优化禾欣发展方向，辅助课程研发部进行课程迭代。

（3）指导大学生志愿者的课程研发工作及活动落实情况。根据预算开展评估，负责每场培训课程及夏令营的实际运营，包括现场场地协调、人员安排及活动对接工作，进行当年活动物资购买。

（4）结合当期及往期活动，总结活动内容、收效及不足，为来年更加优质的活动做准备。

（5）保持与办公室、宣传部等其他部门的密切联系，力求保证活动能顺利进行；并将所有策划资料提交知识产权部进行存档。

（6）积极进行创新与变通，学习其他组织的特色活动，并转换成具有禾欣特色的活动内容。

项目部人员构成：项目部主管，执行总经理，运营总经理，执行经理，运营经理，运营专员。

3. 宣传部

宣传部的主要职能如下：

（1）全权负责禾欣宣传推广工作，进行当年所有禾欣宣传工作的安排、制作。

（2）负责后期制作视频纪录片，进行当年禾欣宣传报道的整理汇总工作，负责进行新闻稿、微信推送、拍摄、视频制作的专项培训。

（3）负责禾欣在高校的宣传日策划及推广工作。

（4）创新宣传形式，进行更有益于禾欣推广的方案设计。

（5）负责对微信公众号、服务号、小程序、网站的开发与控制，编制各类技术文件。

（6）实现对各平台的日常管理和维护。

（7）为项目提供技术支持，配合项目部完成市场营销计划。

宣传部人员构成：推广总监，推广副总监，推广经理，推广专员。

4. 办公室

办公室的主要职能如下：

（1）制订禾欣年度工作日程表。

（2）定期组织理事会会议，撰写会议记录。

（3）进行理事会内建活动。

（4）安排人员火车票购票、介绍信开具、住宿预订等出行事宜。

（5）历届禾欣成员实习证明、纪念品、禾欣服、棒球服的定做。

（6）整理禾欣历届成员、当届成员的基本信息，并及时更新。

（7）负责禾欣青少年公益服务项目招募工作的策划及实施。

（8）负责招募项目顾问，监督项目顾问从团队建设开始一直指导至项目结束，发挥应有作用。

（9）有计划地进行实习生、理事会成员等招募及管理工作，负责团队文化建设及绩效考核。

（10）负责管理中心人力资源，行使管理中心内部事务的职能，参与监督各个部门的工作，将各个部门的情况及时汇总给理事长及会长。

5. 财务部

财务部职能如下：

（1）进行每年财务预算，开具服务发票，及时进行经费实销登记，按时完成财务报销工作。

（2）负责与财务托管机构进行紧密联系，按时出具财务报表等材料。

（3）负责发放专职人员薪资及实习人员补贴。

（4）负责对活动部提交的物资购买申请进行严格把关，不得超过该年度活动预算。

（5）负责进行各类物资整理与归纳，进行资产统计等工作。

6. 智权部

智权部的主要职能如下：

（1）负责管理禾欣所有文件、图片、视频等档案，负责禾欣相关专利、版权与商标的申请与保护，负责文字材料整理工作，同时负责进行禾欣各种邮箱及云盘的维护、整理工作。

（2）保证流入市场的相关文档用词恰当，对禾欣内部交流的材料进行保密监督。

（3）进行每年禾欣图片整理并挑选出精选照片，进行每年视频资料整理。

（4）负责历年成果、荣誉的汇总工作，并将资料（扫描件）存档。

7. 顾问团队

顾问团队的构成如下：

（1）活动顾问。聘请教育学、教育规

划学、生涯规划学、儿童心理学等相关领域的专业人才作为组织的活动顾问，以专业知识指导禾欣的活动策划及活动过程。在儿童生涯规划方面，通过向阳生涯对禾欣的指导，加深对于 5 ～ 12 岁儿童进行生涯规划的重要性。

（2）法律顾问。聘请大型事务所的专职律师作为组织的法律顾问，解答法律咨询、依法提供建议或出具法律意见书，协助草拟、制定、审查或修改合同、章程等法律文书。

（3）公关顾问。聘请公关专职人员作为组织的公关顾问，指导公关部开展工作，沟通、协调组织与重要公众的关系，处理公众咨询和投诉，接待与安排公众来访。在合作方面，聘请思倍特公司为禾欣的顾问公司，将转型方向与社会热点问题、儿童兴趣挖掘、儿童生涯教育相结合。

8. 合作伙伴

合作伙伴包括以下多个公司：

（1）思倍特管理咨询公司。思倍特管理咨询有限公司在北京成立。公司经营范围主要包括企业管理咨询、教育咨询、企业咨询等。思倍特公司在禾欣如何更好地管理自身团队、如何更好地实现公益组织"自造血"以及如何寻找自身独特竞争力等方面，为与禾欣分享了自身的经验并提供了相关建议。同时，思倍特公司也为禾欣如何面试提供建议与意见，促进了禾欣项目各方面的不断完善。

（2）向阳生涯管理咨询集团。向阳生涯管理咨询集团创立于 2002 年，是国内首家职业规划师资格认证培训及职业规划咨询机构，全国领先的职业生涯管理专业服务商。专业提供组织及个人职业生涯管理咨询、培训及认证服务，帮助企业及个人获得更大的竞争优势。作为在生涯规划方面的重要机构，禾欣与向阳生涯管理咨询集团进行合作，通过向阳生涯对禾欣的指导，来明晰与加深对于 5～12 岁儿童进行生涯规划的重要性，从而更好地研发相关课程，开展相应活动，做出合理的反馈与总结。

（3）苏州工业园区汤妈妈公益慈善中心。苏州工业园区汤妈妈公益慈善中心于 2015 年 2 月 27 日成立于江苏省苏州市。2016 年 9 月，"汤妈妈公益慈善中心"借助腾讯公益平台，发布了"思源安全饮水"项目，自项目成立至今，共发起公益活动 40 多次，筹集的善款帮助在青海、甘肃一带 4 500 个孩子喝到安全的水。2016～2017 年禾欣与汤妈妈进行合作，在跳蚤市场活动上通过爱心义卖的方式为青海地区的孩子筹集善款、购买净水桶，帮助他们喝上干净清洁的饮用水。

（4）苏州大学。苏州大学坐落于江苏省苏州市，为国家"211 工程"重点建设高校。从 2017 年起，苏州大学与禾欣青少年发展中心进行合作。禾欣从学校中选拔优秀大学生作为志愿者参加禾欣暑期夏令营活动。

2.4.2　主要人员

1. 理事长

某某，女，苏州工业园区湖东禾欣少儿服务与发展中心法人，禾欣公益服务项目创始人兼理事长。自 2011 年禾欣少儿服务与发展中心创立以来，一直负责该组织的管理与运营工作。至今为止，共负责 7 届禾欣夏令营活动的开展，带领禾欣团队一步步发展与壮大，并依托现实状况带领团队不断进行转型与创新。作为北京某高校机械工程学院辅导员，她对于大学生群体有着独特的认识与深刻的了解。通过将工作经历与理论相结合的方式，她与理事会成员共同开发了有关培养与锻炼大学生团队意识、应急处理能力等各方面培训课程，并通过这些课程让大学生有所收获与成长。

2. 会长

某某，男，现任禾欣理事会会长。2012 年作为志愿者参加禾欣夏令营活动，并于当年加入禾欣理事会。他与禾欣理事会理事长及其他成员共同商讨禾欣转型相关事宜，并通过他丰富的社会经历与独到的商业见解，引领着禾欣少儿服务与发展中心的发展。

3. 执行理事长

某某，女，现任禾欣执行理事长。2016 年随北京某高校禾欣实践团参加禾欣夏令营活动，并于当年加入禾欣理事会，担任禾欣执行理事长一职。在禾欣理事会中，负责禾欣夏令营的统筹与组织工作，熟悉禾欣夏令营开展的各项流程，并参与大学生培训课程的策划。

4. 人才培养渠道

通过内部培训的方式，构建组织内部人才培养模式。现已设计并实践了志愿者团队建设培训、礼仪培训、同理心培训、未成年人心理以及沟通技巧培训等内容，同时并行宣传平台维护，网页搭建，活动策划撰写等基础技能培训。做到兼顾人员软硬实力的培养，重视技能与组织文化共建，以此来解决组织可能面临的人职不匹配、能力欠缺等潜在问题。为组织实现长效稳定健康地发展供给高质量的人才。

2.4.3　媒体报道

8 年间，禾欣夏令营的开展得到了媒体的争相报道，人民网、中国日报、国际在线、新华日报、中国青年网、凤凰网、江南时报、城市商报等国家级、省部级媒体报道 100 余次，网络媒体报道逾 1 200 篇。

2.4.4　已获荣誉

从 2011 年禾欣项目创立开始，禾欣每年都获得北京科技大学高校社会实践的最高奖项，连续多年获得北京市首都大学生暑期社会实践优秀团队、优秀成果及优秀个人奖项，2015 年被评为全国大学生百强社会实践团队，荣获北京科技大学高校青年五四奖章，2016 年入选教育部"高校辅导员工作精品项目"培育建设计划，2017 年荣获苏州工业园区 2016 年度最具活力青年社会组织、阿克苏诺贝尔中国大学生社会公益奖银奖。这些都是禾欣不断前行的一个个重要的里程碑。

3　公益性分析

3.1　社会意义

公益创业已经有较长的发展历史，但从 20 世纪 90 年代才引起社会的关注。公益创业起源于欧美发达国家，国内也将其翻译为社会创业或公益创新。公益创业作为一种新的满足社会需求、解决问题和提供服务的方式，开始逐步在我国兴起。公益创业指的是个人或社会组织在社会使命的激发下，追求创新、效率和社会效果，是一种面向社会需要、建立新组织，向公众提供产品或服务的社会活动，是将公益事业办成一个更加可持续发展和更有竞争力的实体。在未来，公益创业将会是社会发展的主要方式。

禾欣青少年公益服务项目在逐年发展与经营过程中，期望以一场社会活动带来社会与经济双重价值的"大公益"效果。

在社会价值方面：

第一，随着中国特色城镇化快速发展，大量青年劳动力涌入一二线城市。绝大多数外来务工人员每天起早贪黑地工作，将孩子留在家中由老人照顾，甚至无人看管，引发大量安全事故。这群长期得不到父母陪伴、缺少这份亲情与关爱的儿童，不仅会缺乏安全感，甚至可能产生孤独和无助等不良情绪，引发心理问题，这些儿童正承受着时代发展带来的忽视与冷漠，很多孩子难以得到来自正确价值观的熏陶和综合能力的提升。国家高素质人才的培养要从小开始，这个社会需要有更多人来关心孩子的健康成长。禾欣团队与街道社区、村委会合作开展促进未成年人健康成长的第二课堂，以覆盖面丰富广泛的活动设计和健康向上的优秀青年学生为榜样，帮助孩子树立积极向上的价值观，在活动参与中全面提高综合能力，承担起了助力儿童成长发展的社会责任。同时，禾欣少儿服务与发展中心以社区资源为依托，以陪伴为核心，在陪伴过程中进行自我意识培养，为 5～12 岁的孩子开展"禾欣夏令营"公益活动。希望和家长一起，发掘孩子的兴趣，帮助孩子进行自我意识培养，触及人生的更多可能性。

第二，禾欣青少年公益服务项目促进大学生的自我成长。当代青年学生在安逸、幸福的环境下成长，从小受到全家的关爱与呵护，充分感受到"被爱"，但却未必能拥有"爱"的能力。如何表达爱，如何懂得陪伴，如何培养更加良好的心理素质，是当代青年的一大难题。禾欣青少年公益服务项目恰好给予他们一个学习与锻炼的机会，通过前期的"同理心培训"，后期带领青少年开展"禾欣夏令营"活动等形式，使当代大学生在陪伴小孩的过程中，充分体会"为人父母"的不易，也培养了他们的耐心与爱心，进一步提升了大学生的沟通能力、认知能力、爱的能力等。

第三，本项目充分调动政府、企业、高校以及社区家庭等各种社会资源，通过政府购买、企业赞助、公益组织互惠合作等方式获取资金与支持。除了活动费用、专职员工薪资和实习人员补助外，大部分资金用于项目建设。对政府和企业来说，由政府购买，可以推动当地社区、村镇联动，丰富当地儿童的暑期生活，促进和谐社会的建成；由企业赞助，合理运用资源为失陪儿童开展高质量夏令营，既能助力未成年人成长，又能以孩子为纽带，促进不同地域的家长相互认识，拓宽社会人脉。通过以上运作方式，使参加项目的青少年从中受益，又使社会资源合理得到利用，维护了社会公平，促进社会和谐发展。同时，项目团队也在不断扩大自身公益服务的范围，由苏州工业园区发展到当地唯亭街道、广西贫困山区，通过服务人群的扩张、地域的扩大来让更多的儿童获得陪伴。

禾欣项目不仅是一个夏令营、一个少儿参与社会的途径，更是一种文化、一种情怀、一种对教育的尝试和思考。以大带小，以小见大，是双方的收获与体验。通过活动倾听孩子们的心声，对于我们未来将成果转化为教育理论有着重要意义。

- 禾欣精神。以"正能量"感人，以"真性情"待人，以"热心肠"助人。
- 教育理念。为生之道，为人之道，为学之道。
- 夏令营目标。以生命影响生命，以情怀助力人生。
- 公益梦想轮回。通过禾欣夏令营的开展，期待实现12年的"禾欣轮回"。

参加第一届禾欣夏令营的5～6岁孩子们，在12年之后步入象牙塔的殿堂，从被服务者成长为服务者，期待他们成为大学生志愿者，怀揣当年禾欣夏令营带给他们的童年美好回忆继续服务社区；已经参加过禾欣夏令营的青年学生，12年后有了自己的家庭与孩子，从当年的服务者成长为家长，他们对子女的教育方式也将从与禾欣的结缘中收益良多。共同期待沐浴在当代禾欣雨露下的孩子和青年学生们，12年后拥有引领下一个梦想轮回和社会担当的能力。

3.2 公益运作

3.2.1 公益之"广"

禾欣青少年公益项目在九年发展中，进行了服务对象的扩张、服务人数的扩大以及服务地域扩展。

项目团队不仅将目光放在城市地区的失陪儿童身上，还转向了生活在城市甚至农村的留守儿童，他们生活中的色彩与接触外界的机会更少。通过将夏令营带到农村去的方式，不仅可以丰富他们的暑期生活，给予他们接触大学生志愿者的机会，而且能为他们单调的生活增添更多色彩。希望大学生的陪伴与行动能在孩子们心中播下一颗爱的种子，给他们一个不一样的暑期生活，一个更有意义的童年。

2018年，禾欣在广西、苏州城郊等地进行新一轮公益实践探索。从此，禾欣不仅存在江南水岸的现代化城市，也将惠及我国各地的广袤乡镇。以点带面，以城带乡，将城市中成功的活动经验，融入乡镇儿童的暑假，通过政府购买和企业赞助的资金，结合地域文化与儿童兴趣设计，开展高质量夏令营。在禾欣模式下，项目团队既能陪伴儿童，倾听他们的心声与烦恼，又能通过参与多彩的活动帮助青年学生增强综合素质能力。

每一年的禾欣夏令营，都是一场"爱的教育"与修行。青年学生通过对小朋友的照顾与相处，懂得了父母之爱；小朋友通过相互协作与公益捐款，学会了助人爱人；受助者来到禾欣大家庭，学会了感恩和爱的传递。

禾欣本身就是一种情怀，一场对爱与成长的表达，一份对情怀的坚守与责任。从它诞生之初，就一直以"爱"为核心，传递、收获、感悟、思考，然后再次出发。

3.2.2 公益之"深"

禾欣夏令营的绿色活动，是每年固定的公益主题。每一年都会组织小朋友们举办跳蚤市场进行爱心义卖。通过和"汤妈妈公益慈善中心"等公益组织合作，将义卖募集的善款定向捐赠给不同的需要帮扶的对象。例如，第五届禾欣夏令营为烟台患恶性骨肉瘤患者的小朋友筹得4 020.7元善款，并及时送到了小朋友的手中，帮助其进行术后康复。第六届禾欣夏令营时，身体康复的小朋友来到苏州参与了夏令营活动，并在当届跳蚤市场中收获全场最高

义卖款395元，全部捐赠给汤妈妈公益慈善中心，用于购买净水桶，为青海玉树山区儿童建造饮水站，让他们喝上干净的水，远离肝包虫病，完成了动人的爱心传递。开展活动9年来，禾欣爱心义卖共筹集公益善款1.7万余元，将继续以公益带动公益，以品牌价值争取更多的公益支持，推动社会资源合理分配。

2018年，禾欣夏令营活动在原来的基础上进行了年龄的分层，针对不同年龄段孩子的自我意识进行了课程研发，并在夏令营活动的基础上建立了对青少年日常行为的反馈评价体系，逐渐将夏令营活动系统化、科学化，使得夏令营活动的意义与作用更为明显。在青少年行为反馈传统评价中，使用成绩报告单的等级评分方式，针对夏令营期间孩子的表现对青少年进行评价反馈，反映孩子在夏令营过程中取得的进步，以及活动的科学性、可行性等指标。

在非夏令营时间，禾欣依然延续着公益行动。通过在一、二线城市举办夏令营获得的赞助，以及对外有偿开展培训、讲座、公益夏令营指导及策划等"自造血"收入，在非夏令营时期捐赠给需要帮助的儿童。

4 实践性分析

经过八年夏令营的积淀，禾欣青少年公益服务项目已经积累了丰富的资源，拥有了良好的口碑。2015年10月，禾欣开始以社会公益组织来传承梦想轮回时，没有质疑，没有迷茫，近3年的创业初期，禾欣用社会的认可、政府的支持、家长的信任展示了禾欣的公益梦。通过创业实践，禾欣在不断地成长。

4.1　实践基础

4.1.1　高校基础

从 2011 年第一届禾欣夏令营将北京科技大学与第五元素社区联结开始，禾欣少儿服务实践团在北京科技大学蓬勃发展着。八年京苏风雨路，禾欣不断成长，躬身实践探索公益梦想，禾欣夏令营已经成为北京科技大学精品实践项目，在北京科技大学有着良好的学生基础和口碑传承。

禾欣不仅在北京地区有高校基础，同时也与苏州大学合作。京苏两地的大学生手牵手、心连心，创造了两地两高校合作共赢的新形态，为禾欣的发展注入了源源不断的有生力量。

第一届禾欣夏令营开幕式和建立大学生社会实践基地

4.1.2　社区基础

1. 社区的紧密结合是禾欣的良好基础

社区是构成社会的基本单位，是宏观社会的缩影，由一定数量的、具有某些共性的人群在某一地域里所形成的一个生活上相互关联的大集体。

禾欣青少年公益服务项目将最大限度地利用和发挥好社区的集体效应，为社区青少年的陪伴需求及发展需求提供优质服务。2013 年、2015 年、2017 年分别与苏州工业园区湖东社区工作委员会、东沙湖社区工作委员会签订（续签）社会实践基地建设协议书，聘请社工委工作人员作为大学生社会实践指导教师。2018 年，在北京科技大学社会实践基地星级评定中，苏州工业园区东沙湖社区工作委员会青少年公益服务基地、苏州工业园区湖东社区工作委员会青少年公益服务基地被评为五星基地。

2018 年，禾欣青少年公益服务项目与湖东社工委进一步加强合作。在红色活动开幕式上，工业园区教育局副局长、关工委副主任林红梅的出席和讲话，标志着苏州园区湖东小公民发展咨询员项目暨第八届"禾欣夏令营"启动。另外，第八届禾欣夏令营黄色大龄组模拟政协活动也与当地社区联系，将孩子们发表的合理建议落实到社区改进行动中，帮助孩子培养社会认知能力，在健康成长的同时促进社区发展。

2. 建立长久良好的合作是实践项目持续的基础

从第一届禾欣夏令营开始，禾欣便与湖东社工委建立了良好的合作关系，八届禾欣夏令营取得的成果都是青年学生、苏州当地社工委和社区工作人员共同努力的结果。以湖东社工委为依托，他们共同进行了大量的前期宣传和招募工作，为禾欣扩大社会影响力和知名度做出了巨大贡献。

3. 社区财务支持是持续本项目生命力的基础

社区在经费上一直大力支持禾欣项目，2011～2014年累计向禾欣项目提供了数万元的经费支持，如表4-1所示。

表4-1 2011～2014年禾欣所获社区资金一览表

年份	社区	金额（元）
2011	第五元素社区	××
2012	第五元素社区	××
2013	湖东社工委	××
2014	湖东社工委	××

4.1.3 企业基础

禾欣与企业有着密切的合作关系。2013～2016年企业持续为禾欣提供资金支持，此外还有企业提供场地以及无偿服务。2013年，大未来职场体验中心为100多名孩子提供免费职业体验机会；平安保险为所有小营员提供短期意外伤害保险，提供绿色跳蚤市场宣传幕布；98生活公司为爱心义卖捐赠价值××元的扫地机器人进行拍卖，所获拍卖金捐赠给凤凰城社区患白血病的儿童。2014年，太平洋保险公司赞助250份儿童短期意外伤害保险；同程旅游赞助实践团成员住宿费用；优家全屋净化品牌馆赞助活动经费；北极星花园、365地产家居网赞助微电影拍摄经费。在与企业的合作中，禾欣青少年公益服务项目树立了良好的社会形象，同时也为企业的社会影响与社会担当做出了无声的宣传，如表4-2所示。

表4-2 禾欣与部分企业合作明细表

年份	企业	资金用途	金额（元）
2013	大未来职场体验中心	提供职业体验场地和工作	××
	平安保险	短期意外保险和宣传幕布	××
	98生活公司	捐赠扫地机器人进行义卖	××
2014	太平洋保险公司	250份儿童短期意外保险	××
	同程旅游	实践团成员住宿费用	××
	优家全屋净化品牌馆	活动经费	××
	北极星花园、365地产家居网	微电影拍摄经费	××

4.2 创业成就

4.2.1 高校延续

2015年10月，禾欣注册成为苏州工业园区湖东禾欣少儿服务与发展中心，从此禾欣团队担负起了社会组织的公益责任。2015～2018年，禾欣青少年公益服务项目在原有的高校基础上继续稳步运营，并进行了更多的尝试与创新。

2017年11月，苏州大学团委副书记在与禾欣创始人进行详细洽谈后，同意在2017年将禾欣青少年公益服务项目引进苏州大学。2017年寒假，禾欣少儿服务与发展中心法定负责人前往苏州，与苏州大学校方进行洽谈，期望以志愿者招募的形式，促成苏州大学与禾欣少儿服务与发展中心的合作，最终与苏州大学达成第一次合作。

2018年苏州大学与禾欣的第二次合作更加深入。2018年暑假，26名苏州大学的大学生作为夏令营志愿者参加了第八届禾欣夏令营的运营。良好的高校基础为禾欣注入了新鲜的血液，提供了更多的优秀青年学生志愿者。禾欣在北京和苏州不仅做公益，还在不断地传递公益梦想与理念，希望将公益传播给更多的人，造福更多的孩子和家庭。

2017年，禾欣项目成功入围北京科技大学经济管理学院创业实践营，为后期项目活动的开展赢得了3万元的资金支持。2018年，禾欣青少年发展中心成功入驻北京市高校众创空间，获得了社会各界的大量支持。

4.2.2 社区发展

在初创期，禾欣青少年公益服务中心与苏州地区街道、社工委的合作取得了新的突破。2015年，禾欣与湖东社工委续签社会实践基地协议书。2016年，第六届禾欣夏令营创新性地错峰开展了东沙湖分营活动，并将与湖东社工委的合作经验成功推广到东沙湖社工委。2017年3月，禾欣与东沙湖社工委达成共建协议，同时聘请社工委社会事务科副科长作为禾欣青少年公益服务项目活动顾问。2018年，禾欣与苏州工业园区唯亭街道进行合作洽谈，在唯亭地区成功开展禾欣夏令营。此外，第八届禾欣夏令营还前往广西南宁市江南区五一东路社区，开辟广西分营，为当地小朋友带去暑假的陪伴与快乐。2016～2018年禾欣所获政府购买资金如表4-3所示。

与此同时，禾欣结合社区自治的需求，连续两年创造性地采用互联网线上积分兑换夏令营名额的报名方式，积累的5万多爱心积分直接助力社区事业的发展，真正地实现了互利共赢。

表4-3　2016～2018年禾欣所获政府购买资金一览表

年份	社区	金额（元）
2015	湖东社工委	××
2016	湖东社工委	××
	东沙湖社工委	××
2017	湖东社工委	××
	东沙湖社工委	××
2018	湖东及东沙湖社工委	××
	唯亭街区	××

近年来，禾欣青少年公益服务项目与政府单位的合作越来越紧密，由政府购买禾欣夏令营的服务，签订购买服务协议，由社区严格监督经费使用。

4.2.3 社会合作

"社会组织一家亲"，禾欣青少年公益服务项目尽可能地与其他社会信誉良好的公益组织进行合作互助、共行善事，传播正能量。

自2015年起，禾欣少儿服务与发展中心与汤妈妈公益慈善中心合作，共同开展禾欣绿色公益活动——跳蚤市场。利用互联网在跳蚤市场上进行爱心募捐，并在2016～2018年与汤妈妈公益慈善中心的"思源"慈善音乐节相结合，进行三次爱心义卖活动为青海玉树山区儿童募捐数万元，购买的Jerrycan净水桶已让3所小学的学生在5年内喝上干净水。同时，禾欣也在积极开展和各种社会组织的交流与合作，取长补短，致力于打造更多丰富多彩的活动，为孩子们带去更好的体验。

2015～2016年，中国民生银行苏州分行连续两年赞助蓝色活动场地，并提供数万元经费。2017年，禾欣成功与广西爱心蚂蚁公益组织达成合作意向，于2017

年 7～8 月进行第一次的合作交流，将禾欣模式成功推广到广西，扩大了禾欣的影响力。

在与企业合作中，禾欣青少年公益服务组织树立了良好的社会形象，同时也为企业的社会影响与社会担当做了无声的宣传。

4.2.4　政府购买

2015 年，禾欣注册为民办非企业单位后，政府首次购买禾欣夏令营配套服务。2016 年政府增加了购买额度，其中有部分资金来自苏州工业园区星辰南社区党组织"为民服务"的专项经费。2017 年，湖东社工委与东沙湖社工委出资购买禾欣夏令营配套服务。2018 年，湖东社工委、东沙湖社工委和唯亭地区出资购买夏令营服务。政府购买逐年增加，有效地证明了禾欣青少年公益服务项目的活动质量，也体现了政府对公益社会组织的支持与鼓励。

5　创业性分析

5.1　营销推广策略

5.1.1　禾欣的发展规划

1. 2011～2014 年：积淀期

第一阶段以质量和服务立足苏州。根据社区资源、居民需求意愿、目标人口数量等确定要进行服务的目标社区，以志愿者的形式探索大学生与失陪、留守儿童的陪伴模式；根据青少年心理发展特点，设计符合其生理和心理特点的活动方案；建立禾欣青少年公益夏令营服务基地，在此基础上成立禾欣青少年服务与发展中心；将所设计的活动形成一个完整的体系和方案，以大学生的陪伴和高质量的活动立足苏州。

在专业人士的指导下，将青少年自我意识培养融入禾欣夏令营中，在设计活动时参考霍兰德兴趣理论，通过"红橙黄绿青蓝紫"七彩夏日活动发掘和培养孩子的研究型（I）、艺术型（A）、社会型（S）、企业型（E）、传统型（C）、现实型（R）六个维度人格类型，并在夏令营结营后，给家长们提供一份有关孩子兴趣点和性格特质调查报告，提升家长对孩子性格特点、兴趣爱好的了解程度。

同时，活动中也加入了对孩子的自我意识的培养。禾欣针对孩子们的心理特征研发出"沟通交流、团队合作、自我管理、科技创新、手工实践、艺术展示、自我保护、社会认知"8 项精品课程和活动，分别针对孩子的"沟通能力、合作能力、管理能力、创新能力、动手能力、鉴赏能力、自保能力、社会认知能力"进行锻炼，帮助孩子们更好地在活动中认知自我、认知世界。

活动结束后，及时调查家长对夏令营的满意度，分析大学生在活动中的实施难度和团队配合程度，对下一年的活动策划设计提出改良后的方案，从而达到不断完善课程内容、提升项目可行性的目的。

同期，开发禾欣青少年公益服务项目的微信服务号平台和官方网站。微信服务号平台可以应用在暑期活动中，家长们可通过服务号接收通知消息，了解第二天活动地点以及活动具体内容；活动结束后，家长们可通过在服务号上绑定的信息获取孩子的兴趣点和性格特质等调查报告。禾欣青少年公益服务项目官方网站用于扩大项目影响力，预计划分为活动介绍、历届风采、所获荣誉、报名通道等几个功能，为大学生志愿者、夏令营小营员提供报名渠道，同时向大众展示禾欣风采。

2. 2015～2018年：发展期

第二阶段扩展地域、增加学员、创新服务。以苏州工业园湖东社区为基础，通过高质量的活动和日益增强的社会效益，逐步扩大禾欣在苏州的影响力。扩展服务地域、服务人数、服务项目，完善活动方案，增加课程项目的科学性，提高家长的认可度，逐步实现运营的可持续；增加高校合作方，延展合作的广度和深度；积极寻找利益相关者，深化与社区的合作，通过政府购买、企业合作、基金会捐赠等多样化渠道获得各类资源支持；总结禾欣模式，在广西地区进行推广，并逐渐在广西建立禾欣服务基地，辐射覆盖广西山区的留守儿童。

不断扩大服务范围，在北京和苏州两地开设七彩研学班，招募大学生志愿者对青少年进行服务。北京地区的七彩研学班将采取适当收费的模式，收取的费用将作为组织课程研发、人才培养以及在各地举办夏令营的运营费用，通过组织"自造血"，带动禾欣持续发展。禾欣团队不断进行课程研发和拓展，为企业提供夏令营服务，企业可以将夏令营作为员工福利提供给其员工子女，从而扩大市场规模和知名度。

线上方面，我们通过服务号及禾欣官方网站构建家长反馈渠道，家长可通过服务号的"联系客服"平台和官方网站的"向我反馈"栏目联系禾欣人员，对禾欣夏令营、七彩研学班的服务提出建议，从而

巩固家长与禾欣在活动结束后的联系，保证活动效果的持久影响力。

另外，在征求家长同意的前提下，建立禾欣青少年数据库，收集往届青少年发展动向，对禾欣夏令营期间所得到的数据报告进行集中分析。数据库的建立有助于帮助家长了解孩子、挖掘孩子的天赋与特长，也能帮助禾欣青少年公益服务项目不断改进夏令营课程，增强专业性。

3. 2019～2023年：成熟期

第三阶段，以江苏、北京、广西、陕西为中心，不断向周边省份和城市拓展禾欣项目。以苏州为中心，以苏州大学为起点，联系更多的高校，辐射南方地区；以北京为中心，以北京科技大学为起点，联合首都高校，辐射华北地区；以广西南宁为中心，以广西师范大学为起点，辐射西南地区；以西安为中心，以西安交通大学为起点，辐射西北地区。以4个城市为中心，东西资源互济，南北人才共享。

建立禾欣校友基金会，资金来源于禾欣校友和其他收入，一方面用于参与禾欣的志愿者补助，另一方面用于贫困地区的捐助，例如青海玉树、广西山区、贵州山区等。

建立禾欣志愿者联盟，设置专人管理，从招募、培训、活动设计到实施，形成体系化、规范化的管理。招收对象由国内的"双一流"高校优秀大学生到国外的优秀志愿者，同时与国际组织合作，给青少年带来多元化的活动与视野。

游学计划，在4个区域选择优秀营员进行游学计划，包括跨区域的国内游和国外游学。

在完善好5～12岁青少年的服务课

程后，禾欣团队还将逐步扩大服务范围，尽量覆盖多地区的儿童，以及扩大服务年龄范围。开发针对 12～15 岁、16～18 岁青少年的夏令营活动，活动内容将侧重自我意识等方面，为青少年生涯规划提供方向。

5.1.2 营销推广方向

1. 线下推广

在"三步走"目标推广阶段，禾欣青少年公益服务项目将会在组织内部选出精干人员，派往其他城乡地区，建立试点和基地，争取政府关注和企业赞助，结合当地高校与社区深入市场，以自身优势和服务吸引资金投入，拓展服务范围。努力组建以首都青年学生为先锋军、当地青年学生为后备军的青年公益项目团队，扶持项目骨干成为区域项目总监，逐步放权至各地区进行独立运行。

2. 线上推广

在"三步走"目标推广阶段，禾欣青少年公益服务项目会通过微信公众号、在线网站、App 等多种媒体形式搭建自己的互联网线上平台，组织青年志愿者和儿童进行线上报名和活动策划宣传，线上发布活动信息以及听取活动反馈，利用多媒体及互联网线上平台进行跨平台宣传发展，吸引企业、慈善组织以及政府的关注和帮助，提高社会关注度，促进禾欣的项目推广。

5.1.3 营销推广平台

1. 高校

禾欣青少年公益服务项目以全国各区域重点大学为招收基地，招募综合素质高的大学生作为志愿者参与到禾欣青少年公益服务项目中来。目前，禾欣项目已经与苏州大学达成合作意向，并且也在积极与西交利物浦大学商讨合作的事宜。禾欣青少年公益服务项目将会以此为基点，向全国各高校不断拓展禾欣模式。

2. 社区

禾欣青少年公益服务项目在 2013 年与苏州工业园区湖东社工委签订了社会实践基地建设协议书，并在 2017 年与东沙湖社工委签订合作协议，禾欣从 2011～2018 年连续获得社区资金支持。禾欣团队在社区开展活动，获得了较大的反响，与苏州当地社工委建立了良好的合作关系。在未来的发展规划中，禾欣团队将继续以社区为服务平台，在全国范围内按照"三步走"推广战略不断拓展服务范围，为孩子们提供禾欣夏令营和相关服务，促进社区生活质量的不断提升。

3. 社会

禾欣项目多年来一直与中国民生银行、同程旅游、平安保险、大未来职场体验中心、98 生活公司、太平洋保险公司、优家全屋净化品牌馆、北极星花园、365 地产家居网等多家企业进行合作，我们希望未来可以通过企业赞助的形式进一步拓宽禾欣的资金和资源渠道。目前，项目团队已经与校友企业爱慕集团达成合作意向。

此外，禾欣青少年公益服务项目在与汤妈妈公益慈善中心等公益组织合作的同时，也在不断与阿里巴巴、百度、腾讯等大型企业下设的"公益基金会"联系，争取它们的资金和其他各类资源的支持。

4. 政府

政府是保证社会福利、维持社会公平的主体，因此政府在预算中会以提供资金的形式支持公益组织的发展。

《财政部 民政部关于通过政府购买服务支持社会组织培育发展的指导意见》对政府购买服务的相关规定进行了完善，提出多项促进社会组织发展的措施。从2015年开始，禾欣青少年公益服务项目被政府购买，购买金额逐年成倍增长。禾欣团队将充分利用这一渠道，促进禾欣项目健康发展。此外，禾欣团队也将会陆续与中国关心下一代工作委员会、联合国儿童基金会等国内外儿童福利与教育机构取得联系，争取获得更多的支持。

5. 媒体

禾欣项目今年来多次被《中国日报》《新华日报》、人民网、凤凰资讯、中国青年网等媒体报道，已经初步形成了品牌效应。未来禾欣团队要加强互联网思维，紧跟时代潮流，在互联网平台上将推动"互联网＋"公益创业的结合，把握这一媒体发展新业态，增加媒体曝光度，增强媒体影响力，打响禾欣品牌。

5.1.4 营销推广方式

1. 整体方式

禾欣青少年公益服务项目依据"三步走"推广目标战略，"以城带乡、城乡结合"，不断拓展禾欣模式，不断提高服务质量，扩大辐射范围，增加参与人数，吸引更多资金投入，打响禾欣品牌。

禾欣青少年公益服务项目作为一个公益项目，将通过与政府签订协议的方式实现长期持续、有保障的政府购买，同时也会"线上＋线下"结合，不断拉取外部企业、慈善组织资金、资源赞助；获得各方资金及资源后，我们将会在当地城市发达地区以及乡村经济落后地区开展禾欣公益

夏令营和特辑活动。

2. 平台搭建

为了吸引各方的帮助和资源，在高校平台方面，将为高校青年志愿者免费开展禾欣内部"同伴教育式"体验培训以及专项技能培训，活动结束后，还会为其提供工时及实习证明。

在社区及政府平台方面，我们为社区生活及社会发展提供优质公益服务项目。

在企业平台方面，我们通过与企业合作，为其提供宣传机会，拉取企业赞助。例如，禾欣项目目前已与飞飞象文化发展有限公司达成合作意向，飞飞象将为禾欣项目提供活动场地和游戏道具，而夏令营活动将在一定程度上为其进行宣传。

在媒体方面，在增强传统媒体曝光度的同时，我们会不断加强互联网线上平台建设，完善功能，利用线上新媒体平台与公益创业的结合，吸引志愿者和儿童报名参与，吸收社会资金和资源的支持，推动禾欣项目更加迅速地推广。例如，禾欣正在着手筹建的"禾欣青少年公益服务网站"，将通过多种功能设置，方便浏览网站的人了解和关注禾欣项目。

总之，我们将与高校、社区、企业、社会组织和政府搭建良好的沟通交流平台，用自身优势吸引多方合作，同时不断加强互联网意识，在互联网的新业态下推动公益事业的发展。

3. 产品制作

禾欣团队目前正在研制承载"禾欣"品牌的系列衍生产品，如禾欣定制棒球服、定制签字笔、水杯、夏令营光盘、纪实书籍《育禾于欣，代代相传》等，这些极具禾欣情怀并且按照禾欣视觉系统设计定做

的产品，将吸引更多的人参与到禾欣项目中。

4. 品牌宣传

开展禾欣项目活动宣传需要根据新闻媒体特性选择合作媒体。本项目在前期发展中已获得多家媒体报道，并且效果显著。在未来的发展中，禾欣团队将会选择更多媒体参与到公益项目的宣传，如纸媒、电视、电台、网络、户外广告等。

巧妙借势宣传。禾欣项目作为社会公益机构，计划与政府、新闻单位、企业合作专题系列活动。这类活动一般都是由多家单位联合主办，系列活动中极易抓住许多可利用的"搭车"宣传的机会。系列活动都是在一个主题内容下，开展不同形式的活动。这种报道具有持续性的宣传冲击力。

活动宣传的切入点要具有亲和力。公益活动的策划与实施，要充分考虑受众心理，活动宣传的切入点必须具有亲和力，展现以人为本，感人至深的公益特性。如针对禾欣青少年公益服务项目，宣传重点可以放在小朋友与大学生"一期一会"的主题上，来打动大众，让人们更深刻地体会到禾欣项目的理念与梦想。

正确应对负面报道。禾欣项目作为社会公益组织，在开展公益活动时，难免会遇到媒体对公益活动的负面报道。面对负面报道，社会公益组织必须高度重视。

5.2　市场与竞争分析

5.2.1　优劣势分析

1. 优势分析

相较于其他商业夏令营项目的优势：

（1）本项目为公益性非营利夏令营，针对群体更加广泛，即所有具备"失陪""留守"属性的儿童，而非必须具备高昂费用支付能力家庭的儿童。

（2）本项目夏令营主题多样内容广泛，较之市场中以玩乐为主内容单一的商业化夏令营来说，可以更加多方位地锻炼孩子的各项素质能力。

（3）本项目的参与主体是与儿童年龄差距不大的大学生，他们身上洋溢着的青春活力和正能量，更容易走进儿童的内心世界和与家长进行交流。

（4）本项目将参加夏令营儿童的年龄层进一步细化，分为小龄组和大龄组，在举办活动时也更加具有针对性。

相较于农村支教夏令营项目的优势：

（1）农村支教夏令营多为单一的学科性课程，而本项目内容更加多元化，也更加注重对儿童的素质教育。

（2）乡村支教的资金来源往往渠道窄，数量少。而本项目在经历了多年的实践后形成了稳定的资金来源，如政府支持、企业赞助，且本项目自身也在不断完善"自造血"模式，以确保项目的可持续性发展。

（3）本项目在前期进行活动策划及人员培训时邀请相关专家进行指导，使得项目具有相当的专业性和科学性。

2. 劣势

相较于其他商业夏令营项目的劣势：

（1）本项目起步晚，知名度和品牌效应都较差，所占市场份额较少。

（2）相较于大型商业夏令营公司来说，本项目的承办主体为在校学生，时间和资本的投入相对欠缺。

（3）本项目的内容广泛但深度欠佳，

课程的专业性和针对性有待加强。

（4）本项目持续周期较短，难以对某一问题进行深入探究。

相较于其他支教性夏令营项目的劣势：

（1）相对支教夏令营而言，本项目的社会认识度较低，媒体曝光率相对较低。

（2）本项目持续时间相对较短，并未针对某一具体问题进行深入研究。

3. 机会

（1）国家政策支持。国家将推动社会力量积极参与，政府印发的《城乡社区服务体系建设规划》中提到要加强城乡社区服务机构建设、发展城乡社区文化、教育、体育服务等，为本项目的发展提供了政策支持。

（2）国家经济形势变化。随着改革开放进程的加快，中国特色城镇化持续快速发展，为经济社会的发展做出了巨大的贡献。2017年中国城镇化率为58.52%，较上年末增长了1.17个百分点，从2011年到2017年，我国城镇化率从51.27%增长到58.52%，6年的时间增长了7.25个百分点。

（3）人口结构变化。苏州常住人口1 375万人，户籍人口678.19万人，非户籍人口697.64万人，这意味着在苏州市常住人口中有50.3%都是外来人口。人口结构发生较大变化，外来人口占比逐渐提高，为本项目开拓市场提供了机会。

（4）目标市场竞争较小。目前市场中所提供的夏令营分为两类，一类为商业性盈利夏令营，多针对与城市相对富裕的家庭；另一类为非营利公益夏令营或支教项目，面向偏僻山村地区的儿童。而本项目则是为"失陪儿童"与"留守儿童"提供公益夏令营服务，此目标市场竞争较少，市场份额巨大。

4. 威胁

（1）政策环境威胁。国家目前对公益项目的支持政策尚不完善、系统，还未形成一个完整的体系。

（2）市场竞争威胁。我国公益事业发展越来越快，公益组织类型趋于完善，未来针对失陪儿童与留守儿童的公益夏令营将会越来越多，但总体来说，我国的公益组织相对国外较少。

（3）专业性威胁。社会大众对夏令营质量及专业化要求逐渐提高，如果没有大量资金投入项目研发，本项目所占据的市场份额将会遭受挑战。

5.2.2 目标市场及现状

禾欣青少年公益服务项目主要的目标客户是城市双职工家庭"失陪儿童"。具体来说是指5～12岁的"失陪儿童"，其中包括城市双职工子女和农村儿童，主要活动区域包括城市社区、工业园区、社区以及城镇乡村。

根据21世纪教育研究院和北京西部阳光农村发展基金会的调查，目前在民政部门注册的教育组织有10万多家，其中教育公益组织3 000多家。助学、支教是传统的教育服务，教育公益组织较多。政府非常关注留守儿童和流动儿童，但对于城镇发展中的社区，特别是工业园区的青少年精神需求关注较少。2013年全国教育公益组织年会上，北京西部阳光农村发展基金会执行理事梁晓燕对卡塔尔世界教育创新峰会进行了介绍，未来教育不仅仅发生在校园课堂，社区公共文化设施、户外活动和家庭都是未来教育新的拓展点，可以成为教育公益组织重要的工作领域。此外，教育公益组织的功能将进一步拓展，类型将逐渐丰富。满足教育的发展性需求，在多样化和个性化课程，学生社会实践活动，网络自主学习等方面的多元化探索，是终身教育和社会教育发展的必然要求。

据调查，中国城市白领每天有效陪伴孩子的时间不超过 1.5 小时，63% 的都市白领每年只有不到 3 次家庭聚会，超过 60% 的城市父亲在周末抽不出时间陪孩子，59.5% 的总体人群与父母缺乏深入沟通……针对失陪儿童的社会问题牵涉面极广，亟待解决。不仅如此，在青少年的生涯中，学习课业辅导和自我意识培养也是不可或缺的。优秀大学生具备多年的学习经验，在帮助青少年进行学习引导和课业帮助有其独到的经验，能有效给青少年提供学业指导。同时，前期专业的培训及相应的课程设计则帮助儿童更好地培养自我意识。

根据禾欣团队对苏州工业园区家长的问卷调查，有接近一半的孩子是由爷爷奶奶照看，而这并不是家长所希望看到的，只有 10.57% 的家长希望孩子假期由爷爷奶奶照看，更多的家长希望孩子能去旅游或是上兴趣班，希望孩子在父母陪伴和对兴趣的培养中度过假期。因此，创新型的公益夏令营具有广泛的需求市场。

5.2.3 目标市场预测

1. 国家政策走向

国家将会推动社会力量积极参与"失陪儿童"关怀计划。政府文件指出，加快孵化培育社会工作专业服务机构、公益慈善类社会组织、志愿服务组织，民政等部门要通过政府购买服务等方式支持其深入城乡社区、学校和家庭，开展城市失陪儿童监护指导、心理疏导、行为矫治、社会融入和家庭关系调适等专业服务。

2. 少儿市场容量预测

就苏州而言，根据最新统计，苏州常住人口 1 375 万人，户籍人口 678.19 万人，非户籍人口 697.64 万人，这意味着苏州常住人口中有 50.3% 都是外来人口。而户籍中也包含着不少新苏州人。这些外来人口的子女关怀将成为未来政府和社会组织关注的焦点，并且随着城市化进程加速，这些青少年人口数量将不断增加。

5.3 财务计划

本项目资金来源包括捐赠收入、提供服务收入、政府补助与其他收入，捐赠收入包括企业赞助的公益资金、场地使用费、以及学校、个人捐赠所得；提供服务收入包括将禾欣夏令营经验模式向外推广过程中各单位支付的劳务补贴，以及在北京地区辅导孩子功课的收入，政府出资购买禾欣夏令营的费用；其他收入为各类荣誉称号、竞赛获奖的奖金，上一年的结余等。

本项目资金使用方向分别为业务活动成本、管理费用及其他支出。业务活动成本为举办禾欣夏令营所有费用，包括场地使用费、跳蚤市场爱心捐赠的定向捐出；管理费用包括工资福利支出、行政办公支出以及给大学生投入的培训费用；其他支出为苏州当地工作人员赴京参与青年学生面试的交通费和住宿费等。

通过固定渠道实现政府购买服务，5 000 元可供 8 名青年学生为 50 名小营员开展 8 天的夏令营活动。在保持政府购买服务质量的基础上，设计集聚型和发散型两套服务方案实现"自造血"功能。集聚型是指大型企业通过捐款的方式购买服务，禾欣团队为本企业双职工父母的子女免费提供夏令营活动，体现企业人文关怀。发散型是指公益组织或个人通过捐款并指定服务区域的方式，冠名开展公益夏令营服务，满足捐助人故乡情结与自我实现需求。禾欣项目可以从这两项服务费用中抽取 20% 作为公益资金，深入贫困地区为留守儿童开展公益活动，以此实现对失陪儿童的精神关爱、公益组织的责任担当、捐助人自我实现的三方共赢的局面。

苏州工业园区湖东禾欣少儿服务与发展中心在注册成为民办非企业单位时，享受下列政府对社会组织的优惠政策。

- 注册为民办非企业单位最低开办资金为 500 元，每年活动结束后财务审计时账面结余不得超过 500 元。
- 可通过社会组织联盟购买专业的财务托管服务。
- 每月资金流入不超过 3 万元、每季度资金流入不超过 9 万元享受免税政策。

按照国家法规认真进行财务管理，在以下内容中给出 2018 ～ 2024 年共计 6 年的财务预测情况。

5.3.1　业务活动表

具体财务表格省略。

5.3.2　资产负债表

具体财务表格省略。

5.3.3　现金流量表

具体财务表格省略。

5.4　风险分析

5.4.1　市场风险

1. 市场风险概述

除了公益组织举办的夏令营，在市场上还有以营利为目标的商业性质夏令营，两者具有非常大的差异。虽然近年来我国公益事业发展越来越快，但由于起步较迟，我国的公益组织相对国外来说数量较少，机制也不够完善。在面对失陪儿童的关爱领域方面的社会公益组织较少，因此，对禾欣青少年公益服务项目组织来说，最大的市场风险在于人们是否能接受公益夏令营这样一个新概念，以及如何获取家长的信任和认同。如果消费者对公益夏令营接受的速度和程度不够理想，势必会影响推广和开展工作。

公益性是禾欣夏令营的最大特色，也是在众多相似的活动中脱颖而出的依据。但为了保持夏令营活动的长期存在和发展，也需要开展一些付费活动来形成"自造血"，以商业营利来促进公益的发展，形成一个良性循环。但在这一过程中，商业模式的发展有可能会对公益运营模式带来一些不利影响，可能会削弱公益性，从而引发社会舆论的质疑。

2. 市场风险规避

在正式举办禾欣夏令营活动之前，必须大力度地宣传禾欣定位和禾欣价值观，向广大消费者解释清楚禾欣的价值取向、组织存在的宗旨以及愿景。要通过大力宣传引起人们的价值观共鸣，从而得到更多的理解和支持，这样自发参与其中的人也会越来越多，形成品牌效应。通过人员培训，经验总结与夏令营活动内容的研发完善，尽可能地提高夏令营的质量，用优质服务赢得人们好感，占取更多市场份额的最大"筹码"。在收取费用和公益性的平衡关系问题上，内部人员要勿忘初心，坚定公益本心，对外部受众要给出合理的解释以赢得理解支持。具体方法包括增加财务公开的透明度、增加监督管理力度、及时发布对外声明等。

5.4.2　竞争风险

1．竞争风险概述

禾欣项目在市场上的主要竞争对手是市场上商业性质的夏令营。它们的特点是收费偏高，经验丰富，专业水平高，并且有足够的资金用于员工的培训和招聘。相比而言，禾欣夏令营的服务者多为大学生及社区志愿者，专业知识及活动经验在短期内不如专业机构。

商业性质夏令营由于有大量收益，所以非常注重品牌包装和宣传，会在各类媒介进行自身宣传和推送招生广告。而本项目出于公益性质，在宣传方面的商业运作必会逊色一些，这也是竞争风险之一。

2．竞争风险规避

（1）学习商业性质夏令营的优点。通过合理地分析，结合禾欣夏令营受众群体的需求，将其他夏令营好的部分借鉴到活动内容中，做到"知彼更知己，方取其精华"。

（2）通过禾欣理事会研讨每次活动的开展和推广方式，力争通过研讨实践得到最系统、效果最好的活动流程，尽可能地提高夏令营质量。

（3）提高夏令营志愿者的专业性。一方面，在招收志愿者时将专业技能（如艺术、体育等）作为考虑因素之一；另一方面，加强对工作人员的专业培训和内部学习，内容包括个人学习、内部互助、聘请专家进行讲座培训等。

（4）与竞争对手的关系应转化为竞争中求合作。对于一些专业性要求高的活动内容，可以采取项目外包的形式。经过精心挑选，选择专业能力符合要求、口碑质量有保障的专业团队承办夏令营的部分内容。

5.4.3　管理风险

1．管理风险概述

作为公益创业者，需要有强烈的奉献精神和创新精神，还要有极大的忍耐力和毅力，能吃苦耐劳。此外，对创业团队来说，还需要极大的团队凝聚力，这样整个团队才能形成合力共同发展。因此，确保禾欣团队成员及参加夏令营的志愿者具备以上素质是管理风险的重要组成部分。

2．管理风险规避

在进行组织的建设及志愿者的招募时要保持谨慎小心与开放包容的态度。谨慎小心是指要严格考察参与者各项综合素质和公益情怀，不欢迎那些单纯为一己之利而来的人。开放包容则是为了吸引更多志同道合之士加入进来。只有这样，才能提高管理效率，避免出现人心不齐的现象。

此外，禾欣项目依托理事会保持稳定的组织结构，形成科学的管理方案和决策方式。每个管理者和工作人员在组织结构中都要有自己的定位，并且在决策方面遵守制度，既民主又集中，既开放又高效。

5.4.4 财务风险

1. 财务风险概述

财务风险是指资金未来可能出现不能根据需求到位的风险。在初创期，各类资源紧缺，当没有足够多的资金支持时，很难维持组织内部人员工资或补助的发放、夏令营活动的花销，公益组织的正常运营可能出现困难。在发展期，当政府购买或企业捐赠的收益跟不上企业发展所需的费用时，整个公益企业很可能会陷入困境。公益组织如何保持在已有政府购买和企业捐助的基础上获得更多资金支持，规避财务风险也是一个重要挑战。

2. 财务风险规避

加强内部的财务风险管理，建立财务评价体系，采取专业的手段和措施，对风险进行控制和处理。建立科学的财务预测机制，提前安排筹资计划。提高管理层的风险意识，最大化整合利用已有资源，减少成本支出。

5.4.5 环境风险

1. 环境风险概述

中国正在进行着复杂的社会转型，社会环境、政策、法律环境都有变化的可能。在青少年发展与关爱方面，可能也会有新的政策出台。

2. 环境风险规避

（1）严格按照法规的要求发展本公益组织，使组织的办事流程更加有章程，充分体现合法性、正规性。

（2）公益创业本身是受国家的鼓励，因而公益组织自身就具有独特的优势。本组织的目标是在失陪、留守少年儿童领域做出更大的贡献，相信对于变化的环境，

只要我们合理的面对和坚持合法合理正规的运营，就一定能更好地运用新的政策法规。

5.5 未来做法

为实现大学生与小朋友双向成长，依托12年轮回梦想计划，禾欣项目现在已经完成第一阶段的发展目标，并逐步实施第二阶段计划。在计划落实的同时，禾欣团队正在不断总结经验，进行必要的调整。

1. 发展计划——第一阶段（已完成）

（1）合作方联络。一是调研苏州工业园区部分社区，了解社区资源、居民需求等，制作调研报告。二是根据调研结果和社区工作人员交谈，确立服务范围，不断增加被服务的社区数量。三是依托社区宣传为夏令营积累口碑。四是筛选符合举办夏令营活动条件、有长期合作意愿的社区建立实践基地，建立长期的合作关系。

（2）活动完善。整理活动策划，根据策划形成活动体系，建设禾欣夏令营"七彩体系"。每年根据活动结束后家长的反馈调整活动内容，使其更符合家长及孩子们的需求，进行每年的活动创新。

2. 发展计划——第二阶段（正在进行）

（1）合作方联络，具体如下：

- 持续拓宽服务范围，建立新的实践基地，目前已经在湖滨社区及广西社区开拓新的基地。
- 与当地高校合作招募志愿者，目前已经与苏州大学及其他多个高校进行合作沟通。
- 政府购买增加，保证组织运作的现金流。

- 多样化渠道支持，与汤妈妈爱心基金会合作，并在社区中设立积分兑换报名机制等。

（2）禾欣模式发展。对内完善大学生培养计划，进行大学生各种能力培训。完善禾欣校友资源，进行校友资源合作。对外总结禾欣模式并进行交流推广，从而建立禾欣新的服务基地。

（3）项目内容完善。根据活动结束后的家长反馈不断完善活动内容，使活动更符合当代家长和孩子们的需求，进行每年的项目内容创新。

3. 发展计划——第三阶段（未来计划）

（1）合作方联络。持续拓宽服务范围，建立新的实践基地。以苏州大学为起点，联合南方高校；以北京科技大学为起点，联合首都高校；以广西师范大学为起点，覆盖西南地区；以西安交通大学为起点，覆盖西北地区，在全国进行拓展和布局。

（2）禾欣模式发展。对内成立禾欣基金会，增加资金来源，拓宽捐助范围。成立禾欣志愿者联盟，吸引优秀志愿者加入，实现人才引进。

对外开展游学计划，挑选优秀营员参加，计划与广西爱心之家、小蜜蜂游学及新加坡六星旅游公司合作。

（3）项目内容继续完善。与各类素质教育机构和高校合作，继续完善项目内容，创新活动形式。

6　附录（具体内容略）

附录包括以下内容：

（1）民办非企业单位登记证：苏州工业园区湖东禾欣少儿服务与发展中心。

（2）税务登记证：苏州工业园区湖东禾欣少儿服务与发展中心。

（3）组织机构代码证：苏州工业园区湖东禾欣少儿服务与发展中心。

（4）财务报表：业务活动表、资产负债表、现金流量表。

（5）教育部辅导员工作精品项目立项通知书。

（6）苏州工业园区湖东社工委委托社会组织服务项目协议书。

（7）北京科技大学大学生社会实践基地协议书。

（8）禾欣 VI 手册。

（9）禾欣理事会人员构成及聘书。